Maura Lopes Cançado, anos 1950.

MAURA LOPES CANÇADO

Hospício é Deus
Diário I

Copyright © 2024 by herdeiro de Maura Lopes Cançado, César Lage Praxedes

Grafia atualizada segundo o Acordo Ortográfico da Língua Portuguesa de 1990, que entrou em vigor no Brasil em 2009.

Capa
Bloco Gráfico

Fotos de capa e miolo
Acervo da família de Maura Lopes Cançado

Preparação
Márcia Copola

Revisão
Bonie Santos
Julian F. Guimarães

Dados Internacionais de Catalogação na Publicação (CIP)
(Câmara Brasileira do Livro, SP, Brasil)

Cançado, Maura Lopes, 1930-1993.
   Hospício é Deus : Diário 1 / Maura Lopes Cançado. —
1ª ed. — São Paulo : Companhia das Letras, 2024.

   ISBN 978-85-359-3717-6

   1. Cançado, Maura Lopes, 1930-1993 2. Diários 3. Memórias
autobiográficas I. Título.

24-211350   CDD-920

Índice para catálogo sistemático:
1. Memórias autobiográficas   920
Cibele Maria Dias – Bibliotecária – CRB-8/9427

Todos os direitos desta edição reservados à
EDITORA SCHWARCZ S.A.
Rua Bandeira Paulista, 702, cj. 32
04532-002 — São Paulo — SP
Telefone: (11) 3707-3500
www.companhiadasletras.com.br
www.blogdacompanhia.com.br
facebook.com/companhiadasletras
instagram.com/companhiadasletras
x.com/cialetras

Mas lá chegaria o momento em que o livro estivesse escrito e ficasse atrás de mim — um pouco de sua claridade cairia sobre o meu passado. Talvez então eu pudesse, através dele, recordar a minha vida sem repugnância.

Jean-Paul Sartre

Sumário

HOSPÍCIO É DEUS, 9

Maura e as fronteiras — Natalia Timerman, 239
Que mistérios tem Maura? — Maurício Meireles, 263

Mamãe estava na janela de seu quarto olhando a estrada por onde chegaria o automóvel, trazendo papai e Didi. Era de tarde. Continuei deitada em sua cama grande, perguntando a todo instante: "Ainda não vê nada?". Respondia sempre que não. Didi é Judite, minha irmã mais velha, eu a achava linda como uma estrangeira. Verdade que não conhecia nenhuma estrangeira, mas sabia como eram, pelos livros e revistas que folheava. Pensava num lugar bem longe chamado Estranja, onde viveriam os estrangeiros. Didi não vinha da Estranja, vinha de Belo Horizonte, mas era a mesma coisa, pois eu nem ao menos costumava vê-la muitas vezes. Chegava à fazenda acompanhada de amigas, todas bonitas e alegres, que me punham no colo e exclamavam excitadas: "Então esta menina bonita é Maura, Judite?". Envergonhada, eu levantava a saia do vestido até o rosto, tentando ocultá-lo. Mais tarde começava a entregar-me aos poucos, aquela mornidão que sempre me caracterizou, perguntava coisas, depois mais coisas, as frases saindo quase em carícia, finalizadas sempre: "Mas por quê, hein?". Me olhavam intrigadas: "Onde esta menina aprendeu isto?".

A mais bonita era Didi. Unhas longas, pintadas, rosto de Greta Garbo com cabelos negros, ao chegar usava chapéu e seus vestidos eram diferentes daqueles que eu estava acostumada a ver. Ela só se parecia mesmo com as moças estrangeiras das revistas. Contavam a seu respeito, entre outras coisas: era a mais bonita do seu colégio e uma das mais lindas e elegantes de Belo Horizonte. Gastava rios de dinheiro em roupas e sapatos, possuía uma legião de admiradores. E me amava. Achava-me linda e inteligente. Linda e inteligente não tinham muita importância para mim, mas isto a levava a uma certa maneira de demonstrar me querer bem. Jamais me deixava sem resposta, a mim, uma menina rica, expondo-lhe minha pobreza. Porque então, como era vasto e desconhecido o mundo.

Perguntei a mamãe por que Didi ficava sempre em Belo Horizonte. Respondeu-me que estava estudando e que eu também iria, quando crescesse. Pensei cerradamente, com medo e tristeza, respondi não poder ir — era muito longe. Não a deixaria nem a papai. Permaneci durante muito tempo quieta na cama, o coração pesado, aquela coisa que um dia viria escurecendo-me o rosto livre de menina. Então mamãe falou com brandura da necessidade, todas tínhamos de ir. "Eu não, mamãe", murmurei olhando-a na janela, os cabelos negros e rosto bonito. Já eu chorava baixinho, a brandura da sua voz traindo o que para ela e papai estava há muito determinado. Não percebeu meu choro. Calamo-nos. Ela olhava a estrada. Passou-se muito tempo, senti sono e pedi-lhe:

— Se eu dormir você me acorda quando Didi chegar?

— Sim — respondeu-me.

Acordei em minha cama. Era de manhã.

— Judite chegou — diziam-me.

Corri a seu quarto. Acordei-a, beijou-me e mostrou-me duas caixas:

— O branco é seu e o vermelho, da Selva.

Eram dois chapéus muito bonitos. Só me restava ficar com o branco, pois me vestiram de azul e branco até sete anos (promessa feita a Nossa Senhora, quando estive muito doente). Qual era mais bonito, o branco ou o vermelho? Naturalmente o vermelho, pensei.

Nasci numa bela fazenda do interior de Minas, onde meu pai era respeitado e temido como o homem mais rico e valente da região. Fui uma criança bonita, todos dizem, e sei pelos retratos. Há sete anos mamãe não tinha filhos quando se deu meu nascimento. Daí tornar-me objeto de atenção de toda família e o orgulho de meu pai. Depois de mim nasceram mais duas meninas: Selva e Helena. Mas nenhuma conseguiu me tomar o lugar, nem fez diminuir o brilho do qual vim revestida e me impôs à admiração dos que me cercavam. As pessoas, mesmo as desconhecidas, jamais deixavam de me prestar atenção, ainda quando papai se esquecia de me mostrar, glorioso, como era seu costume. Eu era morna, doce e presente — o que se toma no colo deixando o coração macio e feliz. Sobretudo em mim havia a surpresa: esperavam apenas uma menina, e subitamente me mostrava mais. Creio que em nada desapontei. Ao contrário, como criança fui excessiva.

Sou muito parecida com minha mãe — a quem meu pai amou até morrer, de forma apaixonada e difícil nos casamentos.

Estas são as lembranças mais remotas — as únicas despidas de angústia. Eu devia ser uma menina bem pequena, fácil e protegida.

Somos dez irmãos vivos: oito mulheres e dois homens. Três mortos. Um deles, João, era louco. Ficou doente aos quatro anos, em consequência de uma meningite, morreu aos catorze e quase não me lembro dele. Sim, andando pelos currais da fazenda, rasgando os macacões que lhe vestiam, sua morte, antecedida de vários ataques, o caixão, as flores, mamãe chorando e eu não entendendo bem.

Papai:

Sempre ouvi dizer que muitas de suas fazendas lhe eram desconhecidas por estarem distantes. Filho de família rica, gastou toda sua herança quando jovem, casando-se depois com mamãe e recomeçando a vida nos sertões de Minas Gerais, onde a única lei era a do revólver. Antes de tudo meu pai foi um bravo. Mas também um romântico, um sentimental. Vivia cercado por homens que matavam, junto aos quais cresci. Mamãe conta que não lhe agradava a fama de estar cercado por jagunços, mas estes homens permaneciam na fazenda, eram leais a meu pai, matariam a um gesto seu, de mamãe ou de meus irmãos. Hoje reconheço-lhe um temperamento paranoide. Além de sua sensibilidade e inteligência herdei-lhe este temperamento. Costumava vê-lo em crises de grande agressividade, mamãe e outras pessoas segurando-o, enquanto ele gritava com um fuzil na mão — e alguém fugia em disparada pelos currais da fazenda. Estava constantemente em grandes demandas de terras. Eu o ouvia na sala, falando a pessoas que o escutavam atentas e sérias. "Eu faço e aconteço. Para isso tenho dinheiro e coragem." Aquilo me soava familiar, sabia exatamente o significado de "fazer e acontecer". Muitos fatos se perdem no longe da minha memória. Contavam coisas, crimes nos quais meu pai não estava envolvido de certa forma, mas acontecidos na fazenda, ou próximo. Sempre, por longos períodos, tínhamos hóspedes, refugiados da Justiça, homens ricos (lembro-me de um, o Coronel). Nossa Cidadela. Naquele tempo meu mundo me parecia indestrutível.

Papai era generoso, bom e honesto. Profundamente honesto, lúcido e inteligente. Acredito que tivesse uma vida solitária e incompreendida. Uma das minhas irmãs fez um casamento que não lhe agradou; a princípio quis matá-la e ao noivo. Depois se trancou numa dor surda, não mais fez alusão ao fato, passou, aparentemente, a ignorar a existência dela. Após quinze anos sem vê-la, sem lhe falar o nome, nem permitir que o fizessem em sua presença, consentiu em recebê-la. Mamãe contou-me que ele não a encarou uma vez sequer mais, não voltou a ver-lhe o rosto.

Era muito religioso, mas não frequentava igrejas. Se íamos a Patos de Minas, cidade próxima à fazenda (não deixava de levar-me), e passávamos por uma igreja protestante, papai, que não aceitava os protestantes, por negarem virgindade à Virgem Maria, falava-me assim: "Vamos entrar um pouco para ouvir os hinos. Cantam tão bem, é tão belo. Fico feliz escutando". Entrávamos. Lá dentro, tocados pelo misticismo reinante, a música, sentíamos Deus conosco. Ou era meu pai, se mostrando na sua imensa e desconhecida sensibilidade? A música levava-o a um templo que não era o seu. A qual Deus ele adorava? Aquele homem, vivendo à margem da civilização, aquele homem temido e forte, possuía uma dimensão desconhecida a si mesmo. Podia ter sido um Wagner, um Nietzsche ou um Napoleão. Não fora a limitação do seu meio, seria o maior homem do mundo. Mas dentro do seu mundo, foi o maior personagem que conheci.

Uma vez vi papai bater num homem. Eu era bem pequena. O homem apanhava sem reagir, seu rosto sangrava. A cena mostrou-se-me brutal, imobilizando-me em estranho fascínio. Fui dominada por profundo terror, seguido de ódio. Eu estava ali, sem desviar os olhos, sentindo-me pequena, pequena. O homem não me inspirava pena, nem meu pai, discriminadamente, ódio. Pareciam-me os dois peças de uma engrenagem brutal (aquele sangue escorrendo). Dias mais tarde ainda chorava ao me lembrar, corria para mamãe, não permitia que papai me tocasse — o que o deixava muito aflito (experimentei este sentimento mais tarde, em relação a papai e minha irmã menor, Helena: meu quarto era pegado ao de meus pais. Acordava à noite com os berros de minha irmã, suas birras, e as ameaças de meu pai. Ele quase sempre batia-lhe, provocando-lhe maiores reações. Aquilo me era insuportável, odiava-os — e não sentia nenhuma pena dela. Eram-me os dois de tal maneira insuportáveis que dificilmente conciliava o sono, depois que se acalmavam).

Não tivemos guerras nem ele possuía algum vício; mas depois de sua morte a fortuna foi distribuída entre os dez filhos, alguns ficaram muito ricos, outros pobres, como mamãe e eu. Ela por haver dado para alguns de nós o que possuía. Eu por não ter sido orientada, gastando o que herdara — que afinal não correspondia ao merecido.

A família de papai, Lopes Cançado, tem grande prestígio financeiro, social e político em nosso estado; é chata, conservadora, intransigente, como todas as "boas" famílias mineiras. Brrrrrrrrrr.

Mamãe:

Seu nome é Santa. É modesta, generosa e quieta. Talvez a mais modesta pessoa que conheço. Jamais em minha vida ouvi mamãe julgar alguém. É Álvares da Silva, família aristocrata, de sangue e espírito (ainda se pode falar sem constrangimento em aristocracia?). Descende de barões e coisas engraçadas. Possuo pouco conhecimento de nossa árvore genealógica. Sei que sou descendente de Joaquina de Pompéu, mulher extraordinária — que durante o Império manteve o poder político em Minas, entretendo com d. Pedro II relações políticas e amistosas. Conta-se que mandou-lhe uma vez, de presente, um cacho de bananas feitas de ouro. De Joaquina de Pompéu nasceram oito filhas e um filho. Apenas este filho conservou de seu marido, Oliveira Campos. As oito filhas casaram-se em diferentes famílias, como Álvares da Silva, Maciel, Ribeiro Valadares, Vasconcelos Costa — e outras. Daí sermos parentes das principais famílias mineiras.

Já se escreveu mesmo um livro sobre isto, *Os gregos de Minas Gerais*. Somos descendentes de nobres belgas, parece-me.

Pabi:

Seu nome era Antônio. Cresceu em nossa casa e meus pais o amaram como a um filho. Era meu padrinho e me adorava. Eu o chamava Pabi. Quando morreu, mamãe ficou muito apreensiva, temendo que o houvessem enterrado vivo por não estar de todo rígido, nem totalmente frio.

Esta dúvida de mamãe teria dado começo à minha neurose de morte? Tudo terá começado aí? Alguns dias depois de sua morte, meu irmão, José, alarmou toda a casa contando que o vira numa aparição, ouvindo dele as seguintes palavras: "Diga a minha madrinha que não chore tanto por mim, pois não estou sofrendo. Brevemente voltarei para buscar a Maura". Mamãe, sua madrinha, mostrou-se muito assustada, recomendou-me rezar por sua alma, implorando-lhe que não me viesse buscar. Todos me pareceram intrigados, não sei se senti algum medo (eu devia ter quatro anos). Creio que não. Mas era estranho. Acreditava morrer também em breve.

Surgiram-me, de forma gravíssima, várias doenças de infância — o que levou mamãe e todos de casa a se preocuparem mais do que o normal comigo. Por uma promessa feita à Virgem Maria, quando estive muito doente, só me vestiram de azul e branco até sete anos. Papai jamais permitiu que me cortassem os cabelos (eu os tinha longos, soltos, selvagens). Prestaram atenção em mim exageradamente. De certa forma isso me trouxe grande solidão — por não me sentir bem uma menina.

Onde está a Margarida?
— Num castelo encantado
onde um rei pôs cinco pedras
que ninguém pode tirar.

Muito cedo aprendi que tudo me era devido. O julgar que tudo me era devido deve ter o nome frio de egoísmo (ainda mais que exerci sobre minha irmã menor, Selva, grande tirania). Por algumas pessoas sentia-me excessivamente amada: papai, mamãe, Pabi, Didi etc. Por uma pequena minoria, antipatizada. Sim, costumava mostrar-me demais manhosa, ninguém ousava contrariar-me, o que seria contrariar papai. Algumas das minhas irmãs maiores tomavam a defesa de Selva, em nossas brigas.

Gostava de ouvir contar histórias. Papai fazia com que todos os que frequentavam nossa casa me contassem alguma. Também, papai costumava ter comigo atenções de um namorado. Chegava feliz do quintal, trazendo as melhores frutas por ele encontradas (figos, mangas, laranjas), dando-as a mim, apenas, quando havia outras pessoas na sala — mesmo mamãe. Era meu costume permanecer durante horas junto a papai, introduzindo-lhe as mãos sob a camisa, tocando-lhe a pele, beijando-o no pescoço, enquanto ele falava de negócios.

Ainda o que me davam parecia pouco. Formou-se no meu ser séria resistência às pessoas e coisas conhecidas. Então inventei o brinquedo sério do FAZ DE CONTA. E me elegi rainha. Muito tímida, costumava passar os dias brincando pelos quintais, travei relações com uma árvore, a qual considerava comadre e maior amiga. Visitava-a diariamente, perguntando pela saúde dos filhos, uns galhos secos, sedentos, mas todos meus afilhados. Os diálogos corriam animados. Não havia agressão de parte alguma, já que eu formulava as perguntas e dava as respostas. Agora que escrevo tenho em mente a árvore minha amiga: perto do chiqueiro, completamente despida de folhas, mas rica de rolinhas cantadeiras — que, como eu, faziam dali seu local de extravasão.

Jamais fui punida por faltas durante minha infância. Minhas irmãs apanhavam, às vezes.

Não creio ter sido uma criança normal, embora não despertasse suspeitas. Encaravam-me como a uma menina caprichosa, mas a verdade é que já era uma candidata aos hospícios onde vim parar. O medo foi uma constante em minha vida. Temia andar sozinha pela casa, ainda durante o dia. Sofria mais que o normal se me via obrigada a separar-me de mamãe ou papai, ainda que por alguns dias. Temia ser enterrada viva. Voltava sempre ao assunto, perguntando o que se podia fazer para evitar meu enterro. Uma das nossas empregadas aconselhou-me a pedir que ela me deixasse exposta numa igreja, como fizeram com determinado padre de quem ela ouvira falar. Quando fiz, muito séria, o pedido a mamãe, ela riu e me afirmou que morreria antes de mim. Meu pavor às chuvas acompanhadas de trovões. Se não chovia, eu olhava o céu a todo instante, o dia inteiro, indagando de alguém: "Acha que vai chover?". Sem nenhuma razão aparente temia determinadas pessoas, outras me inspiravam um nojo físico invencível. Costumava tomar minhas refeições no quarto, para não ver narizes — que me pareciam quase sempre repugnantes. Cheguei a adquirir hábitos estranhos, como não respirar em direção a pessoas doentes — ou por mim supostas.

O pior eram as noites. À tarde começava minha angústia. E à noite me encontrava, pequena e branca de olhos escuros, ardentes, um pedaço trêmulo de medo cintilando pela casa imensa, onde os lampiões iluminavam um pouco de cada aposento, deixando indefinido o espaço entre a luz e o escuro. Sentia-me vaga, perdida, pronta a ser tragada pela noite que pesava lá fora. Deslizava atenta, calada, profundamente séria, à espera. Então ansiava ardente por crescer, viver um pouco cega e surda como as pessoas grandes: que não percebiam rumores, não enxergavam o escuro, na sua densidade e perigo. Elas, limpas e sem mistério. Eu as olhava do meu mundo, às vezes sua inocência era tão pungente, que talvez desejasse gritar-lhes, alertá-las para o perigo. Como? se eu era ainda completamente sem palavras.

E que perigo, exatamente? Perguntava-me sentindo a densidade da noite, a terra sob os pés, palpitando. Minha intimidade com a terra. Que perigo para ser expresso em palavras? Aquela intimidade. Movia-me em escuro e menina. E mais que nunca a noite não foi apenas noite: um pequeno ruído deixava-me a respiração suspensa, por um momento esperava que tudo se precipitasse com rapidez e violência. Não ainda — voltava a respirar com delicadeza, olhando o rosto difuso à minha frente, onde a luz fugia e voltava, conforme o movimento da mão que segurava a vela: "Cachorro uivando é presságio de morte. Morte, Maura". O uivo triste cortava a noite, meu nome a deslizar se perdendo. Juntava-me à saia de alguém, não tanto pelo desejo de proteção, que eu já julgava impossível. Mas em último esforço pensando arrastá-la comigo quando me visse de todo perdida. Porque eu era sonsa, sem inocência — e só. Sentia-me desperta, alcançando as coisas mínimas que se insinuavam numa ameaça constante. EU ERA UMA MENINA DE NOITE.

Ao ser inaugurada a luz elétrica na fazenda senti-me menos comprometida com a noite. Passei a andar sozinha pela casa iluminada, ainda assim, quase em desafio.

Bonito quando faróis de automóveis ou caminhões iluminavam a estrada trazendo pessoas empoeiradas e ainda cheirando a cidade. E mesmo o rádio, ligado a todo volume, dando notícias de guerra, fazia parte da ponte de ligação entre a fazenda fantástica e a realidade clara, sem mistério, da cidade. Isto de noite, pois durante o dia eu brincava muito: olhava os campos se perdendo de vista, nadava nos córregos, subia nas mangueiras, corria alegre atrás de coelhos brancos de orelhas grandes, olhos cor-de-rosa. E pecava também (isto mais tarde, creio). Ouvia à tarde os violeiros, tocando depois do trabalho. Às vezes minhas irmãs menores e eu, sentadas na varanda, víamos nascer o sol. Uma noite passou um cometa iluminando o céu. Um dos meus hábitos: permanecer deitada na cama de manhã, pensando. Imaginava um irmão louro, de olhos azuis, um menino lindo, maior e mais forte que eu, com quem brincasse e despertasse inveja e admiração. Correríamos pelas estradas ou subiríamos altivos nas porteiras. Seria apenas meu, este menino mágico. Não o admitia irmão de minhas outras irmãs.

Aprendi a ler aos cinco anos. Não sei como, nem acredito que alguém em casa saiba. Perguntava, davam-me explicações rápidas e aborrecidas sobre o valor das letras e sílabas. Costumava passar horas com um livro de fadas na mão — já que ninguém estava, a todo instante, disposto a ler-me histórias. Acabei lendo-as, eu mesma.

Quase no berço nos dotam de pesadas palavras e pesados valores: "bem" e "mal" — assim se chama o patrimônio.

Nietzsche

Aos cinco anos, talvez antes, travei conhecimento com o sexo, vendo os animais na fazenda e ouvindo meninas, filhas de empregados. Ensinaram-me a encará-lo como coisa feia e proibida. Passei a sentir-me constantemente em falta, por ser grande minha curiosidade sexual. "É pecado fazer coisas feias", diziam-me. E eu sentia grande prazer nas coisas feias. Mais ou menos nesta época me impuseram deus, um ser poderoso, vingativo, de quem nada se podia ocultar. A resistência em me preocupar com a imortalidade da alma. Por que temia ser enterrada viva, ao invés de temer algo mais sério, o Julgamento Divino? O inferno me estava reservado, tinha quase certeza, entanto meu verdadeiro medo era imaginar-me sob os sete palmos de terra, sem me mover ou respirar. Não fui além de um misticismo biológico, se posso assim dizer. E minha ambivalência. Que dizer dos fantasmas que me povoavam as noites? E os demônios? Contavam coisas: mulas sem cabeça, lobisomem, um caminhão que se aproximava da fazenda à noite, por muitos visto, e nunca chegando. Quase todos os adultos conhecidos em minha infância tiveram alguma experiência com almas do outro mundo. Não cheguei a ter, diretamente, uma dessas experiências. Apesar de sentir-me constantemente ameaçada; mesmo, um sangue diferente parecia correr-me nas veias — e os outros estavam tão distantes. O céu pareceu-me sempre absurdo e frio, santos e anjos me assustavam quase tanto quanto meus demônios. Apesar de minhas não relações diretas com o que se convencionava extraordinário, o ordinário esteve fora do meu alcance — e deslizei atenta, cuidadosa, procurando em vão comunicar-me, ainda com as pedrinhas mudas que se incrustavam no terreiro. Quanto às pessoas, pertenciam a um mundo fácil demais: era-me vedado.

Minhas esperanças e temores brotavam da terra — o céu pesava sobre mim em forma de medo.

Diziam-me que os maus iam para o inferno e o sexo era uma vergonha, um ato criminoso. Era sensual, e má, portanto. Então Deus se me afirmou em razão da maldade. Adquiri uma insônia incomum para minha idade. Se dormia, sonhava com o demônio. Passava as noites chamando por papai e mamãe. Não permitia que apagassem a luz do meu quarto. Creio ter tido várias alucinações à noite. Eu crescia e cresciam meus temores: o escuro, a noite, a morte, o sexo, a vida — e principalmente Deus: de quem nada se podia ocultar. Costumava pensar: "Cristo veio à Terra em forma de homem; Cristo teria sexo? Mas sexo? Pensar isto de Jesus? — Já pensei e Deus sabe. Ele sabia, mesmo antes de eu pensar". Meu complexo de culpa tornou-se tanto, que ficava chorando pelos cantos da casa, todos indagando intrigados: "Que tem esta menina, está doente?". E foi esta Divindade que me ensinou a mentir: diziam: "Devemos amar a Deus sobre todas as coisas". Sim, concordava com veemência e mentira. Amá-lo como, impiedoso e desconhecido, me espionando o dia todo? Ia matar-me quando quisesse, mandar-me para o inferno. Amar a Deus? Deus, meu pai? Ora, a meu pai eu abraçava, pedia coisas, tocava. Como podia ser meu pai um ser de quem só tinha notícias — além de tudo terríveis? Minhas relações com Deus foram as piores possíveis — eu não me confessava odiá-lo por medo da sua cólera. Mas a verdade é que fugia-lhe como julgava possível — e jamais o amei. Deus foi o demônio da minha infância.

Costumava aborrecer mamãe sem nenhum motivo aparente. Deitava-me no chão e gritava com desespero. Arranjava um motivo (ou não arranjava), mas a verdade é que alguma coisa bem íntima levava-me a este comportamento. Uma insatisfação inexplicável, desejo de sofrer e fazer sofrer, como a expulsar de mim algo escuro, indefinido e insuportável. Estas cenas eram quase diárias e não sei se viveria sem elas.

Na fazenda tínhamos uma loja. O rapaz, empregado da loja, sempre se recusava a nos dar balas, a mim e minhas irmãs menores. Uma tarde fui sozinha. Pedi-lhe. Disse que sim. Sentou-me no balcão e teve relação sexual comigo, nas minhas pernas. Não tive nenhuma reação, creio haver sentido prazer e nojo. Sentindo-me molhada, julguei que ele houvesse feito pipi nas minhas pernas (eu devia ter cinco anos). Deu-me as balas e fui para casa. Era de tarde. Todos se achavam sentados na varanda. Mamãe também. Usava um vestido branco, parece-me. Ao ver-me, tentou pôr-me no colo. Recusei-me. Achei-a limpa, inocente e bonita. Corri para casa, deitei-me sob os lençóis, sem me lavar. Mais tarde, durante muito tempo, ao me deitar para dormir, à noite, olhando mamãe andar pelo quarto, lembrava-me do que acontecera e chorava (o rapaz desaparecera na madrugada do dia seguinte, deixando a impressão de que ficara louco. Não compreendi a razão de sua fuga, nada revelei a ninguém). Mais tarde, dois outros empregados repetiram o mesmo. A sensação que me dominava nestes momentos era sempre de náusea e prazer. Porém, não cheguei a ver o órgão genital de um homem até meu casamento. Contaram-me que quem faz "bobagens" tem um neném. Julgava-me grávida, então. Esta quase certeza me deixava estupefata, imaginava o que aconteceria se papai viesse a saber. Tudo tão violento e extraordinário.

O sexo foi despertado em mim com brutalidade. Cheguei a ter relações sexuais com meninas de minha idade. Isto aos seis ou sete anos.

Sentia em relação a meus pais, quando juntos, uma sensação à qual dava o nome secreto de "antipatia". Imaginava-os sempre no ato sexual, eles me eram náuseos — e os desprezava. Papai costumava levar-me com ele em suas viagens. Como eu fosse medrosa e não dormisse, dormíamos na mesma cama. Curioso: não me ocorria nenhuma ideia relativa ao sexo, eu nem o imaginava um homem, mas meu pai, apenas.

Aos sete anos fui vítima de um ataque convulsivo que muito preocupou meus pais. Deu-se enquanto eu dormia, e não sofri. Apenas dor de cabeça ao acordar. Aos doze anos, estudando interna, tive outra crise, nas mesmas condições. Também não me preocupou. Ao contrário, vi-me alvo de muitas atenções. Mas aos catorze anos, estava acordada, tive uma crise e foi horrível. Creio ter ficado inconsciente mais de nove horas, depois do que me veio uma certa amnésia que durou um dia. Outra crise se repetiu em condição análoga, logo após meu casamento, durante a gravidez, e a última, aos quinze anos, depois da morte de papai. Não se repetiram até hoje. Tenho tido constantemente crises equivalentes. As auras epilépticas me são quase que cotidianamente familiares.

Achavam-me uma criança precoce, e acredito. Desde pequena acostumei-me a tirar minhas próprias deduções, já que não me respondiam nada claramente, em virtude de serem minhas perguntas quase sempre embaraçosas. Acredito ter sido uma criança excepcional, monstruosamente inteligente e sensível, perplexa e sozinha.

Possuindo muita imaginação, costumava inventar histórias exóticas a meu respeito. Aos sete anos, estudando numa cidade próxima à fazenda, onde morava minha irmã Didi, mentia para minhas colegas: "Sou filha de russos, tenho uma irmã chamada Natacha, e um dos meus tios nasceu na China, durante uma viagem de meus avós". Ó, aquele tio chinês, eu o via mentalmente, de rabicho e tudo, tal os chineses dos livros que lia.

Cresci na ilusão de que o dinheiro me tornava superior. Como meu pai fosse o homem mais rico da minha terra, sentia em relação às outras famílias certo descaso condescendente.

Estudei em vários colégios, em nenhum deles me senti adaptada. Fui mesmo expulsa de um aos doze anos, depois de ter sido tolerada pelas freiras durante um ano com um namoro obsessivo. Sofria de carência afetiva, era desleixada e indisciplinada. Nada estudava, ainda assim fui uma aluna brilhante. O hábito de ler muito desde a infância prestou-me grande ajuda. Naturalmente jamais me foi possível tolerar minhas colegas, que constituíam para mim sempre rivais. Reinara em minha casa durante toda a infância, aquela nova situação era-me insuportável. Continuei tímida, introvertida, incomunicável. Sentia ciúmes de outras meninas maiores, que tinham mais acesso às freiras. Fui salva ao descobrirem minha inteligência. Passei a desempenhar papéis nas peças de fim de ano, escrevia poesias, discursos, muitas vezes para serem lidos por alunas de classe bem mais adiantada. Ainda assim, me julgava um blefe (em casa, sim, me afirmava deveras. Papai lia para todos minhas cartas). Achavam-me bonita nos colégios. Não sei se teria sobrevivido caso este detalhe fosse ignorado — ou negado. Minha necessidade de afirmação se dava nas vinte e quatro horas do dia. Aquela competição anulava-me diante de mim mesma. Não foi jamais do meu feitio competir. Nos primeiros anos de colégio esperava que algum fenômeno se desse comigo (e me elevasse acima do comum), como voar, ou praticar milagres. Não seria, ou podia vir a ser santa?

Em casa não permitia que alguém opinasse em minha vida. Chegava a abandonar o colégio no fim do ano, antes dos exames, ir arbitrariamente para casa. No Colégio Sacre-Coeur de Marie passei a envergonhar-me da minha família. Algumas de minhas colegas tinham parentes elegantes, bem-vestidos, que as visitavam. Outras não. Minha família, apesar de mais rica do que a maioria daquelas, morava no interior, apresentava-se com simplicidade. Em minhas orações, pedia a Deus que me mandasse apenas alguns parentes — que considerava não vergonhosos. Uma vez ouvi de mamãe, enquanto eu discutia com papai: "É um erro fazer com que nossos filhos adquiram grau de cultura superior ao nosso. Maura é um exemplo". Perguntei-lhe assustada: "Que há? Que acontece?". Respondeu-me: "Julga que não percebo sua maneira de ignorar, mesmo tentar humilhar seu pai?". Era verdade, mas eu me odiava também por isso — tudo estava errado e difícil.

Aos doze anos, por influência de uma amiga bem mais velha que eu (minha admiradora), julguei tornar-me nazista, passei a estudar alemão com uma freira luxemburguesa, Mère Esperance, dispus-me a me tornar espiã a favor do Eixo — à espera de uma oportunidade para me pôr à disposição do Führer.

Aos catorze anos quis ser aviadora, entrei para um aeroclube, pretendendo obter brevê de piloto. Não consegui brevê, casei-me com um aviador, jovem de dezoito anos. Papai se opôs tenazmente, todos viam naquilo uma loucura. Mas eu queria — e casei-me. Papai sofreu acima de suas forças, ele que fazia em relação a mim os mais bonitos projetos. Pediu-me, prometeu ceder a todas as minhas vontades. Não o escutei. Meu pai, o homem bravo que todos temiam, pedia-me. Pedia-me que não o fizesse sofrer. Todos esperavam dele uma reação violenta. Mas quando falou-me a sós, não disse mais que algumas palavras — porque chorava. Deixei-o depressa. Não queria me comover. Só queria casar-me, e o fiz. (Minha monstruosidade de adolescente ou minha monstruosidade, apenas.)

Casada, pensei logo em me descasar, tão imediata foi a decepção. Talvez oito dias depois. Papai podia tudo, pensava tranquila.

Vivi durante cinco meses em casa de meus sogros, todo este tempo acreditando-me apaixonada pelo pai do meu marido, homem forte, alto, muito bonito, de quarenta anos, coronel da Polícia Militar e comandante do batalhão existente na cidade onde morávamos. Diziam-me parecida com uma sua ex-amante. Isto me excitava deveras. Minhas insinuações foram porém tão discretas, que ele jamais percebeu. Meu médico deu-me uma explicação para este fato, está registrada neste diário. Sexualmente amava meu marido, possuía uma concepção severa da moral de uma mulher casada. Mas sempre vivia em choques com meus princípios morais — PORTANTO.

Em mocinha discutia com mamãe, dizia detestar nossa casa: queria voltar depressa para o colégio. No colégio escrevia me queixando: não o suportava. Casada, passava os dias pensando em deixar meu marido, comprar uma mansão, de salas imensas, escadarias, lustre, vasta biblioteca — viver triste e só. Eu me imaginava vestida com longos vestidos de veludo, geralmente verdes ou cor de vinho, descendo lentamente as escadas, os passos abafados pelos tapetes. Às vezes recebendo visitas: o jantar, a luz das velas me iluminando o rosto jovem e branco, enquanto do outro lado da mesa seria contemplada pelo moço bonito que fora meu namorado desde a infância. O mistério da minha solidão deixando-o embaraçado e surpreso quando o tratasse cerimoniosamente pelo nome próprio, evitando o apelido por mim tão conhecido.

Mais tarde, ainda casada, desejei ardentemente voltar para o colégio, estudar, namorar — e me casar de novo.

Evidentemente aquele casamento não podia durar: nossa pouca idade, diferença de educação. Os doze meses da vida conjugal marcaram de modo negativo, mesmo brutal, a fase mais importante da minha existência. Então casamento era aquilo? Me perguntava atônita. Meu marido tudo fez para a nossa separação, mas independente do que fez, havia para separar-nos: minha mansão senhorial, meu ideal soberbo e distante de castelã — e principalmente minha solidão.

Aos quinze anos vi-me com o casamento desfeito, um filho e sem papai, sustentáculo de todos os meus erros — meu grande e único amor. Restava-me mamãe: para sofrer com minha insatisfação, meus ideais irrealizáveis, minha busca do "não sei o que é, mas é maravilhoso", minha vaidade e meu tédio pelo que me estava às mãos.

Estarei sendo severa comigo mesma? Teria sido diferente meu modo de ser se meus pais soubessem orientar-me? Naturalmente sim, creio. Eram simples demais para lidar comigo, eu possuía imaginação acima do comum, era inteligente, ambiciosa — e nada prática. Isso os desnorteava. Evidentemente, parece-me, já se manifestava em mim um temperamento paranoide. Uma boa orientação, entretanto, podia ter corrigido esse defeito de personalidade. Ou não? Terei atingido o que eles jamais poderiam alcançar? Estaria deslocada no meio deles? Acredito que sim, e os fatos provam. Verdade que adquiri (não sei como) liberdade total em relação a tudo e todos que me cercavam, desde a mais pequena infância. Faltavam-me meios para fugir àquele clima de asfixia. Então eu sonhava.

Desfeito o casamento, que só se realizou na Igreja, por minha pouca idade, julguei possível recomeçar minha vida como se nada houvesse acontecido. Morávamos numa cidade próxima à fazenda, São Gonçalo do Abaeté. Diziam-me a moça mais bonita e prendada da cidade. Lamentavam que me tivesse já casado. Aquilo me irritava deveras. Lera muito sobre os costumes de outras terras, julgava-me na situação de uma divorciada (ou menos comprometida). Por que privar-me das diversões comuns às moças da minha idade? Mas as pessoas pensavam diferente. Atravessei nesta época uma fase completamente niilista. Li todos os filósofos que me caíram às mãos. Não possuindo ainda grande defesa, deixei-me impregnar de negativismo apenas. Pensei pela primeira vez em me matar.

Superei a crise e aos dezesseis anos entrei outra vez para um aeroclube. Aí começou para mim uma fase inusitada. Passei a recuar diante da vida, sentir-me insegura, fugir às acusações que me dirigiam. Mas eu não entendia, não entendia. Ninguém me acusava de haver passado toda minha vida sonhando em construir minha cidadela, desprezado minha família, pretendido mesmo me tornar espiã contra meu próprio país. Em ter sido vaidosa e sempre descrente das verdades que me impunham. Acusavam-me, sim, de haver me casado. Justamente a realidade que me negava a reconhecer. A mansão, sim, existiu: escadarias, lustres, minha figura antiga folheando com dedos pálidos as páginas de um livro. Mesmo tocando instrumentos que nunca soube tocar, harpa, por exemplo. Mas casamento? — Até me descasara. O casamento, porém, nunca fora real. Mulheres me olhavam pensativas: "Tão nova já com este drama". Que drama? Me perguntava irritada. Os homens se aproximavam violentos, certos de que eu devia ceder: "Por que não, se já foi casada?". Moças de "boas" famílias me evitavam. Mulheres casadas me acusavam de lhes estar tentando roubar os maridos. Os tais maridos tentavam roubar-me de mim mesma: avançavam. Eu tinha medo.

Entre meus colegas do aeroclube sentia-me bem. Portava--me como um rapazinho, falando de aviação, aparentemente integrada. Ainda assim aquela insegurança. Como única moça da turma, e única a possuir um avião, devia sentir-me muito vai-dosa, ainda mais que estava muito bonita: de macacão branco e bonezinho de lado. Entanto não era o que acontecia. Sabia que minhas atitudes de aviadora, consideradas "livres", agrediam a falsa moral (que naquele tempo eu não ousava chamar de falsa). Mamãe dera-me um avião, Paulistinha CAP-4 — Prefixo PP-RXK. Foi quebrado por um aviador meu amigo, ao tentar uma aterragem de emergência na rua de uma cidadezinha (a hélice pegou o fio do telégrafo, derrubou o avião, arrastaram um poste — tudo caindo sobre uma casa e quase matando os habitantes). Queria este avião apaixonadamente — antes de tê-lo. Tão logo o ganhei deixou de interessar-me muito, como não me interessaram muito jamais as coisas possuídas. Como, se deixavam de existir? Ou deixavam de existir como as imaginava? Talvez nem meu pai tenha existido para mim enquanto o tive, e só agora está vivo: na sua distância, na minha liberdade de imaginá-lo como devo desejar. As coisas perdidas ou inalcançadas foram as únicas que possuí.

Quebrado o avião, desinteressei-me da aviação. Ao voar sozinha, muitas vezes, fui acometida de pânico. Tinha medo de voar, confesso, embora na época não admitisse. Já tivera as crises às quais me referi, não ignorava que pudessem se dar a qualquer instante. Não excluía mesmo a hipótese de ser epiléptica, isto me parecia horroroso, costumava afirmar à mamãe preferir a morte à repetição de uma crise. Por delicadeza, em minha casa não mencionavam estas crises. E minha insistência em voar não teria sido um desafio à epilepsia, ou à morte? O avião não pareceu jamais obedecer a meu comando, às vezes parecia-me independente e perigoso. Era, quase sempre, uma carreira ao lado da morte. Suportava calada, nunca confessei nenhum dos meus receios a meu instrutor ou a algum colega. Desde menina experimentei a sensação de que uma parede de vidro me separava das pessoas. Podia vê-las, tocá-las — mas não as sentia de fato. Acontecia ser tomada de tão grande pânico que corria para mamãe e papai, agarrava-me a eles, os objetos se me distanciavam, percebia modificação nas coisas — e não sabia explicar. Voando sozinha cheguei ao princípio de uma destas crises. Me contive.

Procurei retratar-me até os dezessete anos, embora fatos ocorridos dentro desta idade estejam registrados neste diário, em minhas conversas com o médico. Desde então tudo tomou caráter mais grave e penoso; passei a sofrer com brutalidade os reflexos do condicionamento imposto a uma adolescente numa sociedade burguesa, principalmente mineira — e principalmente quando esta adolescente julga perceber além das verdades que lhe impõem, e tem, ela mesma, sua própria verdade. É, portanto, a metade do meu álbum: apresentei a moça de dezesseis anos, bonita, rica, aviadora; sem futuro — mas uma grande promessa.

O que me assombra na loucura é a distância — os loucos parecem eternos. Nem as pirâmides do Egito, as múmias milenares, o mausoléu mais gigantesco e antigo possuem a marca de eternidade que ostenta a loucura. Diante da morte não sabia para onde voltar-me: inelutável, decisiva. Hoje, junto dos loucos, sinto certo descaso pela morte: cava, subterrânea, desintegração, fim. Que mais? Morrer é imundo e humilhante. O morto é náuseo, e se observado, acusa alto a falta do que o distinguia. A morte anarquiza com toda dignidade do homem. Morrer é ser exposto aos cães covardemente. Conquanto nos dois estados encontro ponto de contato — o principal é a distância. Ainda que só diante do louco tenha experimentado a sensação de eternidade. Nele não encontramos a falta. Nos parece excessivo, movendo-se noutra espécie de vibração. Junto dele estamos sós. Não sabendo situá-lo fica-se em dúvida: onde se acha a solidão? O louco é divino, na minha tentativa fraca e angustiante de compreensão. É eterno.

Estar internado no hospício não significa nada. São poucos os loucos. A maioria compõe a parte dúbia, verdadeiros doentes mentais. Lutam contra o que se chama doença, quando justamente esta luta é que os define: sem lado, entre o mundo dos chamados normais e a liberdade dos outros. Não conseguem transpor o "Muro", segundo Sartre. É a resistência. Também se luta contra a morte, quando morrer talvez seja realizar-se. Se existe vergonha é na luta: perder o lugar no mundo, afetividade, direitos (direitos?). Então encontramos doença, morbidez, imensa soma de deficiências que se recusa a abandonar. Transposta a barreira, completamente definidos, passam a outro estado — que prefiro chamar de Santidade. A fase digna da coisa, a conquista de se entregar. O que aparentam é a inviolabilidade do seu mundo. Como os mortos, nada fazem para voltar ao estado primitivo — e embora todos tenhamos de morrer um dia, poucos alcançam a santidade da loucura (e quem prova estar o louco sujeito à morte, se passou para uma realidade que desconhecemos?).

É a terceira vez que me encontro no hospital. O número de doentes é grande e poucos são os loucos. Dona Auda, dona Marina, Isaac, Rafael, estes sim, e mais outros. Dona Auda me parece um símbolo — sempre existido. Observo sua liberdade — de estar presa. Move-se independente, há uma certa dignidade intraduzível, nem sempre alcançada, em sua presença. Eles, de tão grandes, esmagam-nos. É minha impressão constante e humilhada.

Estar no hospício não significa ser superior. O doente, ainda preso ao mundo de onde não saiu completamente, tratado com brutalidade, desrespeito, maldade mesmo, reage. Tenta agarrar-se ao mundo de onde não saiu completamente. Apega-se a seus antigos valores, dos quais não se libertou tranquilo. Principalmente teme: a característica do doente mental é o medo (não o medo das guardas, dos médicos. O medo de se perder de todo antes de se encontrar). Considero um noviciado, depois do que as provas perdem a razão de ser. Quem consegue corromper dona Auda? (Não creio que venha a me tornar louca. Sou demais pequena e covarde. Mesmo, não possuo muita paciência e o noviciado é longo.) (Ou serei noviça há muito tempo?)

De novo: o que me assombra na loucura é a eternidade.

Ou: a eternidade é a loucura.

Ser louco para mim é chegar lá.

Onde? — pergunto vendo dona Marina. As coisas absolutas, os mundos impenetráveis. Estas mulheres, comemos juntas. Não as conheço. Acaso alguém tocou o abstrato?

25/10/1959

Estou de novo aqui, e isto é ———— Por que não dizer? Dói. Será por isto que venho? — Estou no Hospício, deus. E hospício é este branco sem fim, onde nos arrancam o coração a cada instante, trazem-no de volta, e o recebemos: trêmulo, exangue — e sempre outro. Hospício são as flores frias que se colam em nossas cabeças perdidas em escadarias de mármore antigo, subitamente futuro — como o que não se pode ainda compreender. São mãos longas levando-nos para não sei onde — paradas bruscas, corpos sacudidos se elevando incomensuráveis: Hospício é não se sabe o quê, porque Hospício é deus.

Acho-me na seção Tillemont Fontes, Hospital Gustavo Riedel, Centro Psiquiátrico Nacional, Engenho de Dentro, Rio. Vim sozinha. O que me trouxe foi a necessidade de fugir para algum lugar, aparentemente fora do mundo. (Ou de ————
Era tão grave. Proteção? Mas aqui, onde não me parecem querer

bem e sofri tanto?) ("Não me querer bem" talvez seja minha maneira única de ser amada.) Havia lá fora grande incompreensão. Sobretudo pareceu-me estar sozinha. Isto faria rir a muitas pessoas: eu trabalhava no Suplemento Literário do *Jornal do Brasil*, onde me cercavam de grande atenção e muito carinho. Reynaldo Jardim é o diretor e me queria bem deveras. Ó, o zelo de todos. O zelo de Reynaldo. Naturalmente, penso, por eu haver antes estado aqui, saindo para trabalhar lá. A curiosidade em torno de mim: "Esta é Maura Lopes Cançado, a que escreveu 'No quadrado de Joana'? — O conto é realmente bom, mas pensar que a personagem dele é louca catatônica passou a aborrecer-me" (como as pessoas são estúpidas, ainda se pretendem ser gentis). Minha posição me marginalizava. As coisas simples não se ajustavam a nada em que eu pudesse tocar, sentir. Era a impressão.

Quanto tempo trabalhei no jornal? Reynaldo Jardim, Ferreira Gullar, Assis Brasil, e tantos outros, meus protetores. Quase todos os bons intelectuais da nova geração. É de rir. Protetores no bom sentido, como diriam. Mas que bom sentido, se me fizeram sofrer tanto? Porque como chegar a eles, sem desespero? — É que ignoram quanto me custa uma palavra simples, como fui sozinha desde a infância. E de amá-los — demais e inútil — passei a odiá-los: por não me compreenderem. Não saberão jamais o quanto podem fazer sofrer uma criatura tímida e necessitada como eu: porque sinto vergonha. Gullar pareceu cansado de mim. Ainda vendo-o imoto e inacessível não consegui desprezá-lo. Minha necessidade de afirmação deixava-me agressiva, movia-me pela redação do jornal o dia todo sem sorrir. Minha timidez. Enquanto meu ser se enrijecia, voltava-me para mim mesma à espera de um milagre que me projetasse, os outros me olhando atônitos (é ainda mais do que "No quadrado de Joana", é ainda mais). Nada acontecia a não ser eu, me repetindo dia a dia. Minha ignorância.

Destruí tudo agredindo Reynaldo Jardim. Foi uma briga feia. Briguei sozinha. Ele não ousaria ferir-me, pois tem sua própria maneira de demonstrar amor. Consegui escandalizar Carlos Heitor Cony, que já foi quase padre, é facilmente escandalizável. Além de julgar estar ferindo Reynaldo, ao falar coisas inverossímeis e degradantes a meu respeito. Algo em que pensar: se tem alguma afetividade por mim deve ter sofrido. Como me destruí. Falei de mim tantas vilezas (já fiz isto com mamãe. Estou muito cansada).

Telefonei antes de vir a dona Dalmatie, enfermeira minha amiga. Levou-me a dr. J., pedi-lhe que me aceitasse no hospital:

— Por favor, dr. J., não sei que fazer lá fora. Estou destruída. Aceite-me no hospital. Briguei no jornal.

Ele (surpreendente) pareceu compreender. Dona Dalmatie não estava de acordo:

— Tenho um sítio sossegado. Passe uns dias lá. Quanto ao emprego, daremos um jeito. Você tem péssima memória, hein, Maura? Não me conformo em vê-la de novo aqui.

— Tenho boa memória, sei o que me espera. Mas vim disposta a ficar. A senhora não pode entender. Lembra-se de que me disse outro dia que não saí daqui recuperada? Está tudo difícil.

Fomos as duas ao IP (Instituto de Psiquiatria), onde se fazem internações. Ela, de lá, foi para casa. Voltei sozinha para este hospital. Dr. J. já não estava mais. Mandaram-me para a seção Cunha Lopes (não pertence a dr. J.). A guarda que me recebeu (monstro antediluviano), Cajé, me fez imediatamente trocar o vestido pelo uniforme do hospital. Enquanto trocava de roupa, recebia dela as intimidações: "Não banque a sabida nem valentona. Pensa que por ser bonita vale mais do que as outras? Saiba lidar conosco (guardas), que se dará bem. Queixas ao médico não adiantam. Vocês são doentes mesmo. Compreendeu?". Claro que compreendi, Cajé. Estou aprendendo há três anos.

Depois do jantar deram-me um quarto e dormi sozinha até

o dia seguinte. Estava exausta. De manhã chovia. Puseram-me no pátio junto com as outras, percebi que nenhuma funcionária se dirigia a mim. Ah, não: dona Aída se dirigiu, dando-me um empurrão, à hora do café: "Entre na fila. Que está esperando? Quer que te demos café na boca?". Entrei na tal fila, ainda muito cansada para revidar a agressão (das outras vezes em que estive aqui esta fila não existia).

Depois do café fui para o pátio. Ou, fui mandada para o pátio. Ainda chovia muito. Parecia-me um sonho: aquelas mulheres encolhidas de frio, descalças, fantásticas. Eu nem sequer pensava. Via, como se nada em mim fosse mais que os olhos, recomeçando num pesadelo (voltei, meu deus, voltei). Durante o almoço veio chamar-me uma guarda: "O diretor quer falar-lhe". Devia ficar estupefata (por motivos óbvios), mas nem ao menos fiquei surpresa. Se ameaçassem tirar-me os olhos, não encontrariam em mim qualquer reação. E as coisas pareciam caminhar inexoráveis.

Fui ao gabinete de dr. Paim. Recebeu-me neutro. Olhou-me como se eu fosse um irracional, nada me perguntou. Antes, falou para si mesmo: "Está magra e abatida. Fiquei aborrecido quando aquele rapazola (Carlos Fernando Fortes de Almeida) veio tirá-la. Isto não acontecerá mais, só deixará o hospital estando em condições. Você não tem família nem alguém que a ampare. Vai ter agora um médico que te ajudará. Dr. A. é um rapaz estudioso, já te recomendei a ele. Suba à seção Tillemont Fontes, você ficará lá com ele (mudando de tom): ninguém vai fazer-lhe mal, por que tem tanto medo? Ninguém te quer mal. Tenha confiança em dr. A.". Pensei: como sabe que não tenho família nem quem me ampare? Agiu como se tudo soubesse, ou como se fosse desnecessário ouvir-me. Julga que sou oligofrênica? E ainda teve coragem de perguntar-me por que tenho medo daqui. Como finge ignorar a realidade. Então, por que se tem medo de um hospício?

Entanto:

"Ninguém te quer mal. NINGUÉM TE QUER MAL." Subi ao terceiro andar, à seção Tillemont Fontes. Ninguém me quer mal, pensava com força, como a proteger-me de todos, principalmente de dona Júlia, a enfermeira-chefe — que tem sua residência nesta seção e me detesta.

Conheci o médico e hoje falei com ele pela terceira vez. O tratamento que me faz tem o nome de psicoterapia. Não sei ainda quem é este homem de boas maneiras que me analisa. Preciso ganhar sua confiança. Deve estar tentando o mesmo comigo. Quando entrei a primeira vez no consultório disse-me: "Estou às suas ordens". Achei-o sofisticado, olhei-o com ironia e respondi: "Sou eu quem está às suas ordens". Ele ignora que manjo um pouco de psicanálise, já comecei um tratamento com outro médico e a primeira frase que ouvi foi esta: "Estou às suas ordens". Dr. A. deve estar muito prevenido contra mim. Fiz e sofri misérias, aqui dentro. Gostaria de sentir-me mais à vontade perto dele, expor-lhe claramente minhas necessidades. Ninguém no mundo necessita mais de um amigo do que eu. Ele é correto e cerimonioso. Mostro-me petulante e cínica. Dona Dalmatie acha-o pouco inteligente. Espero que ela esteja enganada. Já pratiquei esgrima, vejo-nos perfeitamente equipados: *En garde*. Preciso desarmar-me, ficar curada, deixar para sempre o hospital.

Há tempos escrevi um conto, no qual dizia ser aqui "uma cidade triste de uniformes azuis e jalecos brancos". Esta cidade se compõe de seis edifícios, abrigando, normalmente, creio, dois mil e quinhentos habitantes (não estou bem certa do número). Doentes mentais, ou como tais considerados. Além do hospital onde me encontro existem: IP (Instituto de Psiquiatria), onde se fazem internações (estive lá dois meses. É caótico), Bloco

Médico-Cirúrgico, Isolamento (Hospital Braule Pinto — doenças contagiosas, tuberculose principalmente), Hospital Pedro II e Instituto de Neuropsiquiatria Infantil. O Isolamento fica aqui perto. À noite, se não consigo dormir, ouço gritos dos doentes de lá. Não compreendo um hospital abrigando tuberculosos no Engenho de Dentro, onde o clima é o mais quente do Rio. Há também o Serviço de Ocupação Terapêutica do Centro. Serve, ou devia servir, a todos os hospitais.

Aqui estou de novo nesta "cidade triste", é daqui que escrevo. Não sei se rasgarei estas páginas, se as darei ao médico, se as guardarei para serem lidas mais tarde. Não sei se têm algum valor. Ignoro se tenho algum valor, ainda no sofrimento. Sou uma que veio voluntariamente para esta cidade — talvez seja a única diferença. Com o que escrevo poderia mandar aos "que não sabem" uma mensagem do nosso mundo sombrio. Dizem que escrevo bem. Não sei. Muitas internadas escrevem. O que escrevem não chega a ninguém — parecem fazê-lo para elas mesmas. Jamais consegui entender-lhes as mensagens. Isto talvez não tenha a menor importância. Mas e eu? Serei obrigada a repetir sempre que não sei? É verdade: "NÃO SEI". Estou no Hospício. O desconhecimento me cerca por todos os lados. Percebo uma barreira em minha frente que não me deixa ir além de mim mesma. Há nisto tudo um grande erro. Um erro? De quem? Não sei. Mas de quem quer que seja, ainda que meu, não poderei perdoar. É terrível, deus. Terrível.

Faz muito frio. Estou em minha cama, as pernas encolhidas sob o cobertor ralo. Escrevo com um toquinho de lápis emprestado por minha companheira de quarto, dona Marina. O quarto é triste e quase nu: duas camas brancas de hospital. Meu vestido é apenas o uniforme de fazenda rala sobre o corpo. Não uso sutiã, lavei-o, está secando na cabeceira da cama. Encolhida de frio e perplexidade, procuro entender um pouco. Mas não sei. É hospício, deus — e tenho frio.

26/10/1959

Estranha a minha situação no hospital. Pareço ter rompido completamente com o passado, tudo começa do instante em que vesti este uniforme amorfo, ou, depois disto nada existindo — a não ser uma pausa branca e muda. Estou aqui e sou. É a única afirmativa, calada e neutra como os corredores longos. Ou não sou e estou aqui? — Cada momento existe independente, tal colcha formada de retalhos diferentes: os quadradinhos sofrem alteração, se observados isolados. Entanto formam um todo. Agora escrevo. Antes fui ao banheiro, abri a torneira da pia e tomei água. Eu tomava água. Deitada, olhei longamente o quadrado branco do teto. O teto branco quadrado. De manhã bem cedo virei-me na cama, lenta: um momento. Mantive-me atenta e quieta durante muito tempo — olhos bem abertos. No corredor a guarda gritava com as mulheres. A guarda gritava.

Os dias deslizam difíceis — custa. Me entrego. E me esqueço. Ou não me esqueço? Às vezes as coisas ameaçam chegar até mim, transpondo as portas (mas não. Por quê? Hein? Quando? NADA). Sinto medo. Parece reinar uma ameaça constante no ar. Ou sou eu quem se alerta para o primeiro gesto? Ando pelo quarto. Completo um instante. Depois outro quadradinho: penso fino e reto, sem ameaças, livre de pesar pelo que está guardado ou morto. Penso no amanhã de manhã: o médico. O médico é o campo luminoso aonde vou todos os dias. Ou sou eu quem se ilumina perto dele?

— Sim, doutor, tudo é difícil.

— _____?

— Não. Prefiro ficar quieta. Julgo não conhecer mais ninguém ou nada pretender. Às vezes quero tanto, o senhor entende, não?

Será o fim ou me verei de novo? As duas hipóteses me ocorrem simultâneas; não me apego a nenhuma. Nem sequer procuro entregar-me totalmente. E as forças se chocam. Se anulam. Me preservo. Abúlica: eu.

Me olha com interesse profissional. Não me comovo. Estou exposta, aparentemente miserável, necessitada. Falo. Ele interrompe às vezes. Olho fixamente as unhas ainda pintadas. Me abstraio. O médico insiste. Respondo distante e vaga. Num crescendo as coisas se tornam duras, tomo consciência da minha posição, olhando o médico recortado no ar, o rosto escuro e simpático, de olhos fixos em mim, em atenção clara, como a querer me conduzir por um caminho sinuoso e difícil. Meu rosto manso se deixa levar por um instante, encaro o médico com minha meiguice recobrada — mas piscando rápido, meus lábios tremem, alguma coisa tenta escapar com brandura, quase me rendo, resisto, seguro com força o vestido de fazenda rala, baixo a cabeça, o médico continua. Levanto a cabeça em desafio, acendo um cigarro, usando de um gesto acafajestado e sensual. Deixo o cigarro, encaro-o inexpressiva da distância onde me refugio: "Hein?" — exclamo quase em sobressalto. "Sim, quero ir à Ocupação Terapêutica. Tenho amigos lá: Décio Vitório, Aragão e outros."

— _____?

— Sim, doutor, me sinto fraca, não durmo. Nem sei.

À saída do consultório esbarro na guarda. Olha-me rancorosa. Por um instante sinto-me abaixo do nível em que as coisas marcham. Volto-me para o médico:

— O senhor vem amanhã?

Me encara intrigado, excessivamente gentil: alguém que

nos espera à descida do avião, substituindo o amigo que deverá estar lá. Um estranho, um desconhecido a quem incumbiram de se mostrar cortês. Mais ainda: correto. E mais: seguro.

— Sim, naturalmente — responde.

— Obrigada (falo sem entusiasmo, deixando a sala quase envergonhada).

O dia. As horas. Cada instante. Às vezes medo. Não às vezes: detrás de tudo o medo. Olho imenso tomando o céu. Me recuso a levantar as pálpebras além dos muros. Uniformes cinzentos. Desfile de rostos iguais. Alguns gritos, algumas gargalhadas. Sem lágrimas, sem apelação. Medo: as portas trancadas que dão sinal de vida. As guardas rancorosas. Elas nos fazem voltar das portas, fugir dos corredores, engolir depressa a caneca de mate quente. Hoje esbarrei em Maria de Oliveira, guarda. À saída do refeitório. Ela e outras guardas batiam palmas, apressando as doentes: "Depressa, suas lesmas. Andem depressa com essa comida, suas filhas da puta. Todas para o pátio". Esbarrei sem querer, mas senti medo. Um momento fosco se estendeu trêmulo, o alto-falante gritava música seca, fazendo o corredor dançar quieto e quase vazio, enquanto as mulheres se olhavam, andando lentas e sacudidas.

— Desculpe.

Bobagens, pensei com desprezo, tentando desculpar-me perante mim mesma pela minha fraqueza. Sou escritora, minha família é rica e importante — esta mulher não serviria para cozinheira da minha casa. Devo impor-me. Como? Em que língua falar-lhe? Nada devo temer (não? — claro que a temo). Sim, desculpe-me. Foi sem querer, Maria de Oliveira. Sem querer. A música seca, agressiva. Que voz. Esta mulher é louca, Maria de Oliveira. Sua mãe morreu demente aqui no hospital, na seção Cunha Lopes, ela também não passa de psicopata. Deveras que a temo. Fuma cachimbo, isto me parece escandaloso. Devo dizer-lhe da minha superioridade? Não creio: só complicaria. Mas já fui rica, estudei em colégios caros, frequentei sanatórios caros, em minha casa fui adorada. Mamãe até me deu um avião de presente. Não acredita? Paulistinha CAP-4 — Prefixo PP-RXK. Vá ao DAC e pergunte a quem pertenceu um avião com este prefixo. Que nada. Ela ignora o que seja DAC.

A música gritante, histérica: HOSPÍCIO. A voz de Maria de Oliveira: terrível. Arrrrrr. Subo correndo as escadas. Passo pelo corredor, alcanço o quarto. Me deito. Já é de tarde. Ah, sim: amanhã: o médico. Não me parece muito inteligente. Ou estou enganada? Espero que seja inteligente. Quero mesmo que seja.

As coisas se formando lentas: mais um dia. Agora tomamos mate. Duas horas da tarde. Depois o jantar, e, à noite, dona Marina, minha companheira de quarto, falará de sua família, contando coisas. Coisas bonitas. Gosto de ouvi-la. É muito educada e inteligente.

Dona Júlia abriu a porta do quarto agora. Decerto vai tomar banho no banheiro do consultório de dr. A. Por que ela pode fazê-lo e eu não? Se fosse mais jovem eu pensaria coisas. Não: voltou para o seu quarto. Mulher maluca. Deixa o rádio ligado a todo volume. Agora Maysa canta: "Meu mundo caiu". Pronto. Trancou-se. Vou fechar minha porta. As mulheres me olham a todo instante e isto me perturba.

Os momentos se sucedem e não acontece nada. Talvez hoje eu consiga dormir cedo. Vou tentar dormir um pouco agora — assim vai mais rápido. Hoje, amanhã, depois. Dormir é importante. Muito importante. Creio ter sono.

Quem? Acordo assustada. Não cochilei ao menos. Ou dormi demais? Estou cansada. Muito cansada. Não. Cansada de quê? "Ao menos um lugar no mundo. Ao menos um lugar no mundo." Apego-me a este pensamento vazio, incolor, surgido não sei como, sem motivo (?), pensamento isolado, flutuante e insistente. Quadradinho da colcha de retalhos. Repete-se monótono, me deixo sem dor nem entusiasmo estendida na cama do hospital. E não pergunto. Vou dormir, eu acho.

27/10/1959

Veio com jeito de réptil, ondulosa, em silêncio. Ao falar, seu rosto estava intimativo: "Quando você vai embora?". Respondi penosamente, com voz aguda e assustada: "Amanhã ou depois. Não vou fazer o tratamento que este médico pretende. Amanhã falarei com ele e volto a trabalhar no jornal. Por que ficarei aqui, não sou louca!". Mentia descaradamente, meu emprego no jornal está perdido, não tenho para onde ir, e vou fazer o tratamento de psicoterapia. Onde encontraria um psicoterapeuta de graça? O tratamento me fascina e preciso fazê-lo.

Ah, mas ela estava diante de mim e me olhava. Pareceu-me nada convencida do que eu dissera. Então falei desesperadamente, reafirmei-lhe minha intenção de deixar amanhã o hospital. As palavras saíam rápidas como setas cortando o ar, eu não ousava olhá-la; ou o fazia com violência, como sempre que estou mentindo. Depois de ouvir-me com um meio-sorriso nos lábios, fechou a porta abandonando o quarto. Cerrei os olhos com alívio, dispus-me a chegar à janela para respirar. Foi quando a porta se abriu lenta, ela mergulhou a cabeça no quarto e disse: "Cuidado com a Colônia. Já te preveni muitas vezes. Estive hoje falando no refeitório que você acaba indo". E saiu sem que eu respondesse. Fixei o olhar na colcha branca, enquanto meu corpo tremia de desejos de correr à porta, tomar a cabeça e esganá-la.

Evidentemente o réptil é dona Júlia, a enfermeira-chefe. Mal chego ao hospital essa mulher começa a perguntar-me quando vou deixá-lo. Precisarei tornar-me demente para provar minha necessidade do hospital? Dona Júlia mora no hospital, nesta seção, como em sua própria casa. Detesta as doentes que retornam (como se fossem responsáveis por suas doenças). (Da primeira vez em que estive aqui, tratava-me com grande simpatia, até ternura.) Irrita-se com as doentes que não trabalham, não limpam os corredores, enceram-nos, lavam roupas e outras coisas. Costuma espancar algumas, e da última vez em que estive aqui bateu em Margarida com o molho de chaves. Margarida é oligofrênica, andou vários dias exibindo as costas, vermelhas de mercurocromo. Margarida não se queixa a seus pais, creio. Ignoro o processo usado por dona Júlia para evitar que isto aconteça. Os pais de Margarida gostam muito da filha, têm recursos financeiros, vêm vê-la todos os domingos. É oligofrênica, talvez não deem atenção às suas queixas (não acredito que as faça. Sorria sempre ao contar que dona Júlia lhe batera). Levando-se em consideração a gentileza de dona Júlia com as internadas diante das famílias, tudo se torna bem claro.

— O senhor deve ter péssima impressão de mim. Imagino o que lhe falaram.

Respondeu-me:

— Não se preocupe com o que falam. Se fosse levar em consideração o que me disseram, nem estaria falando com você.

Resposta muito estranha para ser dada por um médico. Que podem ter dito de mim, que sou louca? Mas então? Aqui é hospício. Compreendo por que me têm tanta antipatia.

28/10/1959

Comecei a escrever um conto. "O sofredor do ver". Gosto do título, trabalhei todo o dia neste conto.

Esta é a seção mais tranquila e limpa do hospital. Só desço para tomar refeições ou falar com dona Dalmatie. Embaixo é um inferno: doentes sujas e descabeladas pelos corredores, pedindo cigarros, tocando-nos, discutindo umas com as outras, as guardas gritando. Acham-me bonita, olham meu rosto pintado, fazem perguntas chatas, tocam meu cabelo, arrrrr.

Quanto tempo perdido. Encontro-me sem saber o que fazer, nada aprendi de prático. Ainda no colégio, que fiz do meu tempo? Meu amor pelo sonho é minha maior característica.

Não amo meus olhos negros.

Esta noite dancei um balé fantástico,

cego.

Meus olhos?

Misturaram-se ao negrume das suas pupilas.

Sinto medo. Minha vida não é importante, não sou imprescindível a alguém. Ao contrário: consideram-me inútil, até perniciosa. Socialmente não tenho nenhum valor. Costumo causar sérios desastres a meus amigos. Maria Alice Barroso disse que: "Ser amigo da Maura é como viajar de avião". Ela acha muito perigoso viajar de avião. Sebastião de França se viu obrigado a atirar-se ao mar, em Copacabana, sem saber nadar, às oito horas da noite, completamente nu, para salvar-me (era domingo) de uma tentativa de não sei bem o quê (nado muito bem), quase morrendo afogado, e em seguida ameaçado de ser preso — por atentado ao pudor público. Apesar de tudo sinto medo do que pode tomar conta de mim. Levar-me para _____ Onde? — Seria necessário aprender a proteger-me contra mim mesma.

Não possuo nenhum equilíbrio emocional. Passo de grande exaltação para profunda depressão. Gasto-me desesperadamente (não me esquecer de que sou vítima de disritmia cerebral).

Como estou presa à infância. Nego realidade ao que me veio depois. Até às pessoas, não são — porque não as aceito.

Meus sapatos amarelos
um passo adiante da minha solidão.
Eu os vi mil vezes através de lágrimas,
na sua ingenuidade gasta, resignada,
conduzindo pés que fizeram dança.
Ó, meus sapatos — amarelo-girassol.

O JOGO

Qualquer reação, se estamos diante de um analista (ou com pretensões a), é sintomática, reveladora de conflitos íntimos, ponto de partida para as mais variadas interpretações. Em se tratando de simbologia, somos traídos a cada instante (ignoro se sobra algum prazer na vida para estes interpretativos analistas). Jamais expressamos a verdade — que passa por caminhos sinuosos, apenas conhecidos do "monstro" à nossa frente, o analista, único que não se deixa enganar. Em relação ao sexo a coisa é um desastre: lápis, caneta, dedo, nariz são símbolos fálicos. É irritante: tenho o inocente hábito de estar sempre com um dedo ou lápis na boca. Não compreendo como um simples lápis _____. Mas o tal de analista compreende. E julga flagrar-nos quando fazemos observações puras e autênticas. Ah, ele sabe que não são autênticas. O tal de analista sabe. Uhhhhhhhhhhhhhh!

Diante das denúncias que nos são feitas procuramos burlar o médico, confundi-lo, anarquizá-lo. Assim passamos a analisá-lo, colocando-nos em guarda (dizem chamar-se isto Resistência). Eu me vejo em ação: busco sem piedade os pontos vulneráveis do homem à minha frente. Sim, antes de mais nada considero-o um homem. Me encara com desconfiança. Não sei se é natural. Procura com obstinação se afirmar perante mim, percebo. Deve saber que sou muito inteligente. Ainda não pode ser chamado psicanalista, ele disse, porque está em formação psicanalítica. Isto quer dizer: estamos ambos sendo submetidos a tratamento. É negro. Deve sofrer com isso. Parece-me conflitado. Seu complexo de inferioridade motivado por sua cor é demais visível. Não o creio muito inteligente. Sua única pequena cultura é científica (admito certa precipitação neste julgamento e é minha esperança. Caso contrário, como poderia respeitá-lo?). A despeito das deficiências é-me simpático e gostaria de ajudá-lo. Talvez me beneficiasse. Mas ignoro até onde ele pode contar comigo. Sou demais sonsa para qualquer pronunciamento honesto a meu respeito. Mesmo, eu me desconheço quase completamente, meus atos me surpreendem tanto quanto a outra pessoa. Sou incapaz de analisar-me um instante e dizer corajosamente para a frente uma verdade acerca de mim mesma. Ainda quando me creem inocente e sem defesas, julgo estar enganando. A inocência que aparento e tanto encanto me traz é dependente da minha vontade e consciência. Embora eu desconheça minha vontade, percebo vagamente que possuo uma consciência. Tudo se mostra impreciso em minha natureza nebulosa e difícil. Tenho impressão de que me renovo a cada instante — só nas crianças admito tal poder de renovação. Ah, mas só sou bem-aceita quando fala a criança que existe em mim. Esta força difusa que desconheço e me sustenta em vida se forma em instantes — que para a menina representa milagres. Deixa-me perplexa como se visse tudo pela primeira vez. E minha maldade decorre, sei, da ignorância, ditada pela criança que me domina. Às vezes sou má e impiedosa; apesar de maleável — como o que não está de todo feito. Eu me desconheço, não sei situar-me. Ainda que uma necessidade me caracterize: a de receber sempre e recusar às vezes.

Em relação ao médico tenho me conservado reticente. Nada está claro. Poderia ajudá-lo, dizer-lhe que se fui atrevida com certas pessoas elas nunca tiveram por mim, aqui dentro, o menor respeito (francamente não me agrada ajudar a pretensão, a não ser a minha, e este médico _____). E o doutor me tem provocado. Não consigo descontrair-me — nem ele. Sondamos. Por que me está fazendo este tratamento, se não se julga ainda um analista? Até onde vai sua necessidade de afirmação?

Ele: quais são suas intenções a meu respeito?

Eu: reconheço sua boa vontade mas não creio nas pessoas e não tenho culpa. Minhas intenções a seu respeito não são más. O senhor é simpático, sensível e desconfiado. Julgo-me atraente. O senhor também me julga. Mas que estou pensando? Eu devia ser mais honesta e conscienciosa. Eu me minto demasiado. Por que hei de mentir-me sempre? (Como? — Não estou mentindo. É que não sei ser de outra maneira.) Dr. A., ignoro o que pretendo, ignoro mesmo se pretendo alguma coisa. Sou demais deficiente, mas não sei até onde isto me incomoda. Faz parte, quem sabe, de minha maneira de ser. O senhor é a pessoa que no momento me preocupa. Assim está sendo e sou obstinada. Julgo-me demais vaidosa para admitir-me uma derrota. Francamente, se posso usar essa expressão uma vez na vida, não me interessa sua capacidade de analista. Não creio nela, ou, prescindo dela.

Qual será o rótulo com o qual me obsequiará? Naturalmente não pretendo colaborar de maneira alguma para isto. Quando juntos no consultório somos, um para o outro, as mais importantes criaturas do mundo. Se pudesse encará-lo como médico. Tenho grande curiosidade pelo que me diz respeito — como se fosse cega. Dr. A. carece de magia. Todo médico precisa impor-se, apresentando-nos, embora falsa, sua presença mágica. Isto nos torna crédulos — e ainda mentirosos. Dr. Castro era belo, parecia seguro de si e possuía magia. Gostava de vê-lo elegante

46

andando pelo corredor, ou dizendo coisas imprevisíveis. Uma vez, logo que cheguei e me mostrava rebelde, ele, tentando me pôr à vontade, pediu-me um cigarro. Respondi-lhe: "O senhor tem cigarros. Pede-me por atitude. Não passa de um demagogo". Ele, rápido: "Maura, vá à merda". Disparei a rir, senti vontade de beijá-lo, dei-lhe o cigarro. Dr. A. não é nada elegante — se me mandasse à merda se desmoronaria.

No primeiro dia encontrei-o com minha ficha sobre a mesa. Estivera lendo-a:

— "INTRODUÇÃO A ALDA". A senhora não se esconde por trás desta Alda?

— Eu?

Dona Dalmatie colocara alguns dos meus contos publicados no Suplemento do *Jornal do Brasil* dentro da ficha, este é um deles. A personagem deste conto é uma esquizofrênica em último grau. Terei me retratado aí?

29/10/1959

Que se passa comigo? Serei considerada psicótica? Os médicos não me parecem levar a sério, embora troquem olhares quando falo, como surpreendidos com minha lógica. Eu estava conversando com dra. Sara. Foi da primeira vez em que estive internada, ainda no IP. Um médico entrou, se pôs a ouvir interessado. Depois deu uma risada e exclamou: "Esta é PP. Não há dúvida". PP quer dizer personalidade psicopática. Não entendi a sigla, mas senti naquele médico, no seu ar irreverente, mesmo deboche, profunda falta de respeito à minha pessoa. Encarei-o e não disse mais nada. Mais tarde dra. Sara veio à seção onde me achava (é uma médica bem-educada e sensível. Estava sendo analisada). Pediu-me desculpas pela atitude do tal médico, confessando-me seu constrangimento diante da falta de educação dele. Disse-me textualmente: "Eu devia prever o que aconteceu, impedir aquele médico de entrar na sala. Fui muito culpada. Peço-lhe desculpas. Você pode desculpar-me?". O nome dela é Sara Almeida. O dele, Cláudio. É jovem e bonito. Serei mesmo PP? Foi o diagnóstico que dra. Sara também me deu, posteriormente. Agora possuo um rótulo, até mesmo bonito: personalidade psicopática. Isso levou aquele médico bonito a rir e se afirmar "como o que sabe". Isso me fez tolerar impotente sua risada. Isso me marginalizou de todo. Na minha ficha do hospital meu nome não tem valor. A ficha tem a finalidade de acrescentar mais uma psicopata para a estatística. Estatisticamente sou considerada personalidade psicopática — mais nada. "Mas, dra. Sara, a senhora já se viu nas circunstâncias em que me vi, sendo em seguida examinada por um psiquiatra? Ou a senhora se preveniu, tornando-se psiquiatra? E o médico que riu, não terá sua psicosezinha?" Diriam se me lessem: "O pobrezinho do médico-bonito não riu. Ela tem mania de perseguição". E me acrescentariam mais o rótulo de paranoica. Terminarei pela vida como essas malas, cujos viajantes visitam vários países e em cada hotel por onde passam lhes pregam uma etiqueta: Paris, Roma, Berlim, Oklahoma. E eu: PP, paranoia, esquizofrenia, epilepsia, psicose maníaco-depressiva etc. Minha personalidade mesma será sufocada pelas etiquetas científicas. Serei a mala ambulante dos hospitais, vítima das brincadeiras dos médicos, bonitos e feios. Terei a utilidade de diverti-los ao lançarem a sigla: PP. Poucos possuem a sensibilidade de dra. Sara (principalmente entre psiquiatras, gente frustrada e vingativa, portanto), pedindo-me desculpas. Mas muitos diriam se me lessem: "Pobrezinho do médico-bonito. Não deve ter dito isto. Ela tem mania de perseguição". Ah, dra. Sara tem também mania de perseguição? Não? Então por que me pediu desculpas? Naturalmente seria infantilidade minha tentar provar o que disse. A não ser com a ajuda de dra. Sara. Ela mesma tirou-me o direito de provar alguma coisa ao considerar-me PP. Sou apenas um número a mais na estatística. Médicos feios e bonitos riem, nada posso fazer. Aquele doutor estava livre de qualquer agressão: nem feio era.

10/11/1959

Dr. J. é de uma deselegância absurda: seu papel hoje foi lastimável. Eu estava no consultório de dr. A., que ocupa o lugar de vice-diretor do hospital (lugar antes ocupado por dr. J.), quando dr. J. entrou, sem bater. Não me cumprimentou (nada de extraordinário em um psiquiatra), passando a falar entusiasmado com o colega. Falava quase sozinho (pareceu-me estranho, mesmo em se tratando de psiquiatra). Parecia inseguro. Julguei estar tentando mostrar-se à vontade com o outro, procurando se afirmar, quase em desespero (quanta deficiência. Devia perdoá-lo, mas não posso — sou também psiquiatra, isto é, deficiente).

Dr. A. não me parecia absolutamente à vontade. A psicoterapia exige muito do terapeuta, é prejudicial interromper levianamente a conversa com o paciente. Traz dispersão, perda de tempo, quebra a unidade do tratamento. Ele parecia não se sentir bem diante da atitude de dr. J. em relação a mim, mas até constrangido: dr. J. se portava como se eu fosse um objeto de sala. Sem tomar conhecimento de mim, falava de várias coisas, especialmente futebol. Daí eu ficar sabendo ser ele Fluminense e dr. A., Botafogo.

Súbito:

— Ela (eu) é Lopes Cançado. Não é má menina. Realmente passou por maus pedaços aqui da outra vez em que esteve internada. Mas não se fie muito no que disser: nem tanto ao mar nem tanto à terra. Parece que andou trabalhando em jornal. Aproveite-a e dê-lhe seus trabalhos para bater à máquina.

— Sinto muito. Não sou datilógrafa. Ainda que o fosse, não sou empregada de nenhum dos dois.

A atitude de dr. J. parecia-me tremendamente agressiva: debruçara-se na mesa dando-me as costas, não dispensando a menor atenção à minha resposta — que julguei cheia de dignidade e amor-próprio. Falava com dr. A. "de médico para médico", portanto fora do meu alcance. Dr. A., corretamente sentado, mantinha-se quase mudo, sorrindo levemente, olhando de dr. J. para mim (analiticamente, suponho). A conversa, forçada e nervosa, dr. J. tentando mostrar-se em alturas que eu não frequentava. Dava-me as costas com displicência, e a tal conversa, de "médico para médico", tão elevada, versava sobre futebol.

Sentia-me aborrecida, tinha centenas de problemas para expor a dr. A. Então, resolvi agredir dr. J., sabendo que ele não me daria confiança (aparentemente: é completamente imaturo).

— O senhor é arbitrário e irresponsável. Deu-me um eletrochoque quando fui sua paciente, sei que há contraindicação no meu caso. Possuo dois eletroencefalogramas anormais, fui vítima de crises convulsivas até quinze anos. Um dos eletros está dentro da minha papeleta, ou ficha. Como meu médico, o senhor devia ter se inteirado antes, e o respeitado. Fez o eletrochoque por vingança e para castigar-me. Este método é muito usado pelos psiquiatras, sei. Eletrochoque devia ser tratamento, e não instrumento de vingança em mãos de irresponsáveis. Mas, aqui, até as guardas ameaçam doentes com eletrochoques, trazendo-as em constante estado de tensão nervosa.

Olhou-me sarcástico do alto (ele é muito simpático, quase bonito); como não me respondesse, voltei à carga, desta vez mais agressiva.

— Quando estive aqui e o senhor foi meu médico, sofri coisas horrorosas, fui presa no quarto-forte várias vezes, fiquei vinte e quatro horas sem comer nem beber, nua no cimento. No dia seguinte as guardas mandaram que dois doentes me levassem para o banho, ainda nua, eles abusavam da minha nudez enquanto elas riam muito divertidas.

Dr. J. olhou-me pela primeira vez de frente e falou:

— Não fui eu quem a prendeu, e sempre que a encontrava no quarto-forte não sabia exatamente por quê. Só mandei prendê-la uma vez, quando me atirou um copo de água fria no rosto. Imagine, A., justamente eu usava uma gravata nova naquele dia. E ainda mais: antes de jogar perguntou-me se eu era um cavalheiro.

— O senhor é ridículo.

— Eu? Não fiz nada de mais. Só te mandei para o quarto--forte. Podia ter te virado a mão na cara. Não é o caso, A.?

— Todos no hospital têm razão: dizem que o senhor não presta. Só é bom para sua enfermeira, de quem é amante.

— Se for amante dela não é da conta de ninguém.

— Creio que é. Aqui é um hospital do governo, uma instituição pública, e não seu consultório particular.

Pelo jeito que as coisas iam, dr. A. parecia inquieto. Não estou certa, mas julguei perceber satisfação nele, presenciando a atitude deselegante do outro.

Quando dr. J. deixou o consultório:

— Detesto este médico. Por que não lhe falei mais verdades?

— Mais do que você disse? Imagine só, Maura, dizer que ele é amante da enfermeira.

Dr. A. sorria — simplesmente.

EXTRA

O CRIME DA GRAVATA NOVA
FACÍNORA AGRIDE MÉDICO INDEFESO E FRACO

PRESA A AUTORA DO HEDIONDO CRIME DA GRAVATA NOVA

Na prisão a ré é cumprimentada por várias funcionárias, inclusive a enfermeira-chefe. — Lamentam que o crime não tenha sido perfeito: restou o copo, que deveria ser aproveitado, causando maiores transtornos. A ré se recusa a comentar o crime alegando cansaço e muito sono. (Amanhã comentarei em seus detalhes o crime. Agora vou realmente dormir.)

11/11/1959

O CRIME DA GRAVATA NOVA

Aconteceu quando estive neste hospital pela segunda vez. Achava-me na seção Tillemont Fontes, onde estou agora, não sabia para onde ir nem tinha dinheiro. Viera para aqui em estado de coma, depois de tentar o suicídio, ingerindo forte dose de barbitúricos. Sentindo-me melhor, comecei a escrever, um dos meus contos saiu publicado no SDJB. Passei a trabalhar num romance (romance que nunca mais voltou a interessar-me). Escrevia durante todo o dia, cheguei a encher duzentas páginas. Dona Júlia, tão logo me senti melhor da tentativa de suicídio (estive realmente muito mal, passei inconsciente vários dias), passou a perguntar-me quando eu deixaria o hospital. Acusava-me de querer passar a vida à custa do governo. Eu possuía vários problemas que me impediam sair: estava sem emprego, dinheiro e roupas (Décio dissera-me que Reynaldo prometera levar-me para trabalhar com ele no jornal). Achava-me ansiosa. No momento não tinha para onde ir — ou o teria feito. Dona Júlia não conseguiu tirar-me do hospital, mas pediu minha transferência para a Colônia Juliano Moreira, e antes que me pudessem mandar para lá transferiu-me para a seção MB, recentemente criada e de onde dr. J. também era médico (a seção fora criada para as doentes mais agitadas e agressivas, aquelas que deveriam ir para a Colônia). Eu tinha de dr. J. as piores informações. Fiquei revoltada quando me vi na tal seção, escura, abafada, caótica. Antes escrevia todo o dia e meu conto "O rosto" fora considerado muito bom; falava quase diariamente com Carlos Fernando Fortes de Almeida e Maria Alice Barroso sobre o meu romance. Cuidava da minha literatura.

Entrei logo em choque com a enfermeira da seção (que não me conhecia), dona Dalmatie. Em minha presença ela perguntou à guarda se eu costumava tomar banho, se era limpa, se podia dormir num bom dormitório. Perguntei-lhe por que não se dirigia a mim, apesar de sua falta de educação. Não fez caso. Continuou falando com a guarda, ignorando-me. Senti-me desesperada: tratavam-me como louca. Eu não iria desapontá-los. Fui para o pátio, rasguei o vestido, fiz um sarongue bem curto, trepei no muro. Pus as mãos em concha e gritei como Tarzan: ôôôô. Quando me buscaram sabia o que me esperava: quarto-forte. Mas ainda ignorava a extensão da maldade. Não conhecia ainda os castigos aplicados aos doentes mentais.

No corredor encontrei dr. J. junto a várias guardas. Disse-me com hipocrisia: "Agora você vai tomar injeção para descansar e dormir". Olhei-o com arrogância e ironia: "Pois não, com bastante prazer. Desejo conhecer o quarto-forte, minhas amigas se queixam tanto dele. Mas antes quero água. Gritei muito, tenho sede. Gostou da minha demonstração de loucura?". Trouxeram-me um copo d'água bem fria. Levando-o aos lábios olhei os óculos de dr. J., tive uma ideia súbita, maluca e divertida:

— Vou fazer uma molecagem e o senhor será a vítima. (Falei baixo, meigo e sorrindo.)

— O que é? — perguntou-me.

— O senhor é violento? — continuei maciamente.

— Não, por quê?

O homem estava intrigado e meio confuso.

— É cavalheiro?

— Sou — disse depressa, cheio de convicção.

— Vou pôr à prova seu cavalheirismo.

Puft.

Joguei-lhe a água no rosto, as guardas soltaram um relincho qualquer, dr. J. virou a cabeça para trás sob o impacto da água, depois tirou o lenço e limpou o rosto. Aplicaram-me injeção para dormir, levaram-me para o quarto-forte. Mais tarde várias guardas vieram à porta do quarto, rindo divertidas. Perguntavam-me por que eu não atirara o copo também. Luísa, chamando-me pelo buraquinho da porta, perguntou-me: "Você quer falar com dona Júlia? Ela está aqui. Está morrendo de rir do que você fez. Disse que desta vez o J. B. entrou bem. Ela vai levá-la de volta para a sua seção". Respondi que não. Tinha sono, achava-me muito magoada com dona Júlia. Por que me mandara para tal lugar? Ela nunca mais readquiriu minha confiança.

Sem haver planejado coisa alguma, quando dona Dalmatie abriu a porta do quarto, no dia seguinte, tirei meu vestido com rapidez, atirei-o em seu rosto e gritei-lhe: "A gente dá o que tem e pode. Fique com este vestido sujo de presente". E arranquei-me, completamente nua pelos corredores. Ouvia às minhas costas: "Pegue, segure, agarre". Passei pelo corredor da seção, pelo outro, mais outro, alcancei o corredor de fora, cheguei ao gabinete do diretor. Sentei-me numa poltrona verde e fiz uma pose sensual. Dona Dalmatie apareceu à porta, sorriu e disse: "Bela pose". Senti-me envergonhada então, escondi-me detrás da poltrona. Trouxeram um vestido, voltei para a seção — sem conseguir queixar-me ao diretor, como pretendia.

Dr. J. mandou chamar-me ao seu consultório. Julguei que fosse matar-me. Perguntou-me: "Quem te mandou atirar-me o copo d'água?". "Ninguém", respondi surpreendida com sua mania de perseguição.

Em sua seção padeci no seguinte regime: quarto-forte. Injeção para dormir. Violência das guardas. Mais quarto-forte. Mais violência das guardas. Quarto-forte (às vezes dormindo no cimento frio). Assim sucessivamente. Fuga. Comunicação pelo telefone com Carlos Fernando, Maria Alice e Ferreira Gullar. Meu salvamento por Carlos Fernando.

12/11/1959

Já briguei duas vezes com as copeiras. São uns monstros de estupidez. Se falamos baixo, com delicadeza, respondem aos berros. Detesto o refeitório. Creio que todas o detestam. Imenso: duas mesas de pedra cinzenta, os bancos também de pedra. As mesas nuas. Tem-se impressão de necrotério, qualquer coisa relacionada com defunto. A fila de mulheres passa por um balcão onde cada uma apanha seu prato, já preparado. Além do prato de alumínio (gorduroso e sujo), um outro menor de sobremesa e colher (a ninguém é permitido comer de garfo). Gostaria de não sentir fome. É humilhante, como nos chiqueiros. Isto mesmo: comparação exata: jeito de necrotério, sanha de porcos, necrofagia.

Não sei exatamente o número. Mais ou menos trezentas mulheres. Mal se entra no refeitório se sente o cheiro. Cheiro de gente, gente sem se lavar. Algumas mulheres denunciam nos vestidos manchados de sangue a higiene exigida e desprezada aqui. E o cheiro. Cheiro de mulheres. Mulheres menstruadas e sem asseio. Procuro comer às pressas, sem mastigar, os olhos baixos evitando ver. Geralmente, é quase infalível, há uma ou mais brigas. Voa tudo pelos ares: pratos, colheres, copos de leite. Algumas doentes sobem nas mesas, metem os pés nos pratos das outras. Comida pelo chão, guardas gritando. Arrrrr. Sempre aparecem homens, guardas ou doentes, seguram as doentes mais agitadas, torcem-lhes os braços para trás, dão-lhes gravatas, deixando-as roxas, sem respiração. As guardas andam tontas, soltando guinchos e berros. Mas quando a doente está presa, puxam-lhe os cabelos, ajudando a empurrá-la para o quarto-forte.

Muitas vezes estamos comendo, uma doente mete a mão em nosso prato, sai correndo pelo refeitório. É muito desagradável tomar refeição junto a mulheres sujas, despenteadas, cheirando mal ou babando. Escolho um lugar mais ou menos calmo para sentar-me. Ainda assim é inútil: de súbito surge uma cabeça de Medusa carregando seu prato, empurra quem está a meu lado, senta-se quase no meu colo, falando e comendo enquanto detritos de comida saídos de sua boca voam para meu prato. Ó, ninguém acreditaria.

A comida é infame e fria. Dizem ser a mesma dos funcionários, mas não é verdade. Dr. Paim assegurou-me que esta comida é excelente. Por que não passa s. exa. o diretor a tomar refeições com as doentes? Pior é quando a meu lado limpam o nariz na saia com ruído. Catarro. Bhrrrrrrr (eu que sinto tanto nojo de catarro).

Hoje briguei no refeitório. Atirei um prato de comida no rosto da copeira. Já fiz isto muitas vezes. Em nenhum lugar do mundo entenderia esta minha atitude a não ser aqui. Onde somos tratadas aos gritos e empurrões — razão de estarmos sempre de prontidão. Não gosto de feijão e pedi outro prato (muitos são preparados sem feijão). A copeira se negou a me dar, joguei-lhe um prato no rosto, ameacei atirar os outros no chão. Enquanto discutíamos a guarda deu-me o prato. É inútil tentarmos ser educadas, falar com delicadeza. Elas não compreendem. Quando estive a primeira vez internada, ainda no IP, sentia-me chocada, saía sem comer do refeitório. Às vezes chorava. Agora tenho um longo aprendizado. Revido imediatamente à agressão. Me deseduco dia a dia. Grito também, já tive o prazer de jogar vários pratos nas copeiras, além de canecas de café, mate, leite e até sapato. Em geral a internada não reage. Tudo passa despercebido (como tudo de errado aqui dentro), a vítima deixa o refeitório sem tomar refeição, não faz queixa, permanece com fome até o dia seguinte. São estas coitadas que as guardas classificam de "boazinhas". A verdade é que ninguém se incomoda com os maus tratos dispensados aos doentes. As guardas dizem que devemos nos sentir felizes por termos o que comer. (Naturalmente não me dizem isso. Ah, se dissessem.) Médicos não sabem se comemos ou não. Sim: POR QUE O MÉDICO VAI SE PREO-CUPAR COM A SENSIBILIDADE DO DOENTE MENTAL? ELES GOZAM DE PERFEITA SAÚDE, PRINCIPALMENTE MENTAL. GOZAM REALMENTE OS MÉDICOS DE PERFEITA SAÚDE MENTAL? É a questão.

Se me tornar escritora, até mesmo jornalista, contarei honestamente o que é um hospital de alienados. Propalam uma série de mentiras sobre estes hospitais: que o tratamento é bom, tudo se tem feito para minorar o sofrimento dos doentes. E eu digo: É MENTIRA. Os médicos permanecem apenas algumas horas por dia nos hospitais, e dentro dos consultórios. Jamais visitam os refeitórios. Jamais visitam os pátios. O médico aceita, por princípio, o que qualquer guarda afirma. Se é fácil desmentir um psicopata, torna-se difícil provar que ele tem razão. Em prejuízo de um considerado "não psicopata". Que é um caso a estudar: as guardas deste hospital são quase todas loucas. Ou oligofrênicas.

Amanhã pedirei ao médico para resolver este caso do refeitório. Não posso mais.

13/11/1959

Nada avisei onde morava, quando vim para aqui. Que estarão pensando do meu desaparecimento? Deixei toda minha roupa, trouxe apenas alguns livros. Pareciam querer-me bem. É uma família finlandesa, muito educada. Sr. Maurício, dona Paula, como me tratavam com carinho. Naturalmente telefonaram para o jornal. Também lá ignoram meu paradeiro. Talvez me julguem morta — não sei. Evito pensar no que ficou lá fora. O que me intriga é minha situação aqui: sou tratada como a louca mais inconsciente (quem sabe serei?), depois de vestir este uniforme. Antes de me fazer internar era a mesma, ninguém demonstrava perceber qualquer anormalidade em meus atos. Creio que me conduzia com certo equilíbrio, pelo menos aparente. Aqui, com exceção de dr. A. e dona Dalmatie, ninguém faz o menor caso de mim. Não recebi um bom-dia ou: "como vai?". As guardas se conservam completamente hostis, me evitam. Ficam aos cochichos à minha passagem. Tento por vezes me aproximar de alguma, mostro-me amável, gentil. De nada vale. O contato destas pessoas machuca-me como alfinetadas. Custa-me descer até elas para falar-lhes. Sou sempre obrigada a tomar a iniciativa. Elas não necessitam de mim. Se mostram lacônicas quando peço algum favor, fazem gestos aborrecidos às minhas costas — se me viro rapidamente costumo pegá-las em flagrante com gestos obscenos ("a minha boca não é a boca que estes ouvidos necessitam." — Nietzsche).

Estou na seguinte situação, eu que procurei o hospital espontaneamente: presa, sem apelação. O mais eloquente discurso só viria complicar-me. Diriam: está agitada. A força física de nada me valeria caso eu tentasse transpor a porta que leva à saída do hospital. Seria detida imediatamente. Insistindo, presa.

Se chegasse ao desvario de discutir, alegando ter vindo sozinha, portanto com direito também a sair sozinha, terminaria no quarto-forte, depois de passar por várias humilhações, físicas e morais. Amanhã, uma informação lacônica ao médico: a Maura se agitou.

Felizmente não sinto desejo de sair daqui.

14/11/1959

— Dona Marina, como pode ficar neste pátio imundo, junto a pessoas tão desagradáveis?

— Não as vejo, menina. Estou distante. Tenho minha família, minha vida passada, tão linda. Minhas recordações. Não me encontro aqui.

Eu aparentava entender. Dona Marina sorria, em dúvida.

Agora minha companheira de quarto é ela. Não a obrigam mais a frequentar o pátio, jamais deviam tê-lo feito. Acredito que se abstraísse como dizia: é esquizofrênica. Mas como lhe deve ter custado permanecer junto àquelas mulheres, ela, tão fina, educada e culta. Considerada doente, há mais de vinte anos. Nasceu no Rio Grande do Sul, de família rica e tradicional. Antes de vir para aqui passou por sanatórios caros. Caso crônico, a família recorreu ao último recurso, internando-a em hospital do governo, derradeira etapa da doença mental. Os sanatórios particulares são caríssimos, verdadeiros trustes da indústria psiquiátrica. Dificilmente alguma família está em condições de manter, por muitos anos, um doente internado em sanatórios desse tipo. Daí encontrarmos pessoas de alto nível social, cultural, até artístico, em meio a indigentes para os quais o hospital oferece conforto nunca antes experimentado.

Dona Marina tem cinquenta e quatro anos. Não aparenta a idade. É muito parecida com Marlene Dietrich. Estudou violino e piano durante catorze anos, fala francês, inglês e um pouco de alemão. Nada esqueceu do que aprendeu, é um caso raro de memória. Somos amigas desde a primeira vez em que estive aqui, quando veio, muito gentilmente, falar-me: "Maura é bonita, fina. Eu já andava cansada dessas caras feias do hospital. Maura trouxe um toque de finesse para aqui". Fiquei intrigada, passei a observá-la. Na verdade, creio ser ela a responsável pela finesse que me atribuía. Agora somos companheiras de quarto. Me parece calma, conversa com lucidez, só se deixa trair pelos papéis que carrega na cabeça, presos por grampos e com anotações, as mais diversas, algumas escritas em alemão, francês ou inglês, além das muito bizarras em português mesmo. Fora isto é delicada, discreta, encantadora. Nunca confessa estar internada em hospital de doentes mentais:

— Os quartos estão caros, você não imagina. Aqui pago barato, as despesas saem mais em conta.

— Por que a senhora não está morando com sua irmã?

— O apartamento dela é pequeno.

— A senhora não pretende se mudar nunca?

— Não disse? Preciso fazer economia, menina.

Não acredito que se iluda tanto. Diz assim para mentir-se a si própria e não dar satisfação de sua vida particular. Sempre procura justificar as atitudes de sua família, nunca se queixa se não recebe visitas, mostra-se apreensiva, teme que algum mal seja a causa. Aparenta ignorar o descaso de que é vítima, e me parece mais lógico. As famílias, por mais dedicadas, terminam se cansando dos parentes loucos, a morte deles sendo mesmo um alívio. É importante este lado da coisa. Mais importante ainda é a humildade imposta ao doente crônico, obrigando-o a coisa alguma esperar, a não ser uma hora ou pouco mais ao lado de quem lhe é tão caro. Li qualquer coisa a respeito de esquizofrenia: "Perda total de afetividade". Não acredito. Dona Marina é esquizo-frênica e desconheço alguém mais afetivo do que ela. Natural-mente evita contatos aqui dentro, já que despreza essas pessoas: mal-educadas, pertencentes a níveis social e intelectual inferio-res. Não faz amizades. Mas com quem fazer? Com as guardas? Absurdo. Escreve todo o dia. Julgo compreender: como passar o tempo? Também escrevo, e não me considero esquizofrênica. É musicista: o piano está todo o tempo mudo, na sala do hospital, só lhe permitem tocar aos domingos, durante meia hora. Ela o faz com medo, perguntando assustada onde está dona Júlia. Esse piano parece ser móvel decorativo do hospital — é pena. Só Al-cina Xerife tem permissão de tocá-lo à hora que deseja (por quê? Este meu "por quê" foi a maior cretinice que já disse, de todas as minhas cretinices até agora). O resto da semana dona Marina se repete — é terrível. Passa os dias sentada na rampa que liga nossa seção à seção Cunha Lopes. Quase sempre fala sozinha. Ó, mas com quem falar?

À noite, em nosso quarto, conversamos. Conta coisas de sua família, de sua mocidade, coisas lindas como dos livros lidos na infância e adolescência. Descreve seus vestidos, seus passeios, fala muito sobre o noivado com um Guinle. Incapaz de men-tir, descreve com riqueza de detalhes impressionante. Repete depois de vários dias a descrição de um fato remoto, sem alterar nada. Extremamente severa, parece colocar-se fora da ação ao contá-la, como se não fora ela, quase sempre, a personagem em questão. Cuida em contar, imperdoável, mesmo em se tratando dela (gosto de ouvi-la). Em tudo dona Marina é microscópica. Será a preocupação de ser exata que a levou à loucura? Ou, sim-plesmente, seu mal é a PREOCUPAÇÃO DE SER EXATA?

Presa ao passado como sua única realidade, despreza o presente. Para ela, o presente não é. Finge aceitá-lo, um pouco irônica, condescendente diante da pequenez das pessoas que a cercam (pessoas?). Dona Marina é bem-educada a ponto de aparentar ser iludida: — Pessoas? — Dona Marina sorri.

15/11/1959

Tenho algumas amigas no hospital, moças que não me parecem loucas. São como as que encontro lá fora. Um pouco deseducadas, com as guardas, principalmente. Mas estas são educadas com elas? O hospício nos dá oportunidade de fazer tudo o que lá fora não nos é permitido (talvez aí esteja a chave: não suporto lá fora). Formamos um grupo rebelde, as guardas nos detestam. São jovens necessitadas de amor e proteção, incompreendidas. Quando me conservava afastada delas mostravam-se também um pouco hostis comigo. Agora as procuro, entregam-se sem resistência. Passamos os dias conversando sobre cinema e outras coisas. É desagradável quando se mostram fascinadas pelo que falo, me olham com certo encantamento: "Você pode fazer o que quer: tem cartaz. Nós não somos ninguém". (Isto me desagrada deveras? — sou tão necessitada de afirmação. Elas também.)

Tenho comigo o livro: *Retrato do artista quando jovem*, de James Joyce. "Além do indômito desejo dentro dele de realizar as enormidades que o tentavam, nada mais era sagrado." "Nada mais era sagrado": procuro nas belas palavras de Joyce justificar meu profundo egoísmo: "Nada mais era sagrado". Sim, nada.

Senhor, que dor é esta,

abrigando meu amor?

Minhas reações são completamente negativas: às vezes choro. Se interrogada, não saberia explicar a razão do meu choro. Seria falta de inteligência o que me levou a sofrer tão anonimamente? Nem sequer encontro dor no sofrimento, ou, independente de sofrer, a dor está presente. Me canso. Os dias se estendem, mudos.

Não luto. Espero. Ou não espero? — Ou luto?

Faço coisas sem nenhum sentido: permaneço horas deitada no chão do corredor do hospital, danço balé sobre os bancos, escandalizando as guardas. Estou constantemente penalizada de mim: dualizada: sou espectadora de mim mesma — você, a quem quiseram tanto bem, rica, feita para ser feliz? Você, Maura?

Quase todas as doentes me admiram. Sinto-me muito vaidosa. Às vezes as coisas se precipitam, sou tomada de estranha vida, jovem, alegre e alta, uma grande felicidade me invade, esqueço o hospício, acho-me jovem e bonita, chamo a atenção de todos para mim, exponho as pernas — bronzeadas pelo sol da praia —, solto os cabelos e rio alto, brincando com dona Dalmatie ou alguma internada. De manhã costumo pintar muito os olhos, uso lápis preto ao redor deles e sombra verde nas pálpebras. Ontem a ajudante de enfermagem olhou-me esgazeada quando entrei na sala de curativos. Deve ter pensado que ser tão bonita assim, e louca, é escandaloso.

O médico perguntou-me hoje por que não o procuro nunca, esperando sempre que me mande chamar. Acrescentou que não devemos nos afastar das pessoas, se estas nos interessam: corremos o risco de sermos esquecidos. Por acaso está me ameaçando, ou quer pôr à prova minha necessidade dele? Referiu-se ao jornal onde trabalhei e desapareci sem nada avisar. Verdade que não tenho pensado nisso. Não fiz qualquer conjectura. Que estarão pensando? Me recuso a preocupar-me. O médico insiste com jeito, como a sugerir apenas: "Você não deseja dar notícias suas? Devem estar preocupados". Não estão preocupados. Mesmo, se morrer tragicamente, ninguém sofrerá com minha morte. Posso antever a expressão hipócrita dos meus conhecidos do *Jornal do Brasil*: "Você soube do que aconteceu a Maura? Que coisa". O outro, perguntando, depois de preparar o rosto para a expressão trágica que deve apresentar: "Que foi?". O primeiro: "Atirou-se do nono andar do edifício tal". (Me acho cansada. E chateada. Quero que o mundo se desmorone.)

O que me traz para aqui? Será desejo de justiça? Analiso cada passo meu. Sofro cada gesto. Odeio estar aqui — mas vim. O medo de estar só me levaria a morar com os mortos. Mas não têm estado todos mortos para mim? Meu egoísmo é tão grande que não me permite esquecer-me um pouco: sou, sou, sou. Naturalmente a dor não absorve — translúcida. Meu corpo visto através do maior desespero. Meu amor às criaturas é uma mentira. A alegria dos outros me incomoda e apaga (pensarei nisto depois. Sinto-me cansada).

Falei hoje com o médico sobre o refeitório. Combinamos que não tomarei mais refeições lá. Meu prato virá feito para o quarto. Será um prato de louça. Diariamente falo com o médico. Nada ainda está claro. Ou, não posso admitir, por um pouco de decência, talvez.

Dona Júlia paira sobre minha cabeça como a espada de Dâmocles. Expus meus receios a dona Dalmatie. Aconselhou-me a não dar importância. Previu a dura prova que terei de suportar: "Júlia vai fazer tudo para tirar você do hospital. Na certa vai dizer que você está apaixonada por dr. A. Não faça caso. O hospital é mais seu do que dela, e ela mora aqui". Ela vai dizer que estou apaixonada pelo médico. Acabará dizendo. Sinto-me excitada, desejo vê-lo amanhã. Dr. A. é simpático, todos dizem. Começo a achá-lo bonito. Olhos oblíquos, boca bem-feita, dentes brancos, nariz pequeno e um tanto arrebitado. Gosto de nariz arrebitado. Já escrevi que não é branco. Julgo-o sensual. Considero-o assim. Creio que desejo que ele seja assim. (Devo estar muito doida. É de manhã, cheguei agora do pátio onde dona Dalmatie tem uma ocupação terapêutica, faz um dia lindo e ensolarado.)

Perguntei a dr. A. por que fui nua ao gabinete do diretor da outra vez em que estive aqui. Respondeu-me: "Desejo de anarquizar com as convenções".

16/11/1959

Foi criado neste hospital um Serviço de Ocupação Terapêutica dirigido por dona Dalmatie (não me refiro à Ocupação Terapêutica de todo o Centro Psiquiátrico que atende doentes de todos os hospitais, ou devia atender). Falo de um serviçozinho criado aqui, para as internadas do Hospital Gustavo Riedel. Dona Dalmatie está lutando bravamente para conseguir mantê-lo, desapontando todo o pessoal do hospital, que, evidentemente, esperava vencê-la desta vez. Ela é a funcionária mais desajustada em todo o Serviço Nacional de Doenças Mentais. É a enfermeira mais criticada e combatida do Brasil. Seu crime é digno da pena máxima num Tribunal de Justiça: ama sua profissão, ama os doentes e luta por eles. Jamais se alia a seus colegas, e sempre que surgem "casos" no hospital, vê-se envolvida ou se envolve, entrando em choque com funcionários, até médicos. Aponta o que reconhece ser injusto, arbitrário e SÁDICO. Defende o pouco que ainda resta de direitos humanos nos psicopatas (ou como tais considerados). Dona Dalmatie é adorada pelas internadas. Trabalha há vários anos nesse serviço, e, se médicos, enfermeiras e guardas não a apreciam, desconheço um doente que não lhe queira bem. Combatida, hostilizada, punida, continua trabalhando, apesar de possuir uma situação financeira assegurada: é muito bem-casada. Não posso imaginá-la em outra situação senão esta: discutindo, argumentando, dando conforto, até se expondo, para ajudar pessoas que não contam com ninguém mais além dela. Está dirigindo a Ocupação Terapêutica que dr. Paim criou para nós. Não havia verba nem colaboração nenhuma. Assim, esta mulher extraordinária partiu da estaca zero, contando com a amizade das doentes e realizando o que de melhor já se fez neste hospital em matéria de terapêutica. Trouxe todo o material de casa: sacos desfeitos, linhas, tesouras, até máquina de fazer café. No pátio que lhe foi dado para o serviço, numa espécie de galpão, iniciou os trabalhos sob a zombaria dos colegas. As internadas bordam, fazem tricô e crochê, sobretudo conversam. Dona Dalmatie atende a todas com carinho e muita compreensão. É uma Ocupação Terapêutica muito humilde, mas prefiro-a à do Centro. Lá tem música, muito material para trabalho, pintura, museu, mas as funcionárias não possuem nenhum preparo para lidar com os pacientes. Tratam todos como se tivessem os mesmos problemas, não indagam o grau de instrução de nenhum, tentam obrigar-nos a fazer trabalhos chatíssimos: bordado, tricô e outras cretinices. Que detesto. Estão sempre aos cochichos, são vulgares, comentam "casos" umas das outras, são ignorantes, até inconvenientes. (Dra. Nise Silveira é a fundadora e diretora da Ocupação. O que se sabe dela é francamente positivo, dizem ser uma mulher excepcional. Não creio que ela tenha conhecimento de como se portam suas auxiliares. Mas não ignoro que estas se portem de maneira diferente na sua presença.)

Dona Dalmatie é confortadora. Evidentemente não sou a única a quem dá atenção. Isto me aborrece e impacienta. Chego a brigar seriamente com ela. Hoje, a propósito de nada, joguei-lhe no rosto uma escova de dentes que lhe pedira para comprar. Disse-lhe alguns desaforos também. Isto de súbito, à sua saída, ela nada me respondeu. Sorriu meneando a cabeça, mandou que apanhassem a escova e me entregassem mais tarde.

Por que agi assim? Procuro analisar-me: justamente ela saía do hospital. Ia para casa. Dona Dalmatie voltava para o lar, livre da gente. E eu? Mais um dia a enfrentar: os mesmos rostos, as mesmas doidices, os corredores longos. Aridez. Odeio este hospital — e não posso evitá-lo. Para onde ir? Lar — que palavra. Mas lar? Lar, lar, lar? Soa esquisito e remoto. Sou eu quem carrega o remorso, ou o encontro nas coisas mais simples? Afirmo: são palavras, mais nada: mamãe, Cesarion, eletrola bem baixinho, cama limpa e macia, sono até tarde de manhã, minhas irmãs Selva e Helena. Afirmar é palavra, sim. E o resto? Pensar dói muito. Os nomes frios tingem o coração de pesar. NÃO.

Minh'alma nua

ela se permuta com a rocha.

A tarde se prolonga como a alcançar em dor o infinito. A tarde se estende sem vibração para nada. Mulheres iguais — guardas — monotonia — cotidiano — dor: HOSPÍCIO. (Voltei, meu deus. Voltei.) A desconfiança predomina. Doentes não se fiam nas guardas, nem estas naquelas. E não acredito sequer em mim mesma. Não vou além dos muros que nos encerram. Sou incapaz de tentar querer me salvar — ou me perder de todo. Não creio em nada. Se acreditasse em mim. Mesmo: se acreditasse em mim. (Talvez seja tudo mentira.)

Gostaria de escrever um livro sobre o hospital e como se vive aqui. Só quem passa anonimamente por este lugar pode conhecê-lo. E sou apenas um prefixo no peito do uniforme. Um número a mais. À noite, em nossas camas, somos contadas como se deve fazer com os criminosos nos presídios. Pretendo mesmo escrever um livro. Talvez já o esteja fazendo, não queria vivê-lo.

Sou um número a mais. Um prefixo humilde no peito do uniforme. Quando falo, minha voz se perde na uniformidade que nos confunde. Ainda assim falo. Falo à dona Dalmatie, ao médico, às internadas como eu. Falo comigo. E falo a _____ que não existe para mim. A inutilidade do meu falar constante. Cerca-me o Nada. O Nada é um rio parado de olhar perdido.

Não creio, mas se cresse seria bonito. Não creio, e tenho o Nada
— e o Hospício.

Nunca consegui manter conversação com as guardas. Jul-
gam-me pretensiosa. Não é exatamente verdadeiro tal juízo.
Creio-me até humilde. Que falar com elas? Fascina-me falar com
as consideradas loucas — há mais lógica. Mas não sou eu quem
evita falar com as guardas. Se uma delas se dirige a mim com
delicadeza, respondo também com delicadeza. E sinto-me muito
agradecida (como me doeu fazer esta confissão).

Dona Dalmatie me tem salvado. Nada fiz ainda para ajudá-
-la, só a perturbo. Não demonstra nunca estar cansada da gente
(sabe que "não temos culpa"). Fazemos o que queremos — e
eu não quis ainda nada. Mais tarde talvez venha ajudá-la. Por enquanto a aborreço. Danço sobre os bancos, me queixo, chateio-a,
como se fosse a responsável pelas minhas desgraças. Que ignoro
quais sejam, exatamente.

17/11/1959

Telefonei hoje para Reynaldo Jardim. Fui ao telefone com
dr. A. Temia que Reynaldo estivesse de mal comigo. Não estava.
Mostrou-se preocupado, prometeu-me vir ver-me.

Contei a dr. A. o que aconteceu no jornal. Ele acredita que
não me achava em condição de trabalhar. É preciso admitir: viver
em meio a artistas não é fácil. O artista não amadurece, possui
todos os defeitos da criança. Necessita se afirmar constantemente. É egoísta, invejoso, imaturo. Reynaldo não me parece assim.
Gullar também não, acho-o frio, esquizoide, distante. Creio não
gostar dele. Mas gosto.

Gostaria de não registrar nada referente a dona Júlia — mulher abjeta. Sinto vergonha escrevendo acerca desta dama, eu,

Maura Lopes Cançado, escritora e candidata à glória. Uma artista que, como todos os grandes artistas, é incompreendida em vida. Mas tenho necessidade de falar mal dela. Falo de manhã com dr. A., à tarde com dona Dalmatie, que a detesta, e, à noite, comigo mesma, escrevendo. Dona Júlia tem muito poder no hospital. Contaram-me que foi amante de um alto funcionário de um certo ministério. Ele a protege. Hoje, que escrevo, ela tem se mostrado absolutamente neutra a meu respeito. Mas uns dias atrás foi encher os ouvidos de dr. A. Ele contou-me. Não o fez propositadamente, mas ao dizer-me: "Falaram isto e isto de você", forcei-o a contar quem "falaram". Como não se decidisse, falei por ele: "Dona Júlia, não foi?". "Sim", respondeu vencido. Ao chegar, desta vez, pretendia aliar-me a dr. J., inimigo oficial desta dama, de quem ela fala muito mal. Não sou amiga de dr. J., não creio que ele me aprecie nem um pouco. Esperava ficar em sua seção (onde dona Júlia não põe os pés), mas o diretor, contrariando meus propósitos, mandou-me para aqui, cidadela desta bruxa.

Se dona Júlia morresse. A Colônia Juliano Moreira, para onde vão os casos incuráveis, é o terror das internadas. Fica em Jacarepaguá e contam atrocidades acontecidas lá. Algumas guardas daqui trabalharam na Colônia. Elas dizem que é preferível morrer. Cercada de matas espessas, as doentes fugitivas são comidas por animais ferozes, contam. Composta por vários hospitais — homens e mulheres — velhos, imundos, comida infame, camas sujas com percevejos e outros bichos, muitas doentes dormem no chão — sobretudo apanham muito. Não se faz tratamento nas doentes por serem consideradas irrecuperáveis. Várias aparecem grávidas, os pais das crianças são geralmente os próprios funcionários. Dona Mercedes trabalhou lá. Contou-nos coisas escabrosas. Fico gelada: dona Júlia já indicou-me como irrecuperável. Dona Dalmatie não compreende minha sorte em não ter sido transferida, pois dona Júlia consegue sempre o que deseja.

18/11/1959

Reynaldo veio ver-me. Encontrou-me na Ocupação Terapêutica do Centro. Fiquei muito feliz quando virei-me para a janela e me deparei com seu rosto simpático, sorrindo-me do outro lado. Mostrei-lhe o Museu, onde estão os quadros notáveis de Rafael, Isaac, Emídio, Adelina e outros. (Décio Vitório é seu amigo. Acompanhou-nos.) Houve um incidente desagradável: convidaram-no para almoçar na Ocupação. Impediram-me almoçar com ele no refeitório dos funcionários, porque "sou doente", e a burocracia não permite a entrada de doidos no refeitório de funcionários. Reynaldo nada disse. Almocei embaixo com alguns doentes, numa mesa imunda. Não posso perdoar a Reynaldo. Se ele quisesse mostrar-se mais meu amigo, teria se recusado a almoçar com os funcionários, fazendo-o comigo embaixo. Dra. Nise tomaria conhecimento de mim e do que represento. (Ou estou muito otimista a meu respeito. Mas não perdoarei jamais a Reynaldo.)

Reynaldo queria falar com dr. A. a meu respeito e viemos ao hospital. Dr. A. saíra. Ele mostrou-se muito aborrecido, quis falar com dr. Paim, dr. Paim se recusou. Reynaldo mandou-lhe novo recado: "Diga-lhe que quem quer falar-lhe é o diretor da Rádio Jornal do Brasil". Nova recusa. Reynaldo: "Então diga-lhe que leia o jornal amanhã". Implorei-lhe que não fizesse nada, concordou e se acalmou. Pedi-lhe que me deixasse de novo trabalhar no jornal. Queixei-me amargamente do hospital, chorei muito. Ouviu-me constrangido, parecia ignorar que atitude tomar. Ao sair, prometeu voltar a visitar-me, mas não era verdade — e nós dois o sabíamos. Havia em seu olhar, enquanto prometia, a expressão de quem tenta ser perdoado. Gritei-lhe ainda da porta: "Você jura que volta? Não me deixe sozinha, Reynaldo". Virou-se rápido, fez sim com a cabeça, sorriu — e se afastou depressa. A realidade se me apresentou brutal, vi-lhe as costas desaparecendo no corredor. Naquela hora constatei estar realmente só. Sim. Mas compreendo que ele não criou o erro, não é responsável. Algumas das suas palavras me soam até agora: "Todos temos uma oportunidade na vida. Às vezes mais de uma, mas não é certo". Assim ele procurava redimir-se por não ajudar-me mais. Com estas palavras buscava seu álibi. E agora tento alcançá-lo através da distância que nos separa, levando-lhe minha compreensão: "Porque, Reynaldo, não é preciso álibi para você. Reconheço em que circunstância me deu o emprego quando me conheceu. Todos nós sabemos da sua bondade, e ser bom uma vez já basta. É demais às vezes. Juro reconhecer sua bondade — e não deve ser de bondade que necessito".

19/11/1959

Reynaldo sugeriu-me escrever um diário. Respondi que já registro todas as minhas impressões. Ele gostaria de publicar o diário no jornal.

DONA GEORGIANA

Eu a conheci da primeira vez em que estive aqui. Parece-me que é esquizofrênica, caso crônico, doente há mais de vinte anos — não estou bem certa. Foi transferida para a Colônia Juliano Moreira e nunca mais a vi. Italiana, cantora lírica, eu a achava lindíssima, apesar de não ser jovem. Possuía olhos azuis brilhantes, todo o rosto bonito e expressivo, aquele rosto surpreendente de louca. Estava sempre em grandes crises de agitação, andando desvairada pelo pátio, incomunicável, os pés descalços, geralmente suja de lama — seminua. Eu não frequentava obrigatoriamente o pátio. À tarde, quando ia lá, pedia-lhe para cantar a ária da *Bohème*, "Valsa da Musetta". Dona Georgiana, recortada no meio do pátio, cantava — e era de doer o coração. As dementes, descalças e rasgadas, paravam em surpresa, rindo bonito em silêncio, os rostos transformados. Outras, sentadas no chão úmido, avançavam as faces inundadas de presença — elas que eram tão distantes. Os rostos fulgiam por instantes, irisados e indestrutíveis. Me deixava imóvel, as lágrimas cegando-me. Dona Georgiana cantava: cheia de graça, os olhos azuis sorrindo, aquele passado tão presente, ela que fora, ela que era, se elevando na limpidez das notas, minhas lágrimas descendo caladas, o pátio de mulheres existindo em dor e beleza. A beleza terrífica que Puccini não alcançou: uma mulher descalça, suja, gasta, louca, e as notas saindo-lhe em tragicidade difícil e bela demais — para existir fora de um hospício.

Meu conto, "O sofredor do ver", está me custando. Falei dele a Reynaldo. Considerou o título magnífico. É o conto que mais tem exigido de mim. Considero-o muito cerebral. Talvez seja minha obra-prima.

Estive sentada na cama de Nair, na seção MB. Uma nova funcionária, Olga, mandou que me levantasse da cama com certa estupidez, alegando ser proibido a uma doente sentar-se na cama de outra. Olhei-a com desprezo, continuei sentada. Tomou-me pelo braço, empurrou-me para fora do quarto. Estou certa de que esta dona não sabe quem sou — ou não agiria assim. Nair é surda-muda, somos amigas há muito tempo, desde que me internei pela primeira vez no IP. Está ocupando um quarto junto a uma doente nova aqui, Isabel, transferida por motivos obscuros do Pedro II. Foi esta Isabel quem chamou a tal Olga para arrastar-me do quarto. Também ela não me conhece.

20/11/1959

Queixei-me a dr. A. de que a enfermeira de nossa seção, Elba, recusa-se a falar comigo quando lhe peço alguma coisa. Hoje ele a chamou, perguntando-lhe por quê. Ela respondeu: "Da última vez em que ela esteve aqui deu-me um pontapé". Ele: "Não é razão para a senhora assumir esta atitude. De hoje em diante faça-me o favor de falar-lhe quando for necessário. A senhora não tem direito de 'ficar de mal' com nenhuma paciente. Entendido?".

Ele pareceu-me cansado, irrefletidamente observei-lhe. Disse-me que dormira pouco. Eu, outra vez irrefletidamente: "Por quê? Ó, mas perdão. Não quis ser indiscreta. Apenas o senhor podia não estar passando bem de saúde". E ele: "Não, é que estudei até tarde". (Contou-me que trabalha no Centro de Orientação Juvenil, possui consultório, está também em formação psicanalítica.)

Não sei bem explicar; as coisas me vêm por caminhos tão sinuosos. Curioso é que tenho a impressão de estar sabendo há muito tempo. O quê? Não sei. (Ou não quero dizer-me.) Passei a pintar-me mais, fumo bastante, com sofreguidão, até oito horas da manhã, quando ele chega. Eu quase podia falar uma palavra que talvez esclarecesse tudo. Mas não. Soube que é casado. E sinto cada vez mais necessidade de vê-lo. Como será sua mulher? Bonita? Espero que não.

A presença de uma garota recém-internada aqui me é insuportável. Tem dezessete anos, não é nem um pouco bonita, está completamente biruta. Fala o tempo todo, sobe nas mesas, se despe ao avistar o médico. É chatíssima. Deve ser muito mimada em casa. Fala como se tivesse oito anos. Sua pronúncia é horrível, é baiana. Chama-se Durvaldina. Hoje não me contive e disse, mesmo perto de dr. A.: "Que garota nojenta". Dr. A. falou-me depois a seu respeito. Seu diagnóstico é: psicose maníaco-depressiva. Está tomando eletrochoques. Não me deixa um minuto e me chama de Norma. Diz que sou a moça mais bonita daqui. Como me agrada ouvir isto. (A propósito, meus cabelos estão bem claros e compridos. Estão na verdade muito bonitos. Meus olhos a cada dia brilham mais.) Ó, como "O sofredor do ver" está me custando.

Minha companheira de quarto, dona Marina, é muito gentil, não deixa de falar um só minuto. É pena — gosto dela.

21/11/1959

A presença de dr. A. deixa todas as doentes excitadas, falando, procurando atrair sua atenção. Até as velhas. Não sou assim: no princípio ignorava-o, aparentemente. Só ia ao consultório quando chamada. Agora vou, naturalmente, entro bem séria, completamente sonsa, dou bom-dia, falo uma coisa realmente importante. Convida-me a sentar e começamos a conversar. É o tratamento. Para mim é mais do que tratamento. Sinto tamanha necessidade de alguém que me ouça. Como gostaria de ser amada.

GATOLÂNDIA

Os gatos têm, no Hospital Gustavo Riedel, sua Pasárgada. Pessoas sofrem neste hospital. Os gatos se rejubilam. As doentes se sentiriam felizes se recebessem o tratamento que os gatos recebem. Porque dona Júlia, a enfermeira-chefe, sofre de psicogatia, gatomania, conhece perfeitamente bem as reações desses felinos pois fez um cursozinho de gatologia.

Diariamente cresce o número de gatos no hospital. E ainda

vêm dizer que isto foi feito para abrigar e tratar pessoas. Os vizinhos despejam montes de gatos no jardim — carinhosamente recolhidos por dona Júlia. (Quanta dificuldade em se conseguir internação para um doente mental.) Dona Júlia está para os gatos como dona Dalmatie para as doentes. Além de possuir sua favorita — uma gata branca. Quantas vezes, hipocritamente, bajulei esta Pompadour de rabo: "Que gata linda. Adoro gatos". Adoro gatos coisa nenhuma, mas a enfermeira sorri satisfeita: "Ela está histérica. Não a deixo namorar". A gata de dona Júlia é virgem e histérica. Dona Júlia zela pela donzelice de sua preferida. Dormem no mesmo quarto, e, à tarde, o consultório de dr. A. transforma-se em sala de estar dessa senhorita, que muito se assemelha à sua dona. Entretanto, dona Júlia não é virgem nem histérica, é cansada e desiludida. Maníaca e recalcada, refugiou-se neste hospital — na certa se escondendo de alguma coisa. Dona Dalmatie me disse que pessoas apaixonadas por gatos têm caráter dúbio. Por que dona Júlia não se dedica mais a pessoas, já que é enfermeira?

22/11/1959

> *O conhecimento — não a dor — recorda uma centena de ruas*
> *selvagens e ermas.*
>
> William Faulkner

Aos dezessete anos, mamãe, compreendendo a inutilidade de minha vida na fazenda, admitindo e desejando-me um melhor futuro, incentivou-me a voltar a estudar, proporcionando minha ida para Belo Horizonte, onde eu deveria ficar interna em algum colégio. A perspectiva de voltar a ser "menina de colégio interno" entusiasmou-me, armei-me das melhores intenções, senti que de novo me integraria em meu próprio meio, longe do estigma "casada e separada do marido". Em Belo Horizonte, com todo o meu enxoval do colégio pronto e tudo me parecendo normalizado, quando fui me internar, a diretora do colégio Isabela Hendrix, sem nenhuma explicação lógica, se recusou a receber-me. Antes, apresentou motivos vagos, dizendo que uma antiga aluna resolvera voltar e a vaga era dela. Como? — me perguntava — tudo fora combinado, mesmo meu enxoval (tão caro), comprado com tamanho cuidado! Anteriormente tudo fora dito a meu respeito: eu fora casada etc. A pessoa a quem mamãe pedira para acompanhar-me, um amigo da família, expusera todos os detalhes. Eu mesma pedira que não me permitissem visitas, a não ser de meus familiares. (Mais tarde, vim a saber a razão daquilo: uma pessoa de minha terra fora ao colégio acusando-me de maus costumes.) A injustiça pesou-me, sofri desgraçadamente, não me foi possível compreender minha posição na sociedade. Desejava realmente estudar, conviver com meninas da minha idade, sentir-me protegida — e negavam-me este direito. Passei a morar em pensionatos de moças. Tomava aulas particulares, em grande desorganização. Sem frequentar um colégio, não me foi possível terminar meu curso de professora. Estudava principalmente línguas: português, inglês, francês e alemão, além de recomeçar, todos os meses, meu curso de piano e canto. Com mais assiduidade estudava balé.

Sentia-me insegura e sozinha. Não estava em paz comigo mesma. Lembrava-me constantemente de meu filho, pesava a falta que lhe estava fazendo. Seria me dado o direito de voltar a estudar, se já era mãe? Cesarion era uma criança muito afetiva. Sempre me amou mais do que a qualquer outra pessoa. Quando o deixei, mostrou-se desesperado, de forma surpreendente numa criança daquela idade. Tinha três anos. De manhã, vendo-me arrumar as malas, passou a perguntar-me se eu ia embora, insistiu que eu não fosse, se pôs na porta à minha passagem, abraçou-me os joelhos, mamãe foi obrigada a segurá-lo à força, enquanto ele se debatia, chorava e pedia-me que não o deixasse. Em Belo Horizonte, esta cena estava viva, dando-me grande sentimento de culpa. Embora não desejasse voltar para casa. Era meu desejo ardente estudar, possuía grandes planos — ainda que nada fizesse de coerente para atingi-los. Faltava-me orientação. Morava em pensionatos de estudantes, comportava-me normalmente. As moças, tão minhas amigas no princípio, ao descobrirem meu frustrado casamento, passavam a evitar-me. E as freiras exigiram logo minha mudança. Vivi durante muito tempo morando em hotéis familiares, e só quem conhece a mentalidade dos mineiros é capaz de saber o que quer dizer "familiar" em Minas. Se os homens me achavam bonita, imediatamente os donos dos hotéis exigiam minha mudança. Se me faziam a corte e não eram correspondidos, contavam na gerência a longa noite de orgia que haviam passado comigo. Ou o dono supunha — diante de algum olhar malicioso de um hóspede despeitado. Supor, em Minas, poderia levar à cadeira elétrica qualquer inocente. Daí minhas contínuas mudanças de hotéis, eu geralmente ignorando as razões — ou vagamente supondo (muitas vezes encontrava debaixo de minha porta bilhetes pornográficos, anônimos). Encontrei um pensionato dirigido por uma senhora e mudei-me para lá. Como sempre vi-me insegura, esperava ser-me lançado em rosto o meu estigma. E não tardou. A dona do pensionato, contrariando a opinião de várias hóspedes, não considerou o motivo razoável para mandar-me embora. Continuei morando lá, apesar de não contar com a amizade de nenhuma das moças. (Muitas, ao me encontrarem na rua, fingiam não conhecer-me.) Tornei-me cada vez mais introvertida, jamais me dirigia a uma colega, mesmo no curso de balé, temendo ser rejeitada. Mas era inconcebível: por quê? Que fazia eu para justificar tudo aquilo? Vivia do meu dinheiro, estudava, ou passava os dias em casa ouvindo música, não frequentava lugares inconvenientes, nem sequer falava. Também, falar com quem? Mas como eu era bonita e inteligente então. Aprendi que só tinha a mim e minha presença me agradava. Lia sem parar, pensava muito — eu me impunha uma disciplina interior espartana. O que eu buscava sem cessar era uma coerência que desse sentido à minha vida. Talvez, se eu enlouquecesse, conseguisse dar vida às coisas que existiam em mim e que eu não era capaz de exprimir. Mas verdadeiramente somos filhos da terra em que nascemos, é ela que determina nosso comportamento, ainda nossos pensamentos, na medida em que nos influencia. Em Belo Horizonte, cercados por montanhas, somos fundidos a ferro e fogo. Montanha, ferro, pedras, minério — transforma-nos em seres rijos, pensantes e mais cruéis. Ainda o amor é transformado pela paisagem em algo cerebral, uma ávida cerebralização de ternura que não afasta a solidão: antes, exacerba-a mais ainda. Eu não seria hoje o que sou se não fosse mineira. A Minas devo o meu caráter introspectivo, minha busca constante do absoluto e a disciplina que consigo me impor quando o desejo, essencial ao estudo e à criação. E conservo mesmo certo desprezo pelos filhos de outras paisagens amenas, porém lassas.

Nesta época internei-me pela primeira vez em sanatório para doentes mentais. (Já eu tinha dezoito anos.) Ninguém entendeu o motivo desta internação, a não ser eu mesma: necessitava desesperadamente de amor e proteção. Estava magra, nervosa e não dormia. O sanatório parecia-me romântico e belo. Havia certo mistério que me atraía. Permaneci no sanatório fazendo tratamento de insulina e ficaria lá para sempre, só o deixei porque mamãe se recusou a continuar pagando as altíssimas contas. Durante minha permanência nesse sanatório costumava sair à rua com enfermeiras, via pessoas andando normalmente, e pensava: como podem viver livres e desprotegidas? Como se sustentam em vida? Como viver no mundo sem sofrer, se é tudo tão perigoso e inusitado? Nesse sanatório tive o que se chama um "caso" com um médico psiquiatra. Depois foi horrível. Não me responsabilizei, ele não se responsabilizou, todos me acusaram, não vou escrever o resto porque prefiro não fazê-lo. Não que tema ser desmentida, ou sinta vergonha. Não sinto vergonha. O psiquiatra talvez devesse sentir. Não sei; prefiro não julgá-lo, compreendo agora o quanto são deficientes os psiquiatras. Sofri, vi-me sozinha, mamãe perdeu toda confiança em mim, ignoro como sobrevivi. Gostaria de registrar uma coisa que considero importante: uma amiga minha foi falar ao tal psiquiatra, parece-me que ousou ameaçá-lo; ele respondeu-lhe tranquilamente que, se eu o responsabilizasse perante minha família ou outras pessoas, provaria ser mentira — porquanto eu estivera internada e seria assim encarada facilmente como louca.

Após a experiência do sanatório, desisti de insistir na vida em que antes me obstinava. A atitude do psiquiatra abrira-me nova perspectiva. Eu não era a mocinha moradora em pensionatos, a "Minas-girl", como são chamadas as moças do Minas Tênis Clube. Mudei-me para um hotel de luxo, travei conhecimento com moças consideradas mais ou menos livres, que me aceitaram sem restrições, conheci rapazes, que também me aceitaram encantados, os rapazes mais em evidência na sociedade. Passei a frequentar boates de luxo, aprendi a fumar, embriagava-me todas as noites, gastava minha herança de maneira insensata. Não me preocupava absolutamente com minha reputação. Já não estudava coisa alguma — fazia farras. Deixava-me levar em turbilhão — mas parecia buscar ainda algo. (Isto eu procurava ocultar nas bebidas que eu detestava e que tomava diariamente.) As coisas melhoraram sensivelmente: nada esperava. Vivia com intensidade cada momento. Era considerada uma jovem louca, amoral (ou imoral?), irresponsável, bonita, inteligente e rica. O telefone do meu apartamento de hotel tocava a cada instante. Amigos e amigas procuravam-me sem cessar, as amigas sempre me pediam favores. Tornei-me muito elegante, sabia ser admirada. Necessitava constantemente de gente a meu redor. Sobretudo necessitava parecer bonita, brilhante. Era talvez a maneira de burlar a mim mesma. Mas em meio àquela gente toda sabia não haver nenhuma que realmente me amasse. Eu não me importava. Pareciam amar-me, o interessante era o que aparentavam. Eu vivia exclusivamente o momento presente. Apesar disso, além disso, talvez buscasse o amor. Sim, por caminhos errados eu devia procurar o amor. Quase sempre pensava em matar-me. O futuro me amedrontava. Tinha um medo obsessivo da velhice e da pobreza. Era acometida de crises depressivas que duravam dias e dias. Detestava os amanhãs, mas eles me pareciam uma evidência, a não ser que me matasse. Quase sempre alguém, observando-me, perguntava: "Você não pensa no futuro?". Não, não pensava no futuro. Ou: não podia pensar no futuro. Entretanto, temia-o.

Em Belo Horizonte inventavam muitas histórias a meu respeito, aquilo me deprimia. Minhas agressões à moral burguesa não iam além do que é considerado comum em outros lugares. A não ser em Minas, e não fora meu nome de família, talvez não tomassem conhecimento da minha aparente leviandade. Aparente — porque no íntimo fui sempre muito séria, descrente, superior e triste. (Tentara o suicídio pela primeira vez aos dezoito anos.)

Às vezes cuidava em não desapontar as pessoas: queriam-me bêbada? Não sabia beber — mas era interessante ficar bêbada. Como os desprezava então, eles me pareciam escravos do meu desejo ao serem conduzidos pelo caminho que, realmente, desejavam dar a mim: era tudo mentira, eles não existiam, eu não existia, não custava inventar.

Escrevia sempre para casa, mandava ricos presentes para o meu filho, maneira falsa de estar em paz com ele. Na verdade o que me levava a procurar minha família era, talvez, um pouco de remorso: tudo tão inútil. Escrevia cartas desesperadas, cheias de indagações filosóficas. (Mamãe pedia para ser mais simples.) Assim, desprezando, agredindo e, quem sabe, buscando, permaneci dois anos neste hotel. Algumas vezes me via ameaçada por uma crise convulsiva. Sofria calada, trancada em meu apartamento, julgando imoral deixar que outros participassem da minha aflição. Passei a ser ameaçada sob o efeito do álcool, consultei um bom psiquiatra, deixei de beber. Meu estado se agravava sempre mais: crises passaram a se dar com frequência, depressões aumentavam de intensidade. Não encontrava outro caminho a não ser o de matar-me. Perguntava-me: "Para quê? Até onde chegarei? E o que é isto? Quem é esta gente e quem sou eu? Que estou fazendo?". Mudei-me do hotel.

23/11/1959

— O senhor não acha uma beleza dona Auda? — perguntei a dr. A.

Olhou-a pela porta do consultório, ela estava sentada no quarto em frente, costurando na máquina.

— Ela me parece demente. É. Deve ser bem demente.

Tive vontade de matá-lo: ele não alcançara o que eu quis dizer. Jamais alcançaria a nobreza de dona Auda. Olhei-o desanimada e com desprezo. Ainda ele não compreendeu. Fixava-me à espera da minha próxima pergunta. Senti-me sozinha, cansada, súbito inquieta: perguntei-lhe bruscamente:

— E eu? Posso ficar demente?

— Qualquer pessoa pode tornar-se demente — respondeu-me em tom neutro.

Deixei a sala sem olhar para ele, vim para o quarto e estou

me sentindo completamente louca. Em breve serei também demente. Ou então na velhice. Não: morrerei antes disso.

Dr. A. não me alcançou quando fiz a pergunta acerca de dona Auda. Ele dificilmente me alcança. É simplista. Suas palavras científicas irritariam até uma pedra. Não vai além...

Ignoro completamente como dona Dalmatie pretende sair desta enrascada: prepara a exposição de bordados para o fim do próximo mês, não conta com a colaboração de ninguém, a não ser das pacientes, que só fazem bordados, tricô etc. E o que de mais se necessita no momento é dinheiro, já que não se tem material para os trabalhos. Ninguém acredita nessa exposição, eu mesma tenho dúvidas: onde buscar dinheiro? Todas pedem linha, lã, agulha, o essencial para qualquer trabalho manual. Dona Dalmatie tem comprado com seu próprio dinheiro, e até cigarros, para as doentes. Quase todas as internadas fumam, sentem-se inquietas com a falta de cigarros. Dona Dalmatie não se dá por vencida. Pretende organizar a exposição, talvez o faça. Dr. J. cedeu-lhe uma sala da seção MB, cuja janela dá para o pátio onde se trabalha. Na sala, dona Dalmatie guarda todo o material de trabalho.

Pedi a dona Dalmatie que convidasse dona Auda para descer à Ocupação Terapêutica. Habituada a obedecer, foi, sem nenhum entusiasmo. Tomou logo de lã vermelha, começou a fazer uma suéter, que está ficando muito bonita. Parece se sentir bem junto de dona Dalmatie. De manhã, muito cedo, logo que se levanta, já quer descer. Esta é a mulher que viveu tantos anos atirada no pátio do hospício como irrecuperável.

Estou sempre preocupada com a campanha contra o serviço de dona Dalmatie. Dona Júlia já disse que isto vai dar em nada, porque dona Dalmatie é louca. Jamais percebi um pouquinho de felicidade nas doentes deste hospital. O que se passa agora é inédito: quando estão trabalhando, não parecem estar num hospital de doenças mentais: alegres, rindo, trabalhando. Creio ter sido a melhor coisa que já se fez aqui em matéria de terapêutica. Gostaria de falar ao diretor, apontar-lhe os resultados, o entusiasmo das doentes. Mas como chegar a ele, se não me ouve, me encara como psicopata — e pronto? Só lhe falei uma vez depois da minha chegada. Mas falarei com dr. A. Ele é vice-diretor, deve ter alguma influência.

É desumano perturbar o pouquinho de felicidade desfrutado pelas pacientes. Já estive internada três vezes aqui, o hospital era um túmulo. Juro não me preocupar por mim, mas pelas outras. Tenho muitas defesas — elas não.

Ontem tivemos cinema. *Le Ballon rouge*. Um dos mais bonitos filmes que já vi.

Da janela do meu quarto vi um garoto parecido com meu filho. Jogava bola. A todo momento eu voltava à janela, como fascinada. Em minha ficha do hospital está escrito que pareço amar muito meu filho. Talvez um dia possa contar-lhe coisas que por enquanto nem eu mesma sei. Preciso deixar de ser filha para ser mãe. E o filme que vi ontem? Lindo, lindo. Gostaria de mandá-lo para Cesarion.

24/11/1959

— Que há? — perguntei.

— Luzes e sons.

— Ah, sei.

— Você não sabe. Seus olhos são mortais e apagados. Os meus são astros. Vejo onde seu pensamento não alcança. De qual planeta nos conhecemos?

— Da Terra? — perguntei confusa.

— Terra. (Deu uma risada, depois ficou muito sério.) Qual dos meus olhos brilha mais: o esquerdo ou o direito?

— Não sei. O que você acha?

— O direito é um astro e o esquerdo, uma rosa.

— Qual deve brilhar mais? — falei tímida.

— A rosa, porque é eterna.

Diálogo que mantive hoje na Ocupação Terapêutica do Centro com um doente. (Ou apenas um poeta?) Não sei seu nome, ou a que hospital pertence. Antes de dirigir-me a ele, olhava-me insistente e sorria.

Da outra vez em que estive aqui houve um princípio de incêndio. Foi na cozinha, mas todo o prédio ficou inundado de fumaça. Era a hora do jantar. Muitas doentes já haviam subido para as seções, eu inclusive. As que ainda se achavam no refeitório portaram-se de diferentes maneiras: algumas foram tomadas de pânico, tentaram forçar a porta que leva à saída do hospital. Outras, indiferentes, não se moveram, ou subiram tranquilas para as seções, mesmo quando o refeitório se achava totalmente envolvido pela fumaça. Eu estava com Nair, vendo a tarde, quando, olhando para baixo, vi mulheres "vestidas de doida", com pratos de comida nas mãos, saírem correndo para o jardim. Nair e eu deixamos o quarto e chegamos à escada. A fumaça vinda do refeitório a envolvia. Algumas pacientes subiam gritando que o hospital pegava fogo. Mas elas não procuravam fugir, apesar de terrivelmente apavoradas. Ao contrário, subiam para as seções de onde não teriam nenhuma probabilidade de escapar. Era patético. Nenhuma guarda apareceu. Estavam no refeitório quando tudo começou, e de lá saíram para o jardim. Ficaram no portão conversando com pessoas da rua que se juntavam curiosas. Naturalmente eu pensava em fugir. Apesar de sentir vergonha, olhando as velhinhas dementes, incapazes de andar, completamente inocentes do perigo. E Egídia, doente imbecilizada que não enxerga nem fala. E afinal todas as outras, correndo pelos corredores ou grudadas de pavor às janelas. Nair, horrorizada, procurava arrastar-me. Desci. Era forçoso ao menos verificar o que se passava. Na escada encontrei dona Marina, que subia, carregando um monte de revistas e toda ataviada com papéis na cabeça. Perguntei-lhe aflita: "A senhora ainda vai subir?". Respondeu-me de dentro da fumaça que a envolvia: "Ah, é a Maura. Parece que o hospital está pegando fogo, menina. Vou subir para fazer pipi e perguntar a Júlia Baçalo se vamos ficar ao relento com esta história toda de incêndio. Porque, se formos, providenciarei minha mudança para o Méier, onde tenho parentes". Tive consciência da inutilidade de tentar convencê-la e continuei descendo. Ainda na escada pensei em dona Auda. Ela tem o hábito de se esconder nos lugares mais impossíveis, se houvesse mesmo um incêndio talvez ninguém a encontrasse. Perguntei a uma senhora que subia apertando um olho com a mão: "A senhora viu dona Auda?". Respondeu-me: "Vi. Ela acabou de me dar um soco no olho". Ótimo, pensei aliviada.

Embaixo o hospital se achava tomado pela fumaça. Não se via nada. Só então apareceram alguns funcionários, mandando-nos de volta às seções. Não sei por quê, voltei. Podia ter saído para o jardim, ninguém ousaria impedir-me. Creio que não estava de todo amedrontada, além de detestar manifestações histéricas. De volta à seção, das janelas, vimos quando chegaram os carros do Corpo de Bombeiros. Muitas mulheres se puseram a gritar, sentindo-se mais alarmadas. Nenhuma guarda apareceu. Mais tarde, Maria de Oliveira, guarda, comentaria rindo: "Fiquei no portão esperando para ver o que acontecia. Vir aqui dentro, eu? Só subi depois de passado o perigo. Morressem vocês, que são loucas".

Estávamos todas juntas às janelas. Meia hora depois, os três carros do Corpo de Bombeiros deslizaram de volta, na rua em frente ao hospital. Não havia mais perigo. Achava-me estranhamente emocionada. Os bombeiros, sentados nos carros; de súbito, não sei quem começou, as mulheres, presas às janelas, se puseram a bater palmas. Eles, dos carros, corretamente sentados, levantaram as cabeças, olharam-nos, saudando-nos com gestos largos de braços — sem rir. Então eu chorei. Nunca tinha visto bombeiros em atividade, ignoro se são ovacionados quando impedem uma catástrofe. Não sei se só nos hospícios os bombeiros recebem palmas.

Não escrevo no meu diário minhas conversas com meu médico. Se me dispusesse a escrever, encheria páginas e páginas. Começamos a ter sérias discussões. Ele me acusa de intelectualizar tudo. Diz que levo tudo para a intelecção, e nem todas as coisas podem ser intelectualizadas. Realmente, penso: como se pode intelectualizar a afetividade? É o que tento fazer. Dr. A. está sempre me avisando: "Deixe de tentar intelectualizar o que não é possível". Chama-me agora apenas Maura; suprimiu o tal "dona", que me irritava.

Dr. A. insiste em fazer-me encarar o sexo como coisa natural e sem mistério. Sobretudo diz que é bonito. Dr. A. se trai demasiado: procura convencer-se e convencer-me de que desejar-me sexualmente é muito natural (logo a mim, que já sei há muito tempo).

25/11/1959

Hoje briguei com uma paciente da seção Cunha Lopes. As pacientes de lá são geralmente muito atrevidas, sua médica e sua enfermeira lhes dão um apoio duvidoso. Falta em relação às pacientes a devida orientação. A briga culminou com a luta pela posse de uma vassoura. (Não conseguia tomá-la e não podia deixá-la com ela.) Felizmente dr. J. chegou e nos separou. Não sei controlar minhas emoções. Me porto mesmo como louca, e isto é triste. Dr. A. terá muito trabalho comigo.

Minha companheira de quarto, dona Marina, está em crise de agitação, não sei o que fazer. Fala sem cessar, perturba-me. Repete uma frase reiteradas vezes, acusa-me de ser responsável por não estar recebendo visitas nestes últimos dias. Além disso, não quer que nosso quarto seja frequentado por minhas amigas — aborrece-me. Principalmente Durvaldina, de quem estou agora muito amiga. Que fazer? Dona Marina me põe louca com sua redundância de acusações. (Talvez sejam ciúmes e eu não esteja disposta a compreender. Estou quase certa disso.)

Dona Dalmatie luta para levar avante seu trabalho na Ocupação Terapêutica. Conta com grandes dificuldades: todas as que já falei até aqui. O número de internas frequentadoras já não é pequeno. Vou lá todos os dias: para conversar, falar das enormidades dos meus problemas, queixar-me, acusar dona Dalmatie por não conseguir ajudar-me como desejo. Falo, falo, falo.

26/11/1959

Se alguém perguntar por mim
não pertenço a ninguém

Devo escrever sempre no princípio de cada página do meu diário que sou uma psicopata. Talvez essa afirmação venha despertar-me, mostrando a dura realidade que parece tremular entre esta névoa longa e difícil que envolve meus dias, me obrigando a marchar, dura e sacudida — e sem recuos.

O hospício é árido e atentamente acordado. Em cada canto, olhos cor-de-rosa e frios espiam sem piscar. Os dias neutros. As tardes opacas, vazias, quando um ruído assusta, como vida, surgida rápida, logo apagada — extinta. As mulheres presas no pátio deixam as seções quase vazias; poucas permanecem, como eu, aqui dentro o dia todo. Não frequento o pátio e isto me dá, ainda aqui, e usando o uniforme do hospital, a sensação de estar à margem. Algumas mulheres sonâmbulas andam vagas pelos corredores cinzentos. Outras, sentadas no cimento fresco, olham nada, perdendo-se em distâncias incomensuráveis — brancas. Às vezes uma guarda sobe a escada, entra na seção conduzindo uma mulher rasgada e sangrando: "Brigou no pátio". Diz com indiferença. Ando pelo corredor. Meu rosto busca quieto. Desço as escadas. Embaixo algumas mulheres falam alto, discutem ou cantam. Nada encontro e volto. Um rosto pálido me olha, longo, sem falar. De cócoras, no corredor, ela tem o infinito nos olhos. Por um momento quase indago, mas me limito a sorrir-lhe. Continua longe, sem se mover. Meus pés descalços pisam o cimento dos corredores — em busca. Que posso encontrar aqui? Me pergunto, branca e limpa de fazer dó. Os dormitórios vazios e impessoais são cemitérios, onde se guardam passado e futuro de tantas vidas. Cemitérios sem flor e sem piedade: cada leito mudo é um túmulo, e eu existo entre o céu e esta dormência calada.

De manhã um frêmito desperta o ambiente quando os médicos chegam. Limpos, os jalecos brancos distinguindo-os como um nascer de esperança. Algumas mulheres ansiosas se manifestam, de uma ou outra forma. E guardas adoçam a voz, terrivelmente hipócritas, conduzindo com paciência fingida alguma doente para o consultório. O médico, tocado pelo que trouxe de fora e na impaciência de voltar, atende apressado. Cada vestido cinzento é a repetição monótona de tantos casos por ele observados.

À hora do almoço o refeitório vibra, frenético e nauseante. Uma, rasgada, dança com o prato na cabeça. Outra come ávida, mastigando de boca aberta, a gordura escorrendo-lhe pelo queixo. Falam, cantam, brigam, riem. A guarda grita. As mulheres por um instante mantêm-se assustadas e despertas; logo recaem no sono lerdo — movimentado e denso onde vozes brotam pesadas, cheias de esquecimento. O refeitório sacudido sustenta-se fantástico. Me movo longínqua, tragada pela irrealidade que a todas confunde. Como depressa e sem prazer. Uma mulher passando por mim me esbarra. Solto um nome feio, levemente assustada com minha brutalidade, deixo o prato. Por um momento me conservo imóvel e dura, observando. Meu braço apoiado sente a frieza da mesa de pedra, sem toalha. Sim, digo para mim mesma — má e sem sofrimento —, o refeitório de loucas. Mas sim, por que não dizer? E meus lábios gastos se contraem num ríctus, que não é de dor, mas de quase maldade. Aqui estamos nesta sarabanda alucinada. Nós, mulheres despojadas, sem ontem nem amanhã, tão livres que nos despimos quando queremos. Ou rasgamos os vestidos (o que dá ainda um certo prazer). Ou mordemos. Ou cantamos, alto e reto, quando tudo parece tragado, perdido. Ou não choramos, como suprema força — quando o coração se apequena a uma lembrança no mais guardado do ser. Nós, mulheres soltas, que rimos doidas por trás das grades — em excesso de liberdade.

Saio lenta, o refeitório ficando para trás. Maria de Oliveira, a guarda, grita para uma doente que se recusa a comer: "Coma, diabo. Você devia dar graças a Deus por esta comida. São todas umas pobres indigentes". As mulheres são mandadas para o pátio. Algumas, distantes demais para compreender, permanecem quietas. As guardas empurram-nas, puxando-lhes os cabelos pelos corredores. Subo depressa as escadas. Alcanço a seção, a tarde chegando implacável. Ando pelos corredores, quietos, à espreita. Às vezes caio em profunda depressão, as coisas externas me machucando duras, e, no íntimo, um sofrimento incolor, uma ânsia, um quase desejo a se revelar. Não: um profundo cansaço. Ausência total de dor e alegria. Um existir difícil, vagaroso, o coração escuro como um segredo. Sobretudo a certeza de que estou só. Sinto, e esta sensação não é nova, como se uma parede de vidro me separasse das pessoas, conservando-me à margem e exposta. E por mais que eu grite ninguém escutará. Mesmo, se chegar a uma dessas mulheres e falar-lhe, ficaremos ambas tão perplexas que o sentido da frase se perderá dentro do nosso espanto. Porque o que há de realmente importante para ser dito aqui? Cada uma se deixa roer calada e íntima no seu próprio mundo, qualquer tentativa de aproximação sendo anulada pelo desconhecimento que temos umas das outras. Ainda assim, parece que marcamos aqui um encontro. Chegamos, porém, tão dolorosamente marcadas que tudo caiu no esquecimento acordado, movendo-se secreto em cada uma. É para esse núcleo que se voltam todas. Elas têm para onde, e eu não. Porque, mesmo aqui, ainda sou uma marginal. Que fazer para provar-me que morrerei um dia? A ausência de dor me faz sofrer até o martírio. Por que hei de imolar-me sempre? Do outro lado as pessoas devem sofrer felizes, restando um coração aliviado e gasto. Se eu transpusesse os limites desse denso existir, meu coração se abriria surpreso, um ponto no mais profundo do meu ser se constrangeria de dor aguda e clara. — Como veem o mundo as pessoas do outro lado? Não esse existir sem momentos: luz fria avançando lenta, uniforme, enquanto o corpo é um carro blindado. A ausência do inimigo eleva o perigo a proporções desconhecidas. À minha volta olhos invioláveis atestam a presença do que sempre será o irreal.

O desfalecimento das cores é uma evidência, constato mergulhada na neutralidade do cinza que me despersonaliza. Nem ao menos me acho "agitada", como já estive em algumas vezes. Porque então minha angústia desperta impulsionava-me a falar, agredindo — meu corpo de encontro às coisas se deixava ferir com alívio, o sangue escorrendo quente, doce e amável das minhas mãos, ao quebrar com elas os vidros de uma janela. Eu clamava contra o mundo, minha revolta era tão justa que médicos e enfermeiras fingiam não escutar-me. Como me achava lúcida: meu cérebro vertiginoso deixava-me solta no ar. E era tal a velocidade que minhas ideias se perdiam rápidas, enquanto eu lutava em vão para traduzi-las em palavras. Foram períodos faiscantes, luminosos, sobretudo a dor estava presente. Eu sofria acima das minhas forças, gastando-me com energia. Agora caí na ausência — nenhum sentimento me atinge direto. — É? Pergunto do fundo da minha existência, vaga e sem contornos. — Quê? E eu, meu deus, onde estarei na verdade, enquanto as coisas ensurdecem de tamanha falta de som? Porque então, se me viessem dizer que me esperavam para um banho de mar, eu, da minha surpresa, responderia distante e vaga: que o mar fora uma invenção tardia, da imaginação de uma criança já morta.

27/11/1959

Dona Marina (para felicidade dela e minha) foi transferida para um dormitório. Tenho outra companheira de quarto.

Nair, surda-muda, é inteligentíssima. Não a creio psicopata. Sua família a mantém aqui por um desses casos inexplicáveis de incompreensão humana. Então contaram um drama ao médico, arranjaram amigos influentes — prenderam-na como doida. (Não é o único caso aqui dentro.) Quando cheguei ao IP ela estava lá há um ano, era bem-comportada, costurava, mesmo para médicos. Tornamo-nos amigas. Fui transferida para cá, ela veio logo depois. Isto me deixou feliz. Nossa amizade continuou. Agora estamos em seções separadas, mas sempre a procuro, ela faz tudo o que lhe peço. Deve ter sofrido amnésia. Sua letra é ótima, mas não sabe mais ler. Escreve e não sabe o que escreve. Alguns nomes escreve e lê: Maura é um deles. Guarda o retrato, recortado de uma revista, da ex-rainha Narriman, onde escreveu: "Maura". Entende o que se fala por mímica e pelo movimento dos lábios.

Estive hoje deitada na cama de Nair. Ela me contava um filme, passado aqui outro dia, e que eu não quisera ver. (Já o vira lá fora.) Deixei-a contar. Foi perfeita. Hoje o alto-falante transmitia uma música linda. Quis ouvir e lhe fiz sinal de que estava ouvindo uma orquestra. Compreendeu imediatamente, passou a imitar todos os instrumentos de uma orquestra. (Coisa que eu tentara fazer para mandá-la ficar quieta.) Que poder de expressão. Que mímica admirável.

Estava hoje no refeitório com Isabel, que já é minha amiga e me adula muito, pedi café a uma copeira. Ela apanhou uma caneca para me dar. Uma cozinheira berrou-lhe: "Não dê café a ela. É muito atrevida". Virando-se para mim: "Aqui não tem café para você". Gritei-lhe: "Espere por mim. Esta não será a última vez que nos veremos".

28/11/1959

Minha nova companheira de quarto, velha alemã de noventa anos, é um caso muito sério. Deita-se às cinco horas da tarde, cai no sono imediatamente, às dez horas da noite, quando ainda não me deitei, levanta-se muito naturalmente: "*Guten Morgen.* Bom dia. Muito bom dia para vocês". Olho-a sem nenhum susto, aqui nada tem importância, pode ser mesmo de manhã e eu me tenha esquecido, respondo também "bom dia", continuo a ler, ou andar pelo corredor. Se a guarda é bem-educada (como dona Geralda), acha engraçado, busca convencê-la de que ainda é noite. Não muito convencida vem para minha cama, conversa comigo, e quando me sinto cansada de gritar, porque ela é surda, dá-me um beijo e volta a se deitar, intemporal. Costumo chamá--la: "*Meine große Mutter*", e ela ri. Já deitada, quando estou quase dormindo, resolve rezar, com voz forte e alta. Espero terminar a oração, viro-me para o canto e cubro a cabeça com o lençol — para dormir, enfim. Então dona Helena se dispõe a cantar em alemão. Meu sono espantado me deixa aborrecida, a longa noite pela frente e esta senhora senil e tão amável (senil pode ser amável?) a perturbar-me. Agora está aí a questão: dona Helena é senil. Pode também ser amável? — Concluo num hausto que Frau Helena é ambivalente. Isto em altas horas da noite, enquanto ela fala ou canta sem cessar. Meu Deus das Contradições, esta velha é amável, juro. (Me beija e acaricia.) Mas é também senil. Estou farta dela.

Ontem fui ler no corredor. A luz do nosso quarto estava apagada. Quando voltei Frau Helena não se achava em sua cama. Procurei-a em toda a seção. Voltando ao quarto achei-a deitada de boca aberta — na minha cama. Deitei-me na sua, que (incrível) cheirava a velhice. Não consegui dormir e fui acordá-la. Ignorava completamente em que cama estava, custou a entender-me e achou muito engraçado. Depois se levantou rindo, foi para sua cama. Ela se levanta a noite toda, abre a gaveta da mesa de cabeceira — um inferno.

Parece querer bem a Durvaldina e a mim. Julga que somos irmãs, fala como se nos conhecesse há vários anos e pergunta a uma ou a outra a todo momento: "Onde está sua irmã?". Grita muito, tem a voz autoritária, está sempre dando ordens. Hoje falei-lhe: "A senhora gosta muito de mandar e está sempre brigando". Respondeu-me: "Para isto sou alemã". Frequentemente é terna, senta-se em minha cama, pede-me para coçar-lhe as costas. Diz para mim: "Gosta muito de você. Eu gosta". Pedi-lhe que terminasse uns sapatinhos de tricô que comecei. Está trabalhando neles com interesse. Errou algumas vezes, a receita do livro é muito complicada. "Olhe, Maura, vou fazer a meu modo que sai melhor." Realmente está saindo.

Creio que dona Helena e outras senhoras velhas se ressentem tratadas assim, como inúteis. Passam os dias sem fazer nada, perdem completamente a noção do tempo. Discutem por qualquer coisa, não têm nenhum motivo a não ser esperar pelas visitas dos filhos — que quase nunca vêm vê-las. Eu aconselharia a Ocupação Terapêutica. Nenhuma velha é indicada pelos médicos para frequentá-la. Dr. A. me disse mais de uma vez não se interessar por velhas. É muito vaidoso dr. A. Não se interessa, nem aceita, oligofrênicas. Disse taxativamente: "Só me interesso por doentes recuperáveis".

Mesmo velhas muito velhas, como dona Helena, podem produzir alguma coisa. Ela faz tricô muito melhor do que eu. Já escrevi que esta seção parece um asilo de velhas? Algumas são tétricas, como Lolita, que não conversa, não anda, permanece sentada durante todo o dia numa cadeira "especial", com um grande furo embaixo, por onde faz suas necessidades fisiológicas. Não emite o menor sinal de vida, nem mesmo com os olhos, de vez em quando dá uns gritos terríveis, se sente sede ou deseja qualquer coisa. Estes gritos não se assemelham a nenhum som humano, e muitas vezes parei assustada, perguntando-me de onde vinham. Ela se achava na mesma posição, o rosto imutável. É alta, longa, branca, branca, longa, alta, branca. Não me agrada vê-la.

Dona Benedita é velhíssima e completamente surda. Passa os dias sentada numa poltrona, mas se locomove quando quer. Para quebrar a monotonia de sua vida, quieta, calada — onde os sons não penetram nunca, desacata qualquer pessoa, nas horas mais inesperadas e impróprias. Ela se "manifesta" mais ou menos cinco ou sete vezes por dia — em altos brados, e não escolhe a vítima (quase sempre sou eu ou Durvaldina). Tira o chinelo do pé e agride, se a "escolhida" não se afasta depressa. Fala mais ou menos dez minutos (acusa, ameaça etc.), depois senta-se, indiferente a tudo que a cerca. Como é melancólica a velhice. Para que viver tanto? (Opto pela eutanásia.)

Dona Luísa é a velhinha mais triste daqui. Quase não fala, responde delicadamente às perguntas, está tão corcunda que junta a cabeça ao colo o dia todo.

Dona Anita, velha tremenda, é portuguesa e não é das mais velhas. Briga a todo instante e com qualquer pessoa. Sabe ser agressiva sem a senilidade que caracteriza dona Benedita.

Dona Georgete é italiana. Escrava de dona Júlia, trabalha mais do que qualquer moça. Está tão velha e demente. É muito educada. Conversa conosco, olha nossas sortes no baralho (sempre repete a todas que vamos ser muito felizes, casarmo-nos com moços bonitos e ricos — outras coisas bonitas). Está sempre lendo revistas, lavando ou limpando o chão. Me viu dançando balé, prometeu levar-me ao Teatro Municipal. Pobrezinha.

29/11/1959

Quando voltei hoje da Ocupação Terapêutica do Centro, passei pela cozinha para entrar no hospital (não esperava que minha oportunidade surgisse tão depressa: porque ela estava lá). Perto da porta, umas nádegas de proporções continentais atraíram-me a atenção. Juro que o que me levou à dona de tal extensão foi a curiosidade. Era a cozinheira que me negara café. Meti-lhe um pontapé. Caiu por cima de uma porção de batatas, todos me olharam assustados, saí correndo. Subi as escadas sem respirar. Na seção perguntei a Margarida:

— Onde está dr. A.?

— Dr. A. já foi embora.

— Não. Então estou perdida.

— Estou aqui, M-A-U-R-A.

Reconheci a voz, voltei-me aliviadíssima para ele.

— Dr. A., acuda-me: dei um pontapé no traseiro da cozinheira e todo mundo está atrás de mim.

Levou-me para o consultório, contei-lhe tudo de uma vez. Ouviu-me, entre sério e divertido. Logo depois bateram à porta. Era sr. Válter, fiscal de alimentação, que presenciara o delito, e sr. Alberto, administrador do hospital. Falaram, um interrompendo sempre o outro, cada qual desejando emprestar mais ênfase à acusação: os promotores:

— Dr. A., isto não pode continuar assim. Ela precisa ser punida. Faz tudo o que quer neste hospital. Deu um pontapé numa senhora, jogou-a no chão, podia tê-la matado, estava descascando batatas com uma faca na mão. Ou o senhor toma providências ou iremos ao diretor.

Dr. A. fez sim com a cabeça e não disse nada, deixou-os francamente desconcertados. Como eles estavam furiosos. Quando saíram, julguei perceber em dr. A. um ar divertido. Sim, percebi em dr. A. um ar divertido.

Passo longo tempo na janela, olhando a rua: casas velhas, sem esperança. Subúrbio. Nada me é dado. Nem o espetáculo de casas bonitas e alegres, cortinas levianas de pernas soltas dançando no ar, cortinas leves, bailarinas inconsequentes. Cortinas jovens e brincalhonas. Ou até velhas, pesadas, imponentes. Imponentes e impotentes (a imponência nas pessoas parece-me estar, quase sempre, mascarando sua impotência). As casas velhas, estragadas pelo tempo, esta tristeza. À noite, uma vez por semana, se faz macumba, numa casa aqui em frente. Cantam em ritmo bárbaro, e as doentes não conseguem dormir nestas noites. Me traz grande mal-estar.

À tarde, Marta, paciente da seção Cunha Lopes, logo abaixo

da nossa, fica à janela, conversando com meninas, moradoras aqui perto. Hoje uma delas perguntou-me: "Qual o seu nome?". Respondi, ela pediu-me uma revista. Corri a procurar, não encontrei nenhuma. Então, era demais necessário, tomei um livro caríssimo de dona Dalmatie, todo encadernado e ilustrado, com danças de índios, escrevi depressa uma dedicatória e atirei para a menina bonita desconhecida. Amanhã tentarei explicar a dona Dalmatie.

Agora são cinco horas. O gramado do jardim chega-me suave, a grama cheirando doce e amena. Meu rosto perdido busca inútil, preso à janela, que não é nem janela. (Uma persiana que abre em sentido vertical, não cabe sequer o rosto.)

30/11/1959

Dona Dalmatie falou-me:

— Não dão ao louco nem o direito de ser louco. Por que ninguém castiga o tuberculoso, quando é vítima de uma hemoptise e vomita sangue? Por que os "castigos" aplicados ao doente mental quando ele se mostra sem razão?

Compreendi o absurdo disto. É monstruoso. Os médicos são de uma incoerência escandalosa; por mais que queiram negar, estão de acordo com os "castigos", aprovam-nos ou mandam até mesmo aplicá-los. É necessário levar em consideração que são estes mesmos médicos que classificam os doentes, "acusando-os" (é importante) de irresponsáveis. Mas esta responsabilidade de afirmar se o indivíduo é ou não responsável parece terminar no momento em que é feito o diagnóstico. Como punir a inconsciência é o que não entendo. Entretanto, o médico, depois de rotular um indivíduo de irresponsável, inconsciente, exige deste mesmo indivíduo a responsabilidade de seus atos, ao mandar (ou permitir que se faça) castigá-lo. De que falta pode um louco ser acusado? De ser louco? É o que venho observando e sentindo na carne. Dr. A. afirma que as guardas são ignorantes, têm muitos problemas, são também neuróticas ou loucas. Naturalmente os médicos também têm problemas, são neuróticos. E loucos. Mas não foram ainda isentos de responsabilidades perante a sociedade com a alegação de insanidade. Estes homens de aventais brancos, que decidem quanto à responsabilidade ou não de tantas pessoas, deviam ter o dever de se mostrar conscientes. Não poderiam jamais exigir de alguém aquilo que lhe negam. Como seja, a responsabilidade. Mas o fazem, afirmo.

1/12/1959

Esta noite não consegui dormir. Minha companheira de quarto, dona Helena, roncava, deitada de costas e com a boca aberta. Se deixava de roncar alguns segundos, eu a julgava morta. Corria à sua cama para certificar-me de que ainda respirava. Às dez horas da noite, como sempre, acordou — e começamos a luta, que durou a noite toda. Frau Helena se levantava de cinco em cinco minutos (gozado como ela ronrona tal um gato), fazia muito barulho, falava sozinha — e, finalmente:

Deutschland, Deutschland
über alles, über alles.

Não era isto exatamente o que cantava, mas de qualquer maneira falava em namorada, soldado, guerra. Céus. Enfim, Frau Helena cantava "marcialmente" uma canção de amor em alemão. Brigamos. Só eu briguei, ela é surda. De madrugada, quando consegui dormir, quase morta, a cabeça abafada sob o travesseiro, dona Helena veio, muito naturalmente, fazer-me cócegas nos pés, em brincadeira. Fui para o banho às cinco horas da manhã, esperei cochilando numa cadeira pelo café. Dona Helena, passando por mim, mexeu-me nos cabelos: "*Wie geht's, meine guter*". Ó, as velhas muito velhas. Desabafei-me com o médico: "Não posso mais. Estou quase louca, não dormi um minuto. Dona Helena não dorme e me atormenta a noite toda".

Resolvemos que Durvaldina irá dormir em meu quarto. Estamos muito amigas. Ela melhorou rapidamente. Nem se parece com a moça desequilibrada que aqui chegou (e de quem eu sentia tantos ciúmes). Já se fez a mudança, estou muito deprimida, o sono me é imprescindível. Tentei dormir durante o dia e não consegui. A porta não se fecha por dentro, a todo momento alguém a empurra, mete a cabeça para espiar. São doentes, suporto. Mas isto a todo momento. Que tenho eu para ser tão espiada, meu deus. Se não estamos completamente doidas, ficamos, vindo para cá.

Não acreditava em nenhum deus, por isso não pôde rezar; mas seu coração estava cheio de uma ansiedade amorosa de dom; de sacrifício: oferecia-se.

André Gide

Estamos rezando uma novena a são Judas Tadeu, o santo do impossível. Senti que pudesse vir fazer bem, principalmente a dona Auda. Acertei. Durvaldina, ela e eu estamos já no terceiro dia da novena. A oração parece ter aproximado mais dona Auda da gente. Quando Durvaldina vai chamá-la, às seis horas da tarde, já está deitada, a cabeça coberta com o lençol. Levanta-se sem uma palavra e vem, ajoelhando-se em seguida. Rezo: "Prece a são Judas Tadeu para ser recitada em grande aflição, e quando se parece privado de todo auxílio visível — e nos casos desesperados". Sou tomada de grande emoção. A oração é bonita, tenho dona Auda a meu lado. "Rogai por nós que somos tão miseráveis. Fazei uso, vos pedimos, desse particular privilégio que vos foi concedido de trazer visível e imediato auxílio, onde o socorro desapareceu quase por completo." Em seguida se faz o pedido, e dona Auda: "Que fiquemos sãs e voltemos para nossos lares". Então, para completar, cantamos um hino sacro. Dona Auda tem voz muito bonita, voz de soprano. Fico comovida como no dia da minha primeira comunhão. E se alguém nos visse ficaria também comovido. Por exemplo, dona Auda (que pede com veemência que voltemos para nossos lares): até onde ela compreende seu drama?

É bonito e humano rezar. Também não creio em nenhum deus, não creio nas divindades para as quais se reza. Rezo pela poesia da oração. Rezo para sentir-me próxima de meus semelhantes, ao fazer o mesmo pedido, ao externar a mesma necessidade. Eu rezo porque amo — é para mim o meio de comunicação.

Dona Auda me chama de Maura. Gosto de ouvir. Ela jamais se dirige a alguém pelo nome. Ela, para ser franca, não se dirige a ninguém, não parece necessitar de ninguém. Trata Durvaldina de "Corcundinha". Deve ser sua maneira de demonstrar afetividade. É dolorosamente irônica. Refere-se à nossa condição de "indigentes" e "dementes", neste hospital: "Somos indigentes neste hospício, menina". "Verdade? Como a senhora sabe?" "Você não sabe? Hospital de doenças mentais. Somos indigentes e dementes." Cala-se, não responde mais nada. Parece fazê-lo agredindo a si própria. Como dona Auda é desconhecida e só.

2/12/1959

Tenho uma amiga na seção Cunha Lopes, Maria Lúcia. Dona Dalmatie gosta muito dela, não a julga doente mental. Nem eu. É necessitada de afeto, inteligente e revoltada por sua condição de órfã (foi criada em orfanato). Demonstra grande desejo de estudar. Dona Dalmatie emprestou-nos gramáticas, estou dando aulas de português e francês a Maria Lúcia. Isto me faz bem: tenho oportunidade de aprender gramática. Parece-me que dr. A. poderá ajudá-la. Falarei com ele.

Nely é uma doente catatônica por quem dr. A. se interessa muito. Entrei hoje de repente no quarto onde se aplicam eletrochoques. Dr. A. acabara de sair. Nely se debatia na cama, completamente inconsciente, tomara eletrochoque. Dona Olga (que está substituindo Elba como enfermeira) se achava ao lado da cama, e Nazaré, guarda, dava socos em Nely, dizendo "Fique quieta, sua filha da puta". Dona Olga ria. Ficaram muito desapontadas quando me viram. Terei de falar com dr. A.

3/12/1959

A Ocupação Terapêutica do Centro Psiquiátrico Nacional toma todo um pavilhão. Compõe-se de sala de música, sala de tecelagem, pintura, encadernação, bordados, salão de beleza — e o museu: onde estão expostos, ou guardados, quadros pintados por alguns pacientes daqui que se comparam aos maiores pintores do mundo. Futuramente, Rafael, Emídio, Isaac, Adelina, Carlos e outros terão seus nomes citados com o mesmo respeito com que se citam Van Gogh e os monstros das artes plásticas. Mesmo já se fala nestes artistas e o Suplemento Literário do *Jornal do Brasil* tem se interessado por eles. É deveras impressionante o poder plástico de expressão no doente mental. Perdidos no seu mundo indevassável, incapazes de comunicação verbal, totalmente dissociados, alcançam, através da pintura, o que centenas de milhares de artistas do mundo todo tentam em vão. Os artistas daqui jamais falam — a não ser através de traços e cores. Rafael foi considerado por Júlio Braga, crítico, um dos maiores desenhistas do mundo ocidental. Aragão chegou ao concretismo sem nenhuma comunicação com o grupo de artistas concretistas.

Temos lá também a Recreação: joga-se pingue-pongue, se ouve música. Não me agrada. Costumo ir fazer minhas unhas ou encontrar-me com alguns amigos, internados em outros hospitais. Hélio, Aragão e outros. Seria nosso clube não fora a ineficiência das funcionárias, a má vontade que demonstram ao vir apanhar doentes nos hospitais. São antipáticas, estragam o que podia ser tão eficiente como terapêutica e por que dra. Nise tanto tem lutado. Gostaria de alertar a dra. para muitas falhas que reconheço. Mas como fazer-me ouvir por ela? Pode julgar que ando com mania de perseguição. Não é verdade: prescindo das funcionárias, vou sozinha porque tenho ordens do médico. Preocupo-me com as outras, presas o dia todo no hospício. As funcionárias de lá conversam fiado durante o expediente, falam mal umas das outras, citam seus "casos" (são quase todas adúlteras, investidas em funções públicas — é o que escuto diariamente), nada entendem de psicologia e nenhuma é inteligente. Pronto. É muito chato falar de gente chata.

4/12/1959

Hoje, no meu diário, vou dirigir-me a mim mesma, falando como se o fizesse com outra pessoa. É divertido. Muito mais divertido do que conversar com outrem. Poderei chorar de pena da gente, ou meter coisas nesta cabeça rebelde, Maura. Chorar de pena da gente. Isto tem acontecido muitas vezes, mas sempre a vejo menina, e não sou mais uma menina (não?).

— Sabe que você é muito narcisista? Nesse caso farei um vasto elogio a você: seus cabelos nunca foram cortados e são lindos. Todos sabem o orgulho que papai sente disso.

(Mas por que me olha assim?)

Julgava encontrar inteira liberdade ao escrever esta página do meu diário. Curioso como ela consegue perturbar-me, surgindo tímida e séria. Os mesmos cabelos soltos, ainda menina, porém em idade indefinida. Por que se impor dessa forma? Eu desejava apenas uma evocação, e ela vem atrapalhar tudo: calada e imóvel perto da mesa. (Sempre a senti por perto — nunca tão visível.)

— Desculpe, Maura, quando precisar de você chamo-a. Agora vou atualizar-me escrevendo coisas sérias, escrevo até em jornal, não acredita? Olhe, enquanto escrevo vá passear no quintal. Lá encontrará aquela árvore sua amiga e comadre, vocês se dão tão bem. Faça-lhe uma visitinha, sim?

Moro atualmente no Centro Psiquiátrico Nacional — Hospital Gustavo Riedel — seção Tillemont Fontes — Engenho de Dentro — Rio. Isto em linguagem clara quer dizer mesmo hospício. O resto não tem importância, desconheço até meu diagnóstico. Creio haver divergência a este respeito. Os médicos são tão complicados. Costumam discordar uns dos outros e acabam nos pondo loucas. Alguns me julgam epiléptica. São categoricamente desmentidos por outros. Estes afirmam que tenho uma personalidade psicopática e creio que devo ser também esquizofrênica. Às escondidas andei lendo a minha ficha aqui no hospital. Diz mais ou menos isto: "Extremamente sensível, nota-se nela grande necessidade de afeto — que procura, se insinuando com muito tato e inteligência. Esta busca de amor é denunciada em todos os seus atos...". Li mais alguma coisa e gostaria de continuar transcrevendo o que li; entanto, como-vida como estou, receio que "ela" apareça de novo. Não que seja imprudente, mas me perturba com seu semblante grave e remoto. Chega a ser encantadora, mas tenho-lhe medo, como tenho medo dos mortos. Traz-me a sensação de que tenho pretendido matá-la em qualquer tempo, frustrada em meu intento, vejo-a agora, acusadora e perdida, porém mais autêntica que eu própria. Ao mesmo tempo, sou deterioração perto da realidade vaga e única que é ela — encostada à mesa, me olha sem piedade. Sim, porque de novo a tenho aqui. Para fugir-lhe, adotei um ar displicente, alheado — de nada valendo. Abri a gaveta e, tirando um espelhinho, vi-me, constatando o patético de um rosto pintado; olhando-a em seguida, seu rosto brilhava — lavado e bonito. Então você caminhou para isso sem morrer? — pensei horrorizada.

— Maura, quanto à sobrevivência de uma de nós, nada posso dizer, a não ser que temo a morte. Nem sei mesmo se estou viva em função de você, ou se você permanece, para que eu me destrua aos poucos, apodrecendo cada dia — lábios pintados, lutando para tomar-lhe o lugar. Sinto ter lhe feito algum mal: vejo em seus olhos. Creio que a amo muito, embora através de um rastro de saudade — porque você é uma que deveria ter sido, e não a compreendo participando da minha vida, ou pior, tentando enxotar-me. Você não sabe nada do mundo, Maura. E por sua causa eu também não sei. Não a chamei conscientemente no princípio desta página. Amanhã, peço-lhe, deixe-me escrever meu diário. Agora, olhando-a, sei apenas que você é muito estranha, longínqua — e bonita.

5/12/1959

Vou tentar manter-me inteiramente imparcial nesta página, não importando o que significam para mim determinadas pessoas. Sim para o hospital, e as doentes. Farei o retrato de cada um em relação às doentes: os retratados serão os médicos. Sou obrigada a restringir-me aos que trabalham nas seções das mulheres; é onde estou, naturalmente. Os outros me são desconhecidos. Felizmente, já que os meus conhecidos me aborrecem demais: com suas deficiências, ambivalências, impotências, seus problemas — ou FALTA DE PROBLEMAS, que é, nos médicos, em relação ao hospital, mais grave e comum. Geralmente o médico "não quer nada", ouço dizer a todo instante. É funcionário público, definição muito óbvia para quem não gosta de trabalhar.

Apesar da segurança em que se movem, fazendo ou não fazendo alguma coisa, alguns dos nossos médicos tentam impressionar. Evidentemente só pensam no hospital quando estão aqui dentro, constrangidos diante dessa iminência chamada doença mental. Assim eles se manifestam, de uma ou outra forma. O que já é bastante, se levando em conta a liberdade de escolher que possuem: podiam passar lendo Françoise Sagan durante seus expedientes. Fazer ou não fazer? Posso estar enganada, confundida, diante destes hamletianos da medicina. Mas eis o que concluí:

Naturalmente o hospital conta com um diretor, autoridade máxima de quem se ouve falar raramente. A pessoa que fala aguça o corpo e se arma de uma dignidade terrível: "O diretor quer assim. Ordens do diretor". Soa cavo, ameaçador. Ameaçador, cavo e terrível vão por conta de quem fala, arauto do rei. As doentes, não o conhecendo, não chegam a temê-lo — e nenhuma lhe quer bem. Funcionárias se referem a ele com leviandade, dando passinhos engraçados ao som das músicas do alto-falante e gingando os corpos malfeitos dentro do avental branco. As internadas, quase todas, duvidam um pouco da sua existência: "Diretor? Quem é ele? É dr. J.? Não? Então, é dr. A.?". Mesmo quando dona Júlia quer se mostrar muito assanhada e importante: "O diretor quer assim", as doentes se encolhem medrosas: "Dona Júlia quer assim".

Já falei três vezes com ele. Na segunda vez em que estive internada, falei-lhe uma vez, depois de várias tentativas. Inclusive fui nua a seu gabinete. Queria protestar pelos maus tratos que me faziam. Não consegui. Quando falei-lhe foi bem tempestuoso, ainda mais que eu contava com a presença de Carlos Fernando Fortes de Almeida (quase médico e poeta, meu amigo), para quem telefonara na véspera, depois de fugir daqui. O importante foi o que eu disse ao diretor naquele dia, cheia de ressentimento e censura: "O senhor é o diretor deste hospital, mas nunca visita uma enfermaria. Nenhuma doente o conhece". Desta vez mandou chamar-me, prometeu dar-me um tratamento "especial", arranjou-me até um psicoterapeuta. Não posso falar muito dele — porque não sei muito: é o diretor.

Dr. A. ocupa o lugar de vice-diretor do hospital, além de ser médico da seção onde me encontro. Conheço algumas das suas deficiências, algumas qualidades, sei que procura se afirmar perante mim. Ele me parece fácil, mas nem tanto. Tem sua analista, que deve protegê-lo — é pena. Não é branco. Sofre de grande complexo de inferioridade, procuro falar-lhe naturalmente de preconceitos raciais, percebo-lhe resistência. Quase podia dizer estar apaixonada por ele. Dona Dalmatie acredita-o fixado em mim. Dr. A. é boa pessoa, talvez venha a ser bom médico, quando tiver competência. Agora é meu namorado — talvez me prejudique. Mas tem boas intenções (este "namorado" é por minha conta. Ele nunca disse isso). Em relação às outras doentes porta-se muito bem, até onde pode. Sinto nele grande desamparo, ainda quando quer me ajudar. É o melhor médico do hospital, afirmo sem parcialidade. Grande entusiasta da psicanálise, vê nela a solução se buscada a tempo. É muito humano. Profissionalmente não estou à altura de julgá-lo.

Dr. J. é médico das seções OG e MB. Completamente arbitrário, mantém as seções isoladas do resto do hospital, o próprio diretor hesita intrometer-se lá. A parte positiva de dr. J. em relação ao hospital é coisa muito séria. Gostaria de dar-lhe alguns conselhos: submetido à psicanálise, talvez se torne um bom médico. Afetivamente está mais ligado ao hospital do que dr. A. Dr. J. transferiu para aqui toda sua afetividade (em casa deve viver num inferno: esposa doente, talvez egoísta etc. etc. etc.). Assim ele encontra no trabalho sua fuga. De certa maneira, para dr. J. o hospital é uma amante — e ele não passa de um passional. À sua maneira dr. J. cuida das doentes, e cuida bastante. Costuma vir aqui até nos domingos. Mas não encara o doente mental como devia fazê-lo. Dá dezenas de eletrochoques, faz insulina e outros tratamentos — e de psicologia não entende bulhufas. Ignora se o doente tem problemas em casa, se foi traumatizado (como, se dr. J. é, ele mesmo, um monte de problemas e traumas?). Possui mais energia que dr. A. Não energia: agressividade. Esta agressividade, bem dirigida, seria ótima para o hospital. De qualquer maneira dr. J. funciona. E funcionam os que trabalham com ele.

Dra. I., da seção Cunha Lopes — é bonita. Veste-se muito bem, penteia e se pinta melhor ainda. Dra. I. é decorativa — todas veem.

6/12/1959

Hoje não é. Mas existo desmesuradamente, como janela aberta para o sol. Existo com agressividade.

No pátio (onde dona Dalmatie tem a Ocupação Terapêutica), ensino alguns passos de balé a Lea. Ela é graciosa, aprende com facilidade (quando estive no IP costumava dançar balé no pátio. Muitos funcionários me olhavam das janelas com admiração. Um acadêmico bonito, M., ia sempre à seção para ver-me ou conversar, era meu flerte. O que me comovia deveras, enquanto dançava, eram as doentes, principalmente as velhas, me olhando com admiração).

Falei de Maria Lúcia com dr. A., prometeu ajudá-la. Pretende transferi-la para nossa seção. (Ela é da seção CL.) Maria Lúcia fugiu uma vez com mais duas pacientes, andaram pela rua até altas horas. Passou a ser considerada mau elemento. Não creio: necessita de orientação. Se fala palavrões e briga, é que não existe lugar mais apropriado do que este aqui. Conheço meninas de boa formação, decentes, educadas, que depois de "tirar" um mês de hospício se tornam piores do que qualquer prostituta. Não há seleção nenhuma neste hospital: meretrizes vivem, comem e dormem junto a mocinhas de boas famílias. A promiscuidade é absoluta. As funcionárias, quase todas, não têm a menor compostura. Usam linguagem irrepetível; qual será a vida que levam certas guardas lá fora?

Dr. A. assegurou-me ser premente a recuperação das funcionárias, tratará disto, antes da recuperação das ditas doentes. Considero utópico o que disse: vinte ou mais anos de enfermagem viciada devem ter tornado crônica a moléstia da má enfermagem. A não ser que entrassem em regime sério de tratamento: eletrochoque — quarto-forte. Eletrochoque — quarto-forte. Assim sucessivamente. Pensarei nas mais necessitadas, farei uma lista e darei a dr. A.

As coisas andam um pouco melhores para dona Dalmatie, indicada para auxiliar na direção do Serviço. No meio da conversa, enquanto discutiam detalhes: "Virei às oito da manhã. A senhora pode chegar às onze ou meio-dia, se quiser. Mas não tenho coragem de entrar no pátio para apanhar doentes. Tenho medo". Agredi imediatamente, sem dar tempo para dona Dalmatie intervir: "A senhora tem medo? O que pensa encontrar no pátio, bichos? Julga ser algum Jardim Zoológico? O pátio contém mulheres, talvez menos perigosas do que a senhora". Como esta gente está mal preparada para lidar com "mentais". Falam em frente às internadas o que pensam delas. Um grande psiquiatra disse: "Não existem loucos, mas pessoas altamente sensíveis". O que não sentem estas "altamente sensíveis" ouvindo isto? Esta mulher não apareceu. Dona Dalmatie assegurou-me (juro ser verdade) que ela teve um ataque de loucura qualquer e está internada não sei onde. Em seu lugar veio coisa pior: Maria de Lourdes Cajé, monstro de burrice. Para insultá-la faço ginástica acrobática, danço sobre os bancos e não lhe dirijo uma só palavra. Olha-me rancorosa e, à chegada de dona Dalmatie, foi logo dizendo ontem: "Ela está bem ruim, não é?". Fez o gesto clássico, que quer dizer doida. Dona Dalmatie riu e fomos conversar:

— Estou doida pelo médico. Estou apaixonada.

— Faz parte do tratamento. Ele não me parece capaz de pôr nenhuma mulher doida. Ainda mais você.

— Estou doida sim. Não quero que faça parte do tratamento.

Hoje Cajé me olhou com seu olhar oligofrênico. Eu dançava pelo pátio. Olhou-me bastante, não dei confiança. Então ela falou: "Venha cá, menina. Vou levá-la à minha casa em Caxias. Conheço um terreiro muito bom e o que você tem é encosto".

Pobre dona Dalmatie. Como vai se arranjar com esta Cajé? Todos os trabalhos que ela faz dona Dalmatie nos pede muito em segredo: "Quer desmanchar este trabalho que dona Cajé estragou?". Que se deve fazer destas pessoas para as quais não existe nenhum cargo funcional? Eu me visto de doida, desempenho meu papel com certa elegância, sobretudo muita graça. Seria mais fácil fantasiar-me de funcionária pública, trabalhando em hospício.

Mas esta Cajé devia estar na cadeia, a bem de higiene mental.

Século XX, 1959 — Centro Psiquiátrico Nacional: MACUMBA.

Cajé não é a única macumbeira daqui. São todas; as funcionárias, com poucas exceções, falam no assunto com as doentes.

8/12/1959

SUA MAJESTADE VAI EM CANA

De como uma súdita inteligente levou presa uma rainha louca e comilona.

— Rainha, Vossa Majestade gostou quando foi em cana com a Madruga?

Falei macio, sorrindo, mas a Rainha se agitou, tornou-se violácea, agressiva, gritou, quase dei-lhe um soco na cara.

Dona Dalmatie contou-me: Mercedes Rainha levou Madruga, moça internada aqui, à praia Vermelha, ao Hospital de Neurocirurgia, para um exame. Foram de carro. A família de Madruga é muito rica, veio buscá-la um chofer, no carro de seu irmão, Cadillac último tipo. Madruga devia ser examinada, a fim de se submeter a uma operação no cérebro, lobotomia. Devia ter mais ou menos uma ideia do que fosse (dizem que a família queria se livrar dela de qualquer maneira, não hesitando em recorrer à lobotomia). Li que essa intervenção neurocirúrgica traz uma degenerescência, inutiliza o operado e nunca dá resultado satisfatório. Já não se pratica mais a lobotomia em países mais adiantados, parece-me. Madruga já foi operada, está completamente imbecilizada, segundo me disseram. Era inteligente, expressava-se com facilidade. Afinal a família conseguiu o que desejava.

A Rainha, Madruga e o chofer foram ao hospital da praia Vermelha. Tudo corria normalmente. Ao voltarem, passando pelo Méier, Madruga queixou-se de fome, pediu que parassem num restaurante. A Rainha, responsável por Madruga, a cinco minutos do hospital, sem ordens nesse sentido, concordou imediatamente. Saltaram num restaurante, a Rainha excitada e feliz — plenamente irresponsável. O chofer um idiota. Madruga entrou logo em ação (eu teria feito pior). Foi ao telefone e chamou a polícia: estava sendo sequestrada. Temendo que o socorro não chegasse, terminada a refeição, correu para o meio da praça. Pôs a boca no mundo: "Socorro. Estou sendo sequestrada. Querem roubar minha herança. Esta mulher não é enfermeira coisa nenhuma. É amante do chofer, estão sendo pagos para dar cabo de mim. Socorro. Polícia, polícia".

A Rainha rodava ao redor de Madruga, sem conseguir acalmá-la. A polícia chegou. Houve grande aglomeração, enquanto a Rainha tentava desmentir Madruga, o povo tomava seu partido: "Prendam, prendam. A moça deve ter razão".

A Rainha afogueada e tonta buscava convencer a polícia: "Íamos para o hospital. Paramos para almoçar". Depois de muito falatório, a polícia: "Todos presos". Presos: Madruga, chofer, automóvel — e muito naturalmente Sua Majestade.

Telefonaram para o hospital, a polícia se dispôs a soltá-los, e duas horas depois chegaram aqui. Dos três, só Madruga foi submetida à lobotomia.

9/12/1959

Nem sei o que pensar. Ontem pedi a dr. A. para ajudar Maria Lúcia, prometeu fazê-lo, afirmando-me que ia transferi-la para nossa seção. Hoje de manhã, passando por dona Júlia, ela me disse:

— Maria Lúcia vai agora para a Colônia Juliano Moreira.

Fiquei lívida. Que homem hipócrita (pensar que podia me apaixonar por este canalha). Ainda ontem pareceu ouvir-me com tanto interesse quando falei-lhe dela. Colônia, que horror. Todas as doentes a temem, ficam boazinhas se ameaçadas de transferência para lá. É para onde vão os casos crônicos, de onde não se volta.

Pensava em tudo isto quando ouvi a voz de Maria Lúcia. Vinha se despedir de mim. Estava sem uniforme, usava um vestido seu, chorava baixo e contido. Permaneci imóvel diante dela, sem encontrar o que dizer. Devia pedir-lhe perdão? Não sabia. Desci com ela até a ambulância. Duas guardas iam na frente, Maria Lúcia e mais duas doentes trancadas, atrás. Pedi para ir também. Inexplicavelmente consentiram. Então vi dr. A. que chegava. Corri atrás dele, alcancei-o na cozinha, por onde os médicos entram no hospital para encurtar caminho:

— Dr. A., hipócrita, covarde. Por que me mentiu, obrigando-me a mentir também?

Não pareceu entender-me. Chorando falei-lhe, ou gritei-lhe:

— Ontem prometeu ajudar Maria Lúcia e hoje mesmo ela está indo para a Colônia.

— Colônia? Hoje?

Deixei-o, voltei correndo para a ambulância, fui com ela (estou quase certa de que dona Dalmatie vai tirá-la de lá. Ela também pensa assim).

Maria Lúcia foi internada no hospital de Adolescentes. As outras doentes me deixaram pior impressão: ficaram num hospital velho e sujo. No portão deste hospital, onde as mulheres se acumulam como gado nos currais, vi uma conhecida minha, antes internada aqui, Isabel, a quem chamávamos Bezinha. Estava magra, envelhecida, ela que fora encantadora, pisando como modelo na passarela. Quantas vezes falei a dr. Castro, meu médico naquele tempo: "Bezinha parece modelo francês. Não é bonita mas tem um charme". Ele concordava. *"C'est la vie."* *"C'est la vie"* coisa nenhuma, entrei na seção, dando as costas quando dr. A. me chamou. Então ele veio a meu quarto. Explicou-me tudo: ignorava a ida de Maria Lúcia para a Colônia. Estava certo de que acabaria indo, mas era sua intenção tentar impedir. Ficara surpreso com minha atitude agressiva na cozinha. Dava-me razão: "Você julgou que a tivesse traído". Eu chorava desesperada, deitada na cama:

— E as outras? (Contei-lhe o que vira.) Elas não sofreram, nada sentiram?

— Devem ter sentido. Mas talvez não pudessem expressar seus sentimentos.

— Mas, dr. A., não me conformo. Que mundo o da loucura. Não são sensíveis?

— Tão sensíveis que ficaram loucas.

10/12/1959

Passei a interessar-me pelos trabalhos manuais, ajudo dona Dalmatie na Ocupação. Preparamos a exposição de bordados para o Natal, poremos na sala a clássica árvore, que dona Dalmatie já trouxe, de não sei onde, é seca e negra. A propósito desta árvore, dona Auda me fez dar gargalhadas, quando lhe disse ontem à noite que a levaríamos para a sala de exposição. Tomando da blusa que fazia, indaguei: "Menina, que tal a gente enfeitar aquela árvore, seca como uma tuberculosa pulmonar, com nossos trabalhos?". Hoje, quando a pintamos de prateado, dona Auda, Durvaldina e eu, ficou lindíssima — não impedindo mais uma observação irônica de dona Auda. Perguntei-lhe:

— Como está agora a nossa tuberculosa?

— Tomou injeção de extrato de prata e ficou bonita — respondeu-me.

— Ela surpreende sempre. É divertida, tem senso de humor, e muito inteligente. Só fala o que quer, e quando quer. Não toma nenhum conhecimento das perguntas que lhe são feitas. Jamais a ouvi conversando com alguém. Fiquei feliz porque ela disse a dona Dalmatie: "Maura é um encanto, não é? Carinhosa, é muito carinhosa a Maura". Gostaria de ser mais ainda, porque gosto muito dela. Mas devo tomar cuidado, não tratando-a como se me inspirasse pena (ela me inspira, principalmente, grande admiração. É a pessoa mais digna que conheço). Já cometi algumas gafes, que procurarei evitar daqui por diante, em nossa relação. Ela é demais sensível e inteligente, uma amiga surgida de repente, onde nunca encontrou compreensão e amizade, poderia parecer-lhe uma armadilha, quem sabe? Há quanto tempo não encontra amizade? Ou já a terá encontrado um dia? Ah, se eu fosse médica psiquiatra.

Entretanto dona Auda se me entrega dia a dia. Das outras vezes em que estive aqui, jamais pronunciou meu nome, ou de qualquer pessoa — num descaso absoluto. Agora tenho esta honra: dona Auda me chama de Maura. Só a mim chama pelo nome. Até dona Dalmatie, de quem parece gostar, trata de "senhor", e ainda mais: "doutor Saratoga" (dona Dalmatie distribui cigarros desta marca entre as doentes).

Resolvi fazer uns pompons para enfeitar a árvore. Estão

ficando lindos, várias moças me ajudam. A árvore está linda. Pintei minhas unhas de prateado, as outras me acompanharam. Tudo bonito: árvore e unhas.

Estou gostando do hospital. Passamos parte da manhã e da tarde trabalhando entusiasmadas, em meio a montes de lãs, tapetes, coisas e coisas. Sinto-me útil. Depois das duas horas, quando dona Dalmatie vai para casa, continuamos trabalhando. Se me canso e ameaço subir para a seção, todas protestam: "Se você for eu vou também". É agradável para mim e fico até a hora do jantar. Gosto de todas. Gasto mais de três carteiras de cigarros com elas. Nestas horas parece mentira que estejamos em hospital de doenças mentais: conversam, fazem brincadeiras, ninguém briga.

Antes da pintura da árvore dona Dalmatie chamou-me na janela onde ela guarda o material de trabalho, apresentou-me a duas senhoras. Dra. Maria Teresa, médica. E Alina Paim, escritora e esposa do diretor do hospital. Olharam-me curiosas, falaram com excessiva educação e certa bondade — plenamente dispensável, até imoral. Despedi-me nauseada dos seus sorrisos — só mais tarde voltei a me sentir bem.

Dona Dalmatie levou a escritora e a médica até a porta do hospital. Ao voltar, disse-me, com a falta de tato (que a caracteriza, às vezes, em relação a mim. Só a mim — que desgraça): "Alina Paim ficou muito impressionada com você e perguntou-me 'Como pode? Uma moça tão fina, falando tão bem?'". Como pode o quê? Pensei irritada.

11/12/1959

Também dr. A. veio, com sua falta de tudo, dizer-me que Alina Paim mostrou-se surpresa por conhecer-me aqui: "Mas ela pareceu-me tão educada". (E ela pareceu-me tão idiota. Afinal quem é esta mulher? Será mesmo escritora? Ninguém ainda me falou nela.) Desabafei-me com dr. A.: "O senhor não está me fazendo nenhum elogio. Aliás não gosto de elogios deste gênero. Não sou educada, ou não me considero. E se for? Não nasci no hospício. Não sou eu a única 'educada' aqui. Dona Marina é muito mais".

Passarei a ocupar um quarto sozinha, foi o que me anunciou dr. A. Durvaldina vai sentir minha falta, mas não vejo outra solução. Ela fala sem cessar, é infantil, apesar de gostar dela não a suporto sempre a meu lado. Parece querer-me muito bem. Onde a encontro, nos corredores, no pátio, no refeitório, vem logo me dizendo: "Acabei de falar em você agora. Onde estava, que já perguntei por você a todo mundo?". Apresentou-me a sua família, achei-a simpática. Gosto de Durvaldina. Se a considerei antipática quando chegou, foi devido a seu estado, que a deixava insistente, falando demais. Ontem briguei com Lea por sua causa. Lea deu-lhe um pontapé e disse: "Baiana besta". Durvaldina chorou, perdi todo controle e briguei. Naturalmente dr. A. soube da minha briga, dona Júlia não perde ocasião de intrigar-me com ele.

Pobre dr. A. Como lhe tenho dado trabalho. Confessei a ele que não sei brigar: "Pensa que não tenho medo destas donas, fortes, agitadas? (Ele ria divertido.) Onde aprendi estas maneiras que assumo às vezes? Aqui dentro, observando as outras. Enfrento-as por medo. Correr é pior. Mas, por favor, não conte a ninguém que tenho medo".

— Ó, Maura, tenho de rir.

(Sabe que estou seriamente apaixonada pelo senhor? Isto também é segredo, enquanto for capaz de guardar.)

Na Ocupação dona Auda é a figura principal, com suas blusas de lã vermelhas. Ela ama o vermelho. Sinto-me um pouco responsável pelos êxitos de dona Auda. Fui eu quem despertou atenção para ela com meu conto "Introdução a Alda", lido e relido aqui. Talvez devesse escrever um conto para cada doente, se isto viesse melhorar-lhes a sorte.

Passamos as tardes no pátio da Ocupação. As conversas são de matar de rir. Isméria é uma mulata de cabelos oxigenados, já no fim, portanto de duas cores — que a tornam mais estranha. Alta e magra, usa óculos. Completamente doida, muito inteligente, fala com ar doutoral: "Sou paulista, médica psiquiatra, aclamada pela Universidade de São Paulo. São Paulo? Sou paulista, minha filha, por isto tão inteligente". Discorre longamente sobre medicina, sem saber coisa nenhuma (não tem importância, eu acho), mas com muito espírito.

— Você é paulista, Isméria?

— Mas não desconfiou, quando me viu tão formidável, tão inteligente? Tudo de São Paulo é como eu: fora do comum.

Às vezes se revela lúcida e observadora:

— Neste hospital é preciso saber viver: imagina você, qual a atitude a tomar, diante de uma enfermeira louca, armada com uma caixa de eletrochoque na mão? Não sabe? Ah, minha filha, a única saída é rendermo-nos. Uma enfermeira louca, com uma caixa de eletrochoques na mão, já pensou o perigo? É a maior ameaça do mundo. Nestas horas não adianta discutir. Sou paulista e paulista sempre sabe o que fala. O caso é não reagir. Elas são loucas.

Sim, Isméria, se não são loucas são coisas piores. Dr. A. confessou-me a dificuldade que têm os médicos com esta raça. O médico exige que se tome a temperatura do paciente três vezes ao dia e verifica que não foi tomada nem uma vez, chama a atenção da enfermeira; ela se justifica, dizendo que o termômetro foi quebrado. Não podia ter ido a outra seção, pedido outro emprestado? E quem pode assegurar que não o quebrou de propósito, ou não está sequer quebrado?

Eu, pessoalmente, só conheço uma enfermeira que não é má, estúpida, preguiçosa: dona Dalmatie.

12/12/1959

Meu conto "O sofredor do ver" foi publicado na primeira página do Suplemento Dominical do *Jornal do Brasil*. (Suplemento Dominical é o Suplemento Literário: SDJB.) Saiu lindo, ocupou toda a primeira página. Não me contive de entusiasmo, falei pelo telefone com Maria Alice Barroso. Ela atendeu-me friamente, e eu:

— Está de mal comigo?

— Não tenho caráter nem para ficar de mal com alguém.

Falou, falou, até chegar aonde eu esperava, razão do telefonema, o conto:

— Maravilhoso. Como você mergulhou fundo desta vez.

Pediu-me para tirar a epígrafe da sua próxima novela deste conto: "Sim, o homem, ele se ocupava de pequenas coisas grandes".

— A honra será minha, respondi. Escute, aqui agora está melhor. Tenho um médico que é uma beleza.

— Já se apaixonou por ele?

— Completamente.

Completamente e já disse a várias pessoas (se dr. A. conta com minha discrição, está desgraçado). Passo as tardes esperando pelas manhãs do dia seguinte, quando ele vem. Dona Dalmatie acha natural, faz parte do tratamento. Não me agrada esta generalização. Quero crer que o amo porque ele é ele, não porque é médico. Procuro chamar sua atenção com muito tato e elegância, meço bastante as palavras, só confesso-lhe o que me é útil e desnecessário para o tratamento. Cuido de minha aparência, pinto, principalmente os olhos. Às vezes faço coisas violentas e inexplicáveis: escorrego no corrimão da escada, correndo o risco de cair, danço quase o dia todo no pátio — minhas coreografias são belas e sensuais (apesar de não me julgar sensual).

13/12/1959

Tenho um quarto só para mim — que bom. Seria melhor se Durvaldina e outras doentes, principalmente Durvaldina, não me interrompessem com conversas fiadas. A todo instante me tem a cabeça na porta:

— Durvaldina, se você voltar outra vez, juro que me mato.

— Ó, Maura, gosto tanto de você. Credo.

— Eu também gosto de você (aos gritos), gosto muito até, mas quero ficar só, escrever, ler, pensar, já te disse. Eu preciso escrever, Durvaldina.

— Então me dá um cigarro. Obrigada. Agora acenda-o. Você sabe onde estão minhas calças novas que minha irmã trouxe domingo? E a revista que ganhei, a quem emprestei?

— Não sei e você já me perguntou isto duzentas vezes. Toma eletrochoque, esquece-se de tudo e me julga responsável. Te adoro, mas vá embora procurar suas calças.

Sai rindo, volta em dez minutos. Perturba-me. Fala sem cessar, de coisas que não me interessam. Parece criança. Bem, mas se resolve desacatar alguém, a coisa é diferente. Durvaldina é aérea, ingênua, e já a vi em grandes discussões com as guardas, como falou. Sem dar tempo a que a interrompessem, disse tudo que eu gostaria de dizer. (Infelizmente não sei discutir. Perco logo o controle, apelo à agressão física, fico sem razão, por mais que a tenha. Só discuto com dr. A. ou dona Dalmatie. Não sei falar com pessoas abaixo do meu nível intelectual. Muito abaixo.) Durvaldina, em suas discussões, não é a mocinha ingênua, sim alguém que observa com inteligência. Suas expressões são diretas, ferinas. Quando se achava bem doente, logo que chegou, travou uma luta corporal com Maria de Oliveira. Era noite. Ouvi o barulho e saí do meu quarto. Maria derrubara-a, sentando-se sobre ela e batia--lhe. Só não me meti porque sou muito perseguida — mas me arrependo até hoje. Foi levada para o quarto-forte aos pontapés, jamais julguei que uma menina tão magra e franzina fosse capaz de lutar tanto. Dona Marina, ainda minha companheira de quarto naquele tempo, passou a noite sem dormir, perguntando-me a cada instante o que estaria acontecendo a ela, àquela menina.

Se a internada, como Durvaldina, é bem tratada em casa, cai facilmente no desagrado das guardas. O trauma é inevitável ao se deparar com o tratamento dispensado por elas. Daí a revolta por parte da internada. Julga-se com direito a reclamar um pouco de consideração. Não consegue e se exalta, natural em qualquer circunstância. Diante das ameaças e dos gritos, se desespera, sem medir consequências. A guarda entra em ação, e no outro dia: "Ela é agressiva, doutor (eu não). Ficou agitada".

Pergunto: quantos gritos levaram-na a ficar agitada? E o que fez a guarda para acalmá-la, socos? — Apresenta os efeitos. Onde estão as causas?

Comecei a escrever uma novela: *Mocidade, uísque — e uma baronesa às quatro da madrugada*. Divirto-me escrevendo-a. Lembra-me Ionesco. Inspirei-me numa baronesa que conheci realmente em Belo Horizonte e foi minha grande amiga.

14/12/1959

Estou toda mordida e arranhada. — Que dirá dr. A.? Foi assim;

Mirtes é a internada mais intolerável do hospital. Pertence à seção onde estou, dona Júlia e Maria de Oliveira a protegem muito. (Ignoro por quê.) Está sempre espancando doentes, hoje agrediu uma pobre, indefesa e fraca, feriu-lhe gravemente a testa. A vítima foi levada para o Bloco Médico-Cirúrgico, levou três pontos no ferimento, ninguém chamou a atenção de Mirtes. Revoltei-me e falei com Isabel:

— Vamos dar uma lição na Mirtes? Mas não é interessante brigar uma só, ela acaba levando vantagem. Vamos formar uma corriola.

— Ótimo. Mas quem?

— Você, Lazinha, Maria da Graça e eu. Será na hora do mate.

Falei com Maria da Graça (que parece gostar muito de mim), para minha surpresa não concordou e ficou ainda revoltada:

— Vou prevenir a Mirtes e se vocês brigarem com ela eu defendo.

Maria da Graça é fortíssima, tem mais força do que os homens que costumam levá-la para o quarto-forte. Porém, *noblesse oblige*, já combináramos.

À hora do mate, todas as doentes no refeitório, Durvaldina chamou-me da porta do corredor que leva à saída. Estava com seus parentes (que me acham educadíssima, escritora, a única companheira digna para Durvaldina, no hospital), desejavam cumprimentar-me. Acenei pedindo desculpas ou que esperassem um pouco, Mirtes me encarava com insolência, eu não podia dar-lhe as costas. Maria da Graça se achava firme a seu lado. Isabel e Lazinha fingiam-se muito distraídas — junto a mim.

— Mirtes — disse (Durvaldina insistia chamando-me, sua irmã me olhava muito sorridente) —, repita comigo o que fez com a doente.

— Repito se quiser.

— Não creio.

Pronto. Atracamo-nos. Lazinha e Isabel tomaram meu partido, Maria da Graça, o dela. Quase todas as doentes se viram de certa forma envolvidas, guardas gritavam tentando separar-nos, canecas de mate voavam pelo ar alagando o refeitório e corredor, apanhei bastante, Maria da Graça mordeu-me um dedo e quase o arrancou. Rasgaram-lhe o vestido, ela fugiu desesperada pela porta da cozinha, alcançando a rua — desvestida como estava.

A família de Durvaldina _____. Bem, a família de Durvaldina e todas as outras do mundo nada têm a ver com minha vida. Devia ter registrado este acontecimento em meu diário? E por que não?

15/12/1959

Estava no consultório de dr. A., falava-lhe do colégio. Desesperada confessei-lhe não saber mais nada de coisa alguma. Gostaria de falar inglês — é uma das minhas frustrações. Deu-me sua caneta para escrever qualquer coisa em inglês, fiz confusão escrevendo *Ich* em vez de *I* (estudei um pouco de alemão). Disse-lhe estar tudo perdido, cheguei a praticar conversação quando frequentei a Cultura Inglesa em Belo Horizonte, ele argumentava ser natural porquanto estou afastada de tudo isso há tanto tempo, todas estas coisas que falamos para consolar alguém nestas circunstâncias. A título de estímulo:

— Vamos praticar conversação os dois. Fale inglês comigo. Vamos.

— Não sei. Também falar o quê?

— Qualquer coisa. Comece.

Ouvi-me dizer (espantada com minha decisão tão repentina), mas achando muito bonitas minha voz e pronúncia:

— *I love you.*

Olhou-me intrigado (ou fingindo-se intrigado), repetiu a frase, interrogando, como se não a tivesse escutado. Meu rosto ardia de confusão, cansaço e arrependimento. Em que embrulhada me metera, meu Deus, só fiz mesmo em desespero de causa, certa de que ele jamais tomaria a iniciativa, mas estava esperando há muito tempo, e eu, como maluca, devia tomar, mesmo já era necessário fazer qualquer coisa e ali estava a coisa feita. Eu não podia continuar com as minhas atitudes mornas, distantes. Violentara-me e me sentia perdida, ridícula, triste. Tentando livrar-me, pus-me a agredi-lo (meio muito usado para esconder meus embaraços):

— Quer mesmo uma frase em inglês? *I hate you, I hate you.* Quanto ao mais: *never mind.*

Durante um longo silêncio ele me olhava quieto. Pensei: isto ficaria bem arranjado se ele me tomasse nos braços e me beijasse. Termina sempre assim nos filmes americanos. (Irritei-me.) Já fiz demais. Deve ser um idiota. Debruçara-me na mesa, escondendo o rosto e quase morrendo de humilhação. Então escutei-lhe a voz do outro lado da mesa:

— Qual a concepção geral que você tem do amor?

— ?

— Porque também a amo, e muito. Amar não é apenas como você pensa. É mais amplo, sem egoísmo. É o que me leva a ajudá-la, tentando fazer de você uma adulta, e abandonar a eterna criança que a tem dominado.

— Mas eu...

— Você se porta como uma criança. Na realidade, o que existe em você não é amor. A propósito, qual o homem a quem você primeiro amou? Responda: O HOMEM.

Olhei-o espantada e disse um nome. Depois, como se ele me ditasse a resposta certa, ainda que quase o interrogando:

— Papai?

— Seu pai. Você só ama ainda a seu pai, buscando-o em todos os homens, principalmente se a protegem e você os admira. Foi o que aconteceu com R.

— Mentira (comecei a chorar).

— Verdade. E passa a odiar qualquer homem que não a ame "apenas" como seu pai a amava. Para você é como um incesto, Maura.

— Não quero ouvir mais.

Saí correndo da sala, e suas palavras martelam meus ouvidos até agora. "Busca-o em todos os homens." Foi o que já ouvi de mais estranho até hoje a respeito do amor. Do meu amor. Não quero deixar-me convencer, espero que ele se enamore de mim. É como se me dualizasse, uma parte aceitando suas palavras, a outra, surda, tentando encontrar o meio de atraí-lo. Ainda certa de destruí-lo depois. Ah, não quero assim, dr. A. Somos tantas doentes, como saber que me ama mais que às outras? Quem sabe é infeliz no casamento? Espero que sim. As mulheres são geralmente burras e sou inteligente.

Parece inteligente o que disse sobre mim em relação ao amor. Foi sempre assim. Mas quem será essa mulher, sua esposa? Tomarei coragem, perguntarei a ele. Não creio valer a pena. Ele tem um jeito especial de defender-se dessas perguntas.

Meus problemas são inúmeros, e um dos mais graves é este: medo de me deixar analisar e não conseguir mais escrever. Tenho ouvido falar a esse respeito. Van Gogh, Gauguin, Rimbaud, Dostoiévski e tantos outros não foram jamais analisados. Mas como seria feliz se me transformasse numa criatura normal e conseguisse um marido.

16/12/1959

Podia ter ido para qualquer parte, para
alguma região cheia de possíveis destinos.

William Faulkner

Aos vinte e dois anos vim para o Rio. Gastara toda minha
herança. Pensava seriamente em trabalhar; entretanto, diziam-
-me, a maneira mais "decente" de viver, sendo jovem, bonita
e sem dinheiro, seria à custa de um amante rico. Vivi um ano
com muito dinheiro, em completo desequilíbrio psíquico. Não
aceitava aquela situação, talvez pela minha formação burguesa,
mas, acredito, sobretudo pela minha dependência financeira.
Sempre ameaçada por uma crise, tomada de completa depressão (passava vinte ou mais dias trancada em meu apartamento
de hotel, ouvindo música e chorando), ou muita exaltação, fiz
um eletroencefalograma, que acusou disritmia cerebral genera-
lizada. Um ano depois meu estado pareceu-me desesperador.
Fui a um psiquiatra, pedi-lhe para internar-me num sanatório.
Concordou e fui. Internei-me na Casa de Saúde do Alto da Boa
Vista, de onde meu médico era diretor.

Frequentada por pessoas agradáveis, a Casa de Saúde
era belíssima, elegante. No grande hall jogávamos sinuca, bilhar,
pingue-pongue e cartas. Eu me vestia com muita elegância. A
princípio pareceu-me divertido. Em breve, deixei-me tomar por
profunda insatisfação e tédio, passei a desejar mudar-me de sanatório. Insisti para que me fizessem choques insulínicos. Não
me atenderam. Um dia tive séria agitação: tornei-me agressiva,
tentei despir-me no jardim do sanatório. Aplicaram-me Sonifene
na veia, dormi imediatamente, quando despertei, foi para iniciar
a fase mais aguda da minha doença, até hoje. Teria sido vítima
de um tratamento errado? Desde que tomei Sonifene caí num

círculo vicioso: tomava-o para acalmar-me (com grande revolta da minha parte), e ao acordar, voltava tão agressiva, em tal estado de agitação, que se viam obrigados a aplicar-me outra dose. Assim sucessivamente, e só melhorei mais tarde, quando me fizeram insulina.

Notava-se no meu comportamento, ainda quando não agitada, grande exibicionismo. Ao chegar à Casa de Saúde, despertara muita atenção (diziam achar-me bonita e graciosa). Com o hábito, prestavam-me menos atenção — e eu deveria estar sempre em evidência. Eram hóspedes do sanatório senhoras educadas e respeitáveis, geralmente na menopausa. Todas pareciam querer-me muito bem. Mais tarde, diante dos meus desatinos, mostraram-se condescendentes, mas um tanto assustadas (estavam ali para descansar, naturalmente). Eu discutia na mesa com a médica de plantão, não demonstrava reconhecer-lhe nenhuma autoridade. Atirava pratos e copos no chão, escandalizava a todos, descendo seminua para o hall, quando conversavam em paz e descanso. Tornei-me muito amiga de um senhor bem velhinho, pouco equilibrado, mas muito educado e paciente. Ele me chamava: MENINA. Mostrava-me carinhosa e terna com ele, ao mesmo tempo angustiando-o com meus caprichos. No refeitório tomávamos refeições em mesas separadas. Não eu. Mudava-me para a mesa do velho meu amigo, atormentava-o todo o tempo.

— Atualmente os homens não dão mais valor às mulheres. Pensar que gregos e troianos lutaram durante dez anos por uma mulher. Já leu sobre a Guerra de Troia? Sabe quem foi Helena? NÃO?

Ele se mostrava terrivelmente aflito e ignorante. Deixava o prato e apertava as mãos. Buscando inocentar seu sexo (no caso se julgava o único culpado, porque estava em estado depressivo), argumentava sem muita convicção, levado apenas pela força do amor, que o obrigaria talvez a lutar dez anos para não me ver inconsciente, como já vira tantas vezes. Ele me permitiria tudo. Aquele velho me daria não Troia, mas o mundo — e a felicidade. — Minha filha, não leve a mal. É que hoje temos leis, que nos proíbem guerras apenas por uma mulher.

— Apenas? O senhor disse: APENAS?

O velhinho deixava a mesa. Ele se traíra: "apenas" era a palavra que eu não permitia no amor. Por mais carinho e lágrimas que me dessem, aquela palavra brilharia insistente, quebrando a unidade do que para mim devia ser o Perfeito. A minha intransigência.

Um hóspede do sanatório, sr. Monteiro, sem nenhum desequilíbrio mental, semiparalítico, julgava-me uma artista frustrada. Incentivava-me a escrever. Se eu quebrava coisas, ele me dava ainda mais coisas para quebrar. Percebendo que eu estava sempre representando, quis montar uma peça de teatro, onde eu seria a personagem principal. Adaptou convenientemente o *Hamlet*, a personagem principal passou a ser Ofélia. Dra. Usiris seria a Rainha-Mãe; um médico, Hamlet; o velho meu amigo, o fantasma do Rei, e, muito naturalmente, eu, Ofélia. Tudo corria bem. Decorei meu papel, andava pelo hall da Casa de Saúde recitando o dia todo, empolgada com meu desempenho. Na verdade fui muito mimada lá. Se minha família estava longe, meu rico amante dava-me toda assistência. Eu era egoísta, caprichosa, necessitava de atenção a todo instante, mas todos cediam diante de minhas vontades, a começar pelos médicos. Até chegar a tarde da cachoeira: durante um ensaio do *Hamlet*, senti-me estranha, aborrecida e desconfiada, todos pareciam conspirar contra mim. Apanhei o livro da peça, encaminhei-me para uma cachoeira, perto do sanatório (esta passagem está descrita no meu conto "Sonifene"). Nesta cachoeira desempenhei um dos maiores papéis de minha vida, ameaçando atirar-me de grande altura, ficando nua, achando-me muito bonita, e terminei laçada e arrastada por uma corda depois de três horas de rogos para que eu saísse de lá. Assim, Ofélia foi salva, nua, das águas da cachoeira.

Com as aplicações de Sonifene meu estado se agravava cada vez mais. Tinha ideia fixa: julgava-me deteriorada moral e sexualmente. Era agressiva. Nas minhas agitações gritava estar pagando pelos meus atos sexuais. Acusava várias pessoas de me haverem levado a ser má. Acusava, principalmente, o rico admirador que me mantinha. Já não podia vê-lo — ele me era odioso. No íntimo sabia-me muito doente. Com grande sentimento de culpa, julgava estar pagando algo que houvera feito de muito grave. Sentia-me perdida, ao mesmo tempo injustiçada. A certeza de estar expiando crimes sexuais não me deixava. Tornava-me cada vez mais agressiva e desconfiada. Hoje, depois de conhecer hospitais do governo, e haver sofrido pelas menores "faltas" cometidas, avalio o quanto fui bem tratada naquele sanatório. Agredia quem se aproximasse de mim. Jamais usavam de violência comigo. Riam fazendo alusões às minhas valentias. Quando me achava melhor, perguntavam rindo: "Maurinha, por que você me deu um soco, hein?". Se se viam obrigados a me segurarem à força, faziam-no de jeito a não me machucar. Agora, compreendo que o dinheiro suaviza tudo: até a loucura. Nos últimos hospitais que frequentei não tive uma crise que ao menos se aproximasse desta. Mas, com o tratamento dispensado, não resistiria, estou certa.

Depois de um mês nesse sanatório, meu estado se agravando sempre mais, fui transferida para outro, Sanatório da Tijuca. Disseram que lá eu receberia tratamento mais adequado. Era mais indicado para um caso grave como o meu (isto só vim a saber mais tarde).

Só dei acordo de mim quando me achava lá, presa num quarto onde havia apenas um colchão nu, no chão. Pareceu-me estar gritando há muito tempo antes de tomar consciência: talvez eu tenha sido acordada pelos meus próprios gritos. Passei a bater furiosamente na porta. Ninguém atendia. Ignorava onde estava, apesar de saber da minha transferência para outro sanatório. Eu me julgava à mercê de pessoas em quem não confiava. Tudo me parecia absurdo, arbitrário. Batia. Quando meus pulsos ficavam muito doloridos, deitava-me exausta no chão e batia com os pés. Minha cabeça era um tambor: soava. De onde eu começara? Para trás ficara uma vida, sabia meu ser formado de momentos — quando me esquecia, antes mesmo de constatar que existia. Porque era tudo breve, frases passavam céleres, em revolta. Não enxergava. Sentia-me sem forças, mas não deixava de bater na porta. Como? Se meu ser pedia uma resposta, ainda que fosse a última palavra a ser ouvida? Ninguém atendia — eu gritava sempre. Tinha a garganta seca, a língua pesada, pastosa. Via-me traída, ignorava por que estava ali, e onde estava. Quando o cansaço me dominava completamente, procurava voltar para o colchão. Sem forças para fazê-lo, deixava-me no chão, dormia e acordava, como num pesadelo nevoento. Vagamente recordava uma passagem na Casa de Saúde do Alto da Boa Vista. Agredira uma médica e uma guarda, atirando-lhes bolas de bilhar. Foi assim: joguei uma mesinha de centro (de vidro) de encontro à mesa de pingue-pongue, quebrando-a. A tal médica aproximou-se e disse: "Dona Maura, a senhora é bastante bonita para chamar atenção sem dar shows". Respondi-lhe: "Os shows me agradam e não são da sua conta. A propósito de beleza, a senhora é a mulher mais feia aqui dentro". Mandou prender-me para aplicar-me Sonifene. Corri para as mesas de bilhar, apanhei as bolas e atirei-as nela. Podia recordar essa passagem, tinha consciência da minha agressividade, temia uma represália. E agora eu estava ali: fazia frio, um frio úmido, penetrante, eu usava apenas uma camisola de náilon cor-de-rosa. De vez em quando uma enfermeira abria a porta do quarto, ameaçando-me se eu não ficasse quieta. Pedi que chamassem pessoas conhecidas. Precisava saber. Perguntava onde estava, ninguém respondia.

Recusava aceitar qualquer alimento. Temia que contivesse alguma droga para me fazer dormir, ou, quem sabe, matar-me. Ouvira contar que nos hospícios se matam doentes. Tinha sede. Muita sede. Não ousava beber água (quando se lembravam de dar-me), pela mesma razão.

Quanto tempo terá durado tudo isto? Ignoro. Dormia e acordava. Mas as coisas não me passavam despercebidas: nenhuma enfermeira entrava sozinha no meu quarto. Vinham sempre acompanhadas de um enfermeiro. Eu sabia por quê. Apesar de não estar mais agressiva — pois não tinha mais forças nem podia manter-me de pé. Sentia frio e sede, a camisola fina, o colchão não tinha lençóis.

Acordei sentindo dormência nos membros inferiores e pensei: me deram cicuta. Gritei:

— Não sou Sócrates. Não quero morrer. Me deram cicuta e não sou Sócrates.

Um homem se ajoelhou perto do colchão:

— Sabe o que é cicuta?

— Sim, sei o que é cicuta.

— E Sócrates?

— Quero fazer pipi.

Não consegui fazer pipi. Doía. O homem passou a conversar comigo. Era-me difícil falar, não podia enxergá-lo. Ele perguntou à enfermeira:

— Por que não a tiram deste quarto? Esta moça está lúcida. Veja como me responde (virando-se para mim): quando o médico vier aqui, peça-lhe para conversar com você e lhe explique tudo.

Deitei-me, e nada. Mais tarde aquele homem voltou a meu quarto e perguntou-me:

— Falou com o médico?

— Não — respondi-lhe (como, se eu não sabia quem era médico ali?). De vez em quando sentia que me aplicavam uma injeção na veia. Mas já não reagia.

Uma enfermeira me tinha no colo, não podia vê-la, mas ouvia-lhe a voz: "Diga seu nome. Seu nome é Maura, não é?". Tentei falar, mas tudo era impossível e longe. Nenhum sentimento me acometia: nem medo, nem desespero. Não consegui mexer-me, nem desejei fazê-lo. Senti meu braço cair quando ela o deixou. Tive a sensação vazia, suave e tranquila de que ia morrer. Pensei: estou morrendo. Escutei-lhe novamente a voz: "Chame depressa o médico. Ela não reage. Há quanto tempo está aqui?". Então morrer é isto? — pensei tranquila. Mas não estava tranquila. Um desejo trêmulo brotou, ao ouvir a voz da enfermeira: quis que meu braço não caísse quando o deixava. Mas ele caía.

Senti que me carregavam no colo. Alguém dizia: "Nesta porta. Cuidado para não machucá-la".

Senti cheiro de álcool, abri os olhos sem esforço, vi muitas pessoas a meu redor. Diziam-me: "Você é de Minas? Converse com dr. Válter, ele também é de lá". Deram-me água com açúcar e alguns biscoitos. Já tomara choque de insulina, constatei que me tinham dado também agora. Falei com dr. Válter uma série de coisas loucas sobre sexo, acusando-me sempre, o horror que me inspirava, o quanto me achava podre e perdida. Ele olhou minhas unhas: "Há quantos dias não lava as mãos? E há quantos não escova os dentes?". Eu não sabia. Minhas unhas estavam negras, e em minha boca havia uma substância branca, como saliva que houvesse secado. Quanto tempo terei permanecido inconsciente? Ignoro. Dr. Válter ajudou a me levantar, levou-me para o banheiro, uma enfermeira deu-me banho. Depois do banho, levou-me, ele mesmo, a uma pia. Enquanto eu escovava os dentes, aquele médico desconhecido abotoava a maneira da minha camisola, passava um pente pelos meus cabelos. Estivera presa, isolada, clamando por alguém durante tanto tempo sem ser atendida, e via-me agora tratada com carinho por um homem desconhecido. Era demais para meu coração ferido e magoado. As mãos se moviam ajeitando-me a camisola, enquanto meu corpo se adelgaçava, em sentimento alto e puro: naquelas mãos, estava, para mim, a prova de que existe. Sim, além de um quarto miserável: nas mãos de um médico piedoso. Piedoso é minha maneira de dizer a alguém: "Você é gente, e te amo — porque também sou gente". Ele me penteara os cabelos, olhara minhas unhas e a minha boca, abotoara minha camisola. Ele também era gente. Talvez nem necessitasse sofrer: aquele homem tinha mais que dor: aquele homem amava. Não tornei a vê-lo, mas pedia diariamente que o chamassem. E por que não tornei a vê-lo? Não sei. Talvez, aquele médico-gente não conseguisse sê-lo mais do que uma vez em sua vida. E como seu destino pudesse ser pouco, ele já se cumprira. Mas, ainda que breve, foi um médico-gente. Aquelas mãos transmitiram ao menos uma vez. Aquelas mãos.

17/12/1959

Insistência de dr. A. em ler meu diário. Julga que venha ajudar na psicoterapia. Não considero quase sempre inteligentes suas críticas, apesar de dizer-me sempre: "Você nos ensina muito escrevendo".

Escrevi um conto, publicado no Suplemento Dominical do *Jornal do Brasil* — "Introdução a Alda". Esta pessoa, Alda, existe, está internada neste hospital. Deve ser doente há mais de vinte anos. Apenas, seu nome é Auda, minha querida dona Auda. E não Alda, como julguei. Quando a conheci, há três anos, dormíamos no mesmo dormitório. Não sei exatamente por quê, me impressionava profundamente. Dr. A. perguntou-me a razão dessa simpatia, e respondi-lhe: "Não sei bem, mas ela parece não necessitar mais de ninguém".

Na realidade, isto não acontece, e Auda, como todo mundo, necessita de todo mundo. Sentindo-se só e renegada, assumia aquela atitude, que tanto me intrigava e não passava de couraça contra suas próprias necessidades afetivas. Sim, porque Alda mudou muito, ou, mudaram em relação a ela as atitudes das pessoas que a cercam. Talvez eu possa dizer assim: Alda está caminhando para ser novamente Auda. Não dependeu dela esta mudança, como não dependia antes sua maneira de quem não necessitava mais dos outros. Muitos disseram que, depois do meu conto — que foi lido e relido aqui —, a condição de Alda se transformou neste hospital, e pude constatar. Pelo menos consegui chamar atenção para ela, procurando mostrar que sofria. Considerado caso perdido, ninguém se lhe dirigia, levantava-se às cinco horas da manhã, ia para o pátio, onde ficava todo o dia, só deixando-o para almoçar, jantar e dormir. Pude vê-la muitas vezes: sentada no chão, o vestido suspenso cobrindo-lhe o rosto, quase nua, sem mudar de posição durante horas. Às vezes se levantava para tomar água, mas evitava as outras doentes. Sentei-me a seu lado por mais de uma vez, levando sempre um bofetão no nariz. Auda tinha medo, agredia antes de ser agredida. "É que ela dançaria um minueto por um toque de mão sem dor. Súbito, ela sabe, mataria o próprio medo se recebesse um beijo sem o momento que o precede." (Do conto "Introdução a Alda".) Rasgava os vestidos,

fazia gestos feios. Também só se aproximavam dela para "insultá-
-la". Porque Auda foi, e é, muito distinta; não admite molecagens,
como as que se fazem aqui com os oligofrênicos, aborrecendo-os
até que se agitem. Quase todos aborreciam Alda: o fato mesmo
de estar no hospício, malvestida e desprezada, devia ser um aborrecimento constante. É modista, antes de adoecer possuía um
ateliê de costura.

Se Alda entrava na seção, gritavam-lhe de todos os lados
"Alda, saia daí. Alda, não faça isso. Alda, sua cachorra, por que
rasgou o vestido? Não bata a porta, Alda". Ela batia com mais
força, sem dar confiança, e saía, andando altiva. Tão digna que
não discutia, apenas fazia o que esperavam dela: exatamente o
proibido. Assim, à noite, ia tudo pelas janelas, vestidos, lençóis,
travesseiros, e até dormia nua, num descaso solene pela opinião
alheia. Movia-se num mundo que desprezava, por que ligar às
convenções desse mundo? Várias vezes perguntei por que não a
levavam ao cinema, responderam-me: "Para quê?". Diziam-na
perigosa, destruindo o que encontrava: vingava-se como podia.
Auda foi alegre e divertida, antes de adoecer, é o que se conclui
diante de certas atitudes suas: dança sozinha carregando pratos
na cabeça, canta alto nas horas mais impróprias e inesperadas.
Costuma colocar o polegar no nariz, fazer com a mão aberta um
sinal de palhaço. Dá com a boca um assobio finíssimo como o
dos guardas de trânsito. Este "apito" parece indicar que as coisas
não vão bem. Faz: prrrrrrrrr. É a doente de quem mais gosto no
hospital, e se escrever agora um conto inspirado nela o título
será: "Introdução a Auda". Porque Alda não me parece muito
viva mais — a mulher que agora está se pintando na minha mesa
caminha para outro nome. O nome que possuía antes: Auda.
Acredito nisto como acredito que Auda não tenha desaparecido
nunca — apenas se escondia na Alda, que usa ainda, quando

necessita. Para mim só o amor e a compreensão farão o milagre de descobrir Audas, desarmadas e autênticas.

18/12/1959

Ontem tivemos cinema. Um filme lindo: *Brinquedo proibido*. Hoje discuti com dona Dalmatie, na sua sala, atirei o que estava sobre a mesa no chão. Joguei uma caneca de mate para cima, causando grande confusão. Ela nada disse. Esperou um pouco, pediu a uma doente que limpasse a sala. Sr. Válter estava lá e disse: "Isto não é loucura; é malcriação". Também acho, mas não disse nada e saí.

Tenho comigo um livro de Proust que não consigo ler. Queixei-me a Heitor Saldanha de que não gosto de Proust, e ele: "Proust? Ninguém o tolera. Nem ele mesmo se leu. Toda esta gente que fala de Proust o faz por esnobismo". Fiquei mais tranquila, mas não desisti ainda. Dona Auda encontrou-o sobre a minha mesa, escreveu sem vacilar: "Meus documentos legais secretos se acham guardados nas minhas partes genitais de virgem".

Faz muito calor. É terrível e Proust não ajuda nada. Chorei muito pensando em minha vida, na dificuldade que terei quando sair daqui. Onde arranjar emprego, para onde ir? Não me sinto tentada a ir para lugar algum.

Confessei a dr. Paim que estou apaixonada por dr. A. Deu-me uma lição de moral, completamente inútil, hipócrita — ainda assim ingênua. Ultimamente tenho falado muito com ele, mas não nos entendemos muito bem. Considero-o apenas um administrador, nem precisaria ser médico. Nunca está em contato com os doentes. Outro dia, depois de discutir comigo, deu uma risada: "Maura, você é formidável".

19/12/1959

— Quando amamos (isto é natural), temos necessidade de sentir de perto o objeto amado.

— É sempre assim? — perguntei.

— Sim. Também fisicamente. Há uma ânsia, um desespero. Você não acha?

Não respondi. Desejei que ele parasse, antes que tudo se tornasse demais bruto e insuportável. Porque, acima do que dizia, julguei perceber-lhe na expressão do rosto certa luxúria, um ar grosseiro e profundamente egoísta, mostrando-se sem nenhum pudor. Conservei-me quieta, analítica, fria e assustada. "Então (pensei) é isto? Esperei novamente pelo que não existe." O homem me parecia vulgar e desprezível. Continuei imóvel observando-o: "Por que não nos dão a nós, mulheres, o direito de começar? Por que sempre nos apontam o caminho?". E meu desprezo era tão grande que o olhava fascinada, à espera do que o colocasse no lugar para onde eu também iria, com náusea e prazer. Ainda desprezando-o, desprezando a mim mesma, nada faria para evitar. Ah, sim, eu estava ali, fria como uma estátua, enquanto meu ser se revolvia em raiva, nojo e entusiasmo, brutais e sórdidos. Aquele homem me dava ânsia de gritar de desespero e vergonha. Embora não o tivesse feito, e tudo de bonito que esperei antes seria anulado por um gesto dele. Porque eu teria sido possuída fisicamente ali mesmo, se ele quisesse. Depois viria o ódio, e ele não saberia jamais explicar como pode alguém ser tão absurdamente paradoxal.

Mas que houve? — me pergunto agora. Por que dr. A. me pareceu estar à beira de dizer que me queria sexualmente? Terei me projetado? Ele parece completamente inocente do que pensei. Falávamos da necessidade sentida pela pessoa que ama de estar junto do objeto amado. Então ele falou com veemência, como se pensasse em mim, em possuir-me, porque estávamos perto, apenas os dois. CURIOSO: nada houve, ele mudou de assunto naturalmente, quando eu julgava perdido tudo o que esperei dele. Chego à conclusão de que o mal é uma dimensão da minha natureza. Quando me sinto à beira de ser brutalizada nos meus sentimentos mais delicados, espero entregar-me sem resistência, mergulhar com repulsa no que me dá um prazer sórdido e doentio.

Que espero de dr. A.? Que me ame, ou que se deixe amar? Não sei exatamente, creio estar exigindo o que nunca encontrei. Espero alcançar as coisas pelos caminhos coerentes com a minha sensibilidade. Se não consigo, em desespero de causa, entrego-me, como esperando que, de um charco, nasça uma rosa azul brilhando.

Mas eu preciso. Preciso descobrir em alguém o que para mim está nebuloso e difícil. Preciso encontrar-me em alguém. A minha parte preciosa e escondida. A minha alma intocada. Entretanto dr. A. não deve precipitar as coisas. É necessário julgar tê-lo encontrado. Sim, a necessidade de achá-lo onde o coloquei.

Sou "Alice no País do Espelho". Quanta coisa franzida na minha percepção. Até mesmo o ar parece-me contrair-se frenético. É um estado passageiro — mas que me deixa em dúvida: onde está a verdade? E as coisas que toquei, percebi, senti, amei, quando criança? — Minha cabeça é um ônibus desenfreado.

Eu, jamais quando posso, peco por omissão. Grito a minha revolta pelo que julgo errado, denuncio os erros que percebo. Os médicos, sim, pecam por omissão. Dr. A. sempre deixa isso bem claro.

20/12/1959

Briguei novamente com Mirtes. Ontem à noite ela quis bater em dona Anita, uma velha. Hoje de manhã dr. A. viu-me toda arranhada, perguntou-me o que foi, contei-lhe. Imediatamente transferiu Mirtes para a seção MB.

21/12/1959

Proust está guardado. Estou lendo A *cidade sitiada* de Clarice Lispector. Para mim é seu melhor livro. Heitor Saldanha me disse que Clarice esteve internada em sanatórios de doenças mentais. Falávamos de uma amiga minha, que eu temia estar caminhando para um colapso nervoso, ou coisa mais grave. Ela é judia, e Heitor me disse:

— Não se preocupe. Judeu não fica louco. Judeu só fica louco quando é gênio. Vide Clarice Lispector.

— Clarice já esteve internada? — perguntei.

— Apenas três vezes, não digo? Tanta sensibilidade não podia passar impune.

Falei com dr. A., respondeu-me não ser verdade o que Heitor dissera a respeito dos judeus em relação ao desequilíbrio mental. Ao contrário: são muito suscetíveis de neuroses, psicoses etc. Mas se Clarice já foi internada em hospitais desse gênero gosto de saber. Então ela também? Isto me faz lembrar quando interroguei dr. A. a respeito de duas mulheres transferidas daqui para a Colônia Juliana Moreira. Quis ir na ambulância, as guardas me permitiram. Eram doentes tidas como irrecuperáveis, não tiveram nenhuma reação, nem mesmo ao serem entregues na porta do hospital de lá (sujo e velho), sem uma despedida, como se entregam objetos. A recepção também seca, fria. As mulheres, sem um gesto, entraram autômatas pela porta, como lhes indicaram. "Ó, vós que entrais, abandonai toda esperança."

Voltei desgraçada e impune. Abafada atrás na ambulância, as guardas na frente conversando com o chofer. Eu chorava sem nenhum pudor (pelas grades da ambulância podiam ver-me da rua). Sentada no banco, usando uniforme do hospital, era tão grande meu sentimento de culpa como se tivesse posto loucas aquelas mulheres. Alguém devia pagar por aquilo: me deixava ver dentro do carro, como uma louca chorando: expiava-me naquela situação humilhante. Era meu castigo porque as mulheres ficaram sozinhas, abandonadas. Recusei-me a sentar no chão da ambulância, de onde não seria vista das ruas. A cena estava viva em mim: aquelas mulheres — quem as choraria? Deixadas sem despedida, aceitando caladas, numa fatalidade impressionante.

Eu me desesperava deitada na cama, enquanto dr. A. me falava. Aquelas mulheres. Que lhes viria depois? Ainda posso vê-las: caladas, a guarda grosseira lhes indicando a porta. As duas guardas daqui: "Estão entregues. Vieram do Gustavo Riedel. Aqui estão as papeletas" — saindo apressadas em alívio. A ambulância correndo.

— Elas não sofriam, dr. A.? Os loucos não sofrem? Não são sensíveis?

— Tão sensíveis que ficaram loucas.

22/12/1959

Mercedes Rainha é a guarda mais maluca deste hospital. Todos a chamam apenas Rainha. E nunca vi majestade tão desmoralizada. As colegas, sabendo-a completamente irresponsável e desequilibrada, acusam-na de suas próprias faltas. As doentes não a respeitam, eu principalmente. Seus plantões correm na maior algazarra. Como as coisas aqui dentro nunca são resolvidas com palavras apenas, deixamos nossos casos para serem solucionados nos "plantões da Rainha". Trabalha na seção MB, onde dr. J. é médico e ditador.

Eu andava muito boazinha e à noite costumava ficar conversando na tal seção com Isabel e outras amigas, depois que as doentes se deitavam. À noite passada:

— Rainha, deixa Desdêmona ficar conversando conosco. Ela tem voz linda, vai cantar para nós (falei docemente, como sempre que desejo conseguir alguma coisa).

— Sim, minha filha. Vou subir à seção OG e pedir licença a Alcina, a guarda de lá. Vocês sabem como ela é. Por mim não tem importância.

Desdêmona é da seção Odilon Galioti, de onde dr. J. é também médico e ditador. A seção fica logo acima da seção onde estávamos. A Rainha subiu ofegante (tem mais de cinquenta anos). Enquanto isto concluímos o plano começado no jantar. Desdêmona queria fugir e falara-me. Conversei com as outras, resolvemos ajudá-la. Não me parece doente, contou-nos uma história muito triste, tem uma filha que ignora onde está, lhe foi tomada pela polícia. Necessitava urgentemente sair do hospital, localizar a criança e resolver sua vida. Lazinha, Isabel e eu pensamos deixá-la fugir vestida de enfermeira. A Rainha costuma tomar banho à noite junto às internadas. Lazinha se incumbiu de levá-la para o banheiro. Enquanto estivesse no banho, lhe roubaríamos o avental e a touca de enfermeira. E as chaves, que estariam no bolso do avental. O resto seria fácil, Desdêmona sairia, simultaneamente, fantasiada de guarda de hospício e Rainha.

Desdêmona, sentada no chão, se pintava, enquanto, segundo o programa, não deixava de cantar. Bolero atrás de bolero. A Rainha desceu ofegante e feliz.

— Tudo bem, minhas filhas. Podem ficar até nove horas. Quanto a Desdêmona, me responsabilizei com Alcina. Não tem problema. Mas cante um tango, gosto tanto de tangos.

Não nos sendo possível continuar falando com sua chegada, apanhei lápis, papel, e escrevi: "Se a Rainha gritar e der escândalo?". Passei o papel para Isabel. Ela respondeu-me. "Prefiro roubar um vestido na rouparia. Louca como é, a Rainha pode sair de qualquer maneira, ir à portaria, e dar alarme. É perigoso deixar a Rainha nua." Escrevi: "Então vamos amarrá--la e amordaçá-la".

O papel andava de mão em mão. Agora a Rainha cantava: "El pañuelito blanco". Apesar dos convites de Lazinha, ela não se dispunha a tomar banho. Fomos obrigadas a mudar de plano. A Rainha cantava. Na pequena sala, revirava os olhos como se estivesse no palco. Nós cinco assumíamos ar de grande admiração, enquanto agíamos sem palavras, num estranho entendimento. "El pañuelito blanco". Éramos todas artistas ali, em papéis diferentes. À Rainha cabia a parte bufa. A nós, papéis de bandidas. Lazinha roubou um vestido na rouparia (a Desdêmona não era possível uma fuga com o vestido do hospital: seria facilmente presa), passou-o a ferro, na cara da Rainha, que não viu nada. Cantava. A dona do vestido, Laíde, apareceu na sala, olhou o vestido muito intrigada, saiu sem fazer perguntas, o roubo de um vestido não lhe justificava qualquer preocupação. Nair fazia café. Tudo pronto, Desdêmona pintada e penteada. Dona Alcina reclamou sua demora.

— Logo agora que o café está quase pronto? "Manera" com dona Alcina, Rainha (falei aflita).

Sua Majestade subiu de novo a escada, "para garantir", segundo ela. Lazinha e Desdêmona entraram depressa no banheiro, de onde sairiam pela janela, depois de trocado o vestido, alcançando o pátio. Lazinha ajudaria Desdêmona a transpor o muro. Quando a Rainha desceu, falei desesperadamente, tentando distrair sua atenção. Percebi que cantava em castelhano, perguntei-lhe:

— A senhora fala castelhano?

— *Hablo.*

— Então espere: vai *hablar* muito daqui a pouco.

— *Pañuelito blanco.*

Dez minutos depois, a guarda de cima, querendo trancar a seção, pôs a boca no mundo. A Rainha procurou Desdêmona e não a encontrou. Tentei ainda acalmá-la, dizendo que estava no banheiro. Para disfarçar, mas também apressá-las, caso ainda estivessem no banheiro, pus-me a gritar-lhes os nomes bem alto. A Rainha, completamente em pânico, corria pelo corredor.

— Ela está escondida em algum lugar. Não acredito em vocês. Vocês são muito perigosas, eu já devia ter pensado nisso. E onde está Lazinha? Lazinha, dê-me conta da moça.

Lazinha (é a criatura mais sonsa que conheço) abriu a porta do banheiro, entrou no corredor, com seu olhar vago.

— Não sei de nada.

O alarme foi dado. Dona Alcina, furiosa, desceu ameaçando todo mundo. Percebi que todas estavam com medo, acusei-me de ser a única responsável. Dona Alcina voltou-se contra mim, agredindo-me com palavras grosseiras. Atirei-lhe uma xícara de café quente no rosto — não atingiu o alvo. Saiu a apanhar homens para prender-me no quarto-forte. Enquanto isso, fugi para minha seção, deitei-me e fiquei bem quieta.

Desdêmona não conseguiu fugir. Ouvindo meus gritos, Lazinha abandonou-a no pátio. O muro é muito alto, não pôde saltá-lo sozinha. Encontraram o bilhete onde falo em amordaçar a Rainha e estão apavoradas. Estou proibida de ir lá. Dr. J. não quer ver-me mais nos seus domínios.

Estas carcereiras devem esperar o pior — porque as odeio. Somos duas classes distintas, vítimas e algozes. Nada fazem para conquistar nossa amizade, e o que já sofri neste hospital alimenta em mim os maiores planos de vingança. Pertenço à classe de: humilhadas e oprimidas.

23/12/1959

Aragão é internado no Hospital Pedro II. Encontro-o sempre na Ocupação Terapêutica do Centro. Disse-me que leu meu conto "O sofredor do ver" e gostou muito. Aragão pinta e esculpe. É muito atualizado em arte, passa agora por uma fase concretista, ou neoconcretista, não sei bem. É deveras talentoso. Vive num caos permanente, e só às vezes, em conversa, consigo captar um pouco da beleza do seu mundo atormentado. Sinto-o mais talentoso do que eu, mais inteligente e mais artista. Creio que seu diagnóstico deve ser _____ (mas quem sou eu para falar em diagnóstico?). Ficaria louca se fosse médica diante de casos como o de Aragão, abandonaria a medicina por sabê-la tão falha, tão sem recursos.

24/12/1959

Estou proibida de ir à seção MB. Isabel evita falar muito comigo, porque dr. J. anda ameaçando-a, e às outras, com três ou quatro eletrochoques por dia, se não tomarem jeito. Como não posso entrar na seção MB, salto o muro, alcanço o pátio das visitas, vou para a janela conversar com Isabel e Desdêmona. Tenho os pés doendo de saltar o muro. É alto e me custa muito. Que fazer neste hospital?

25/12/1959

Natal.

Tivemos um bom almoço, com castanhas, rabanadas, nozes e outras coisas. Estou desesperada, as músicas de hoje me fazem tapar os ouvidos temendo morrer de angústia — ou ficar louca. Há muito tempo passo os Natais sozinha. Antes, costumava contar cada ano mais um Natal infeliz. Este é o terceiro Natal que passo no hospital. E meu filho, como estará? Como será seu Natal?

MAS HOJE É NATAL — EU NÃO QUERO MORRER DE DESESPERO. ESTOU NO HOSPÍCIO, ESTOU INFELIZ, DEUSES, DEUSAS, DEUSES DO OLIMPO, JUNO, JÚPITER, MINERVA, SALVAI-ME.

(Estou louca.)

MAS HOJE É NATAL — E EU?

Ouço músicas o dia todo — é exasperante. Mais que isso: enlouquece.

Houve festa na Ocupação Terapêutica do Centro. Os doentes ganharam presentes, comeram doces e dançaram.

Houve baile para malucos, homens e mulheres. Considero isto indecente. Não quis ir. Sinto-me insultada.

26/12/1959

Dr. A. disse-me que não estou sendo tratada convenientemente. O hospital não oferece condições para um tratamento psicoterapêutico. Contou-me também que sua médica, ao escutá-lo falando de mim, disse: "Que moça extraordinária. É bonito tratar de uma pessoa assim". Teria sido ela que disse, ou ele que pensa?

Não tenho dúvida de que devo, preciso amar alguém. A quem? A dr. A.? Sou demais impiedosa para amá-lo. Posso afirmar não haver ainda amado? Sim. Que emoções escandalosas tenho dentro de mim: é que às vezes tudo ameaça precipitar-se, minto para mim mesma, não sei para onde dirigir estas emoções. Minha consciência da inutilidade de tudo mata-me. Esta incapacidade de sofrer torna-me árida, vazia — invento a cada instante, invento-me a cada instante. Como se pode amar alguém, se se necessita ser constantemente amada? Amar é dar? Sim. É aceitar? Sim. Como perdoar a falta de inteligência? O suicídio me parece de fato uma solução. Apesar disso já não me vejo tentada ao suicídio como antes. Ao contrário, considero-o até certo ponto imoral. Não sei. Mas e esta falta total? Falta de objetivo, falta de dor, de amor — toda esta ausência? Difícil continuar enganando-me. Como falar disso a dr. A.? Prefiro mentir, mentir-me, estou cansada: este vácuo. Nem triste nem alegre; sem esperanças, porque não há o que esperar (amanhã deverei escrever inteiramente diferente, e se me leio não posso reconhecer-me de uma página para outra). De manhã havia a iminência de uma crise epiléptica. Senti-me mal e tomei Fenobarbital. Agora não há nada. Estou diante deste papel há meia hora, sem me dispor a escrever coisa alguma. Verdade: que farei quando sair daqui? Sair para onde? Decerto dr. A. resolverá tudo. Sim, espero. Sempre me aparece quem arranje as coisas. Quando trabalhei no Suplemento, Reynaldo se preocupava com todos os detalhes da minha vida. Mandava arranjar quarto para mudar-me e tudo o mais. Meus amigos se encarregavam de fazer as mudanças; uma vez José Édson Gomes e Alaor transportaram a pé dezenas de volumes meus do posto 5 até o Leme. Alaor, de pequena estatura, desapareceu sob os embrulhos, enquanto eu o puxava como a um cego por toda a Nossa Senhora de Copacabana. Apesar da embrulhada ríamos divertidos. Assim, com a ajuda dos amigos, eram feitas quase sempre minhas mudanças.

Durvaldina, que tinha ido para casa, voltou doida varrida. Está presa no quarto-forte. Grita por mim o tempo todo, não sei que fazer. Reclamo com dr. A. Ele não quer soltá-la. Assegura-me que o quarto-forte é uma medida de segurança para o doente. Mas não é verdade. Se fosse como os que se veem no cinema, paredes acolchoadas e muito confortáveis. Os daqui são abafados, imundos, nem se pode respirar no seu interior. E as baratas. Falarei com ele (ou com as baratas, que dá na mesma).

27/12/1959

O BUREAU

Abrindo a porta do quarto, vi-o em frente, tomando grande parte do aposento — solene e negro: o bureau. A seu lado, a cama parecia insignificante, banal. O bureau austero, me fazendo parar perplexa à porta, mesmo modesta demais, como não ousando. O que iriam dizer estas pessoas? Já implicam tanto comigo. Afinal, é mesmo demais para mim — esperava uma mesinha discreta e séria. Apenas, dr. A.

Eu enxugava as mãos suadas no uniforme azul — sofria mais do que outra coisa. Dona Auda, na sua aceitação de tudo, entrou no quarto.

— Menina, temos até um bureau.

Ria satisfeita, perfeitamente descontraída. Procurei sair do meu estupor, agarrar-me a ela:

— Dona Auda...

— Até que enfim nossa pobre novena valeu para alguma coisa. Ganhamos um bureau. Está empoeirado. Vou limpá-lo.

— Sim, sim.

Às favas o que venham pensar. Dr. A. mandou-me um bureau para o quarto. Devo ficar feliz. Desci correndo as escadas, fui contar a dona Dalmatie. Ela riu, gostando muito da notícia. Voltei ao quarto, dona Auda se ocupava feliz em limpar o bureau. Que dirá dona Júlia? Já falam tanto que sou protegida. Como explicar que sou escritora, colaboro em jornal e o bureau me é útil?

Alcina Xerife, princesa da China, persa, russa, agente secreto internacional, esposa do atual presidente da República e de todos os outros, passados e futuros, médica psiquiatra, diretora do hospital — anunciou hoje o nascimento de seus seis filhos gêmeos, estando dois mortos e os quatro restantes em incubadoras. Não é preciso dizer que Sua Alteza é louca, paranoica. Goza de todas as regalias no hospital. Toma refeições no refeitório dos funcionários, não se mistura às doentes, as quais despreza (me detesta; disse-me outro dia: "Pensa que discuto com você, eu, uma princesa da China?"). Não entendo esta discriminação. Sua Alteza passa os dias na portaria do hospital. O argumento usado é de que ela trabalha: atende pessoas e faz outras coisas. Entretanto quase todas as internadas presas no pátio estão em condições de fazer a mesma coisa. Se for este o meio de tornar menos difícil a permanência aqui, o indicado seria um rodízio, quando se escolheria, diariamente, uma doente capaz para o trabalho que é privilégio da Xerife. Seria cretinice da minha parte sugerir tal coisa, já que se sabe o motivo desse privilégio: alta proteção, família rica etc.

E o bureau? Estou feliz por ter onde apoiar o braço, não escrevendo no colo.

28/12/1959

O CARRO DAS BOLINHAS BRANCAS

Faz muito calor. Isabel, Lazinha, Desdêmona e eu passamos quase todo o dia deitadas no chão do dormitório da seção MB, conversando, falando mal das guardas (estou indo lá outra vez, muito discretamente, enquanto dr. J. não está no hospital). Desdêmona, quando lá fora, desempenha o papel de prostituta. Conta isso com uma inocência comovente. Hoje perguntei-lhe se assistiu ao filme *Quero viver*, respondeu-me que justamente estava na cadeia quando foi exibido. Vai sempre em cana e se refere ao carro da polícia como "o carro das bolinhas brancas". É um carro com uns furinhos dos lados, o carro preto e os furinhos brancos. Ela está sempre sendo presa nestes carros, segundo conta. Desdêmona é de uma pureza surpreendente. Não é de todo ignorante, sua família procurou educá-la mais ou menos.

29/12/1959

Maria de Oliveira disse outro dia: "Esta Durvaldina é muito confiada, mas vou amansá-la. A qualquer hora ela me paga". Hoje eu estava na seção MB, junto ao pátio das mulheres, Isabel chamou-me: fui à janela e olhei para o pátio. Durvaldina, completamente nua. Mirtes e outra doente seguravam-na no chão, enquanto a guarda lhe dava socos. Depois, Maria de Oliveira pegou-a pelos cabelos, puxou-a para dentro, enquanto gritava: "Venha, sua puta. O médico quer falar com você".

30/12/1959

Durvaldina tem um olho roxo. Está toda contundida. Não sei como alguém não toma providência para que as doentes não sejam de tal maneira brutalizadas. Ainda mais que Durvaldina se acha completamente inconsciente. Hoje fui ao quarto-forte vê--la. O quarto-forte fica nos fundos da seção MB, onde Isabel está. Isabel é considerada "doente de confiança", carrega as chaves da seção, faz ocorrências e tem outras regalias. Abriu-me o quarto para que eu visse Durvaldina. Durvaldina abraçou-me chorando, pediu-me que a tirasse de lá. O quarto é abafadíssimo, e sujo. Fiquei mortificada, perguntei-lhe se sabia quem lhe batera, e ela: "Não. Alguém me bateu?".

Dona Dalmatie disse que o professor Lopes Rodrigues, diretor-geral do Serviço Nacional de Doenças Mentais, proferiu, aqui, um discurso, na porta (nas portas, porque são três) do quarto-forte, dizendo mais ou menos isto: "Este quarto é apenas simbólico, pois na moderna psiquiatria não o usamos".

— Por que então estes quartos nunca estão vagos?

31/12/1959

Gosto deste uniforme. Gosto de me ver vestida como muitas outras. O que me aproxima das pessoas, ainda que na aparência, me conforta.

Hoje um funcionário, metido a bonitão, João Assunção, passou por mim e outras, na seção CL, tocou-me no queixo e disse: "Como isto aqui está florido". Olhei-o com desprezo: "O que é isso? Está louco?".

Dr. A. parece não achar dona Dalmatie muito equilibrada. Conversamos sobre as intrigas que surgem com seu nome, do quanto dona Júlia e sr. Alberto a perseguem (houve um incidente entre ela, dona Júlia, sr. Alberto e mais uma guarda, por causa de uma tesoura, tirada da sua sala por uma paciente. Acusam-na de ter deixado a tesoura com a paciente, o que não acredito). Disse a dr. A. de como ela é querida pelas internadas. Ele mostrou-se reticente, alegando que é muito desorganizada e todo doente mental aprecia desorganização. Daí ser bem-aceita pelas doentes, pois a indisciplina é mútua. Disse rindo que há um ditado sobre uma casa desarrumada: parece casa de louco. Perguntei-lhe então se esta deficiência em dona Dalmatie é tão grave, e ela tão inteligente, por que não se faz analisar. Respondeu-me irônico que não sabe.

1/1/1960

Dona Marina permanece o dia todo na rampa, que liga nossa seção à seção CL. Fala sem parar. Vou lá às vezes conversar com ela, contei-lhe que estou apaixonada por dr. A. Retrucou horrorizada: "Maura, ele é um negro". Outro dia, ele foi muito sorridente cumprimentá-la, estendeu-lhe a mão. Ela, sorrindo, constrangida, desculpou-se cruzando os braços e muito delicadamente: "Desculpe-me, doutor. Minha mão não está limpa". Ele percebeu, eu percebi, ela não cedeu, mas conservou sua elegância de maneiras. Isto me faz mal. Procuro afastar a certeza de que existe esse preconceito. As guardas se referem a ele como: "este crioulo". Finjo não escutar. Se tivesse um "caso" com dr. A. não sei o que seria depois. Ele parece saber disso. Mas amanhã, depois de vê-lo, escreverei diferente.

Queixei-me a dr. A. de que dona Júlia está sempre me perguntando quando irei embora. Respondeu compreender-me, pois já morou, logo depois de formado em medicina (achando-se sem emprego e sem dinheiro), em casa de uma sua tia que lhe perguntava todos os dias: "Quando você vai embora?". Sentia-se também muito mal. Hoje não a visita; saindo de sua casa, nunca mais voltou lá.

Dona Auda, sempre que vem a meu quarto — e o faz com frequência — me deixa um bilhete, isto é, escreve qualquer coisa no primeiro papel que encontra, seja capa de livro ou folha do meu diário. Às vezes me toma o lápis, escreve com letra bem grande, firme e bonita. Gostaria de poder interpretar seus bilhetes. Dona Auda tomou o livro de Reynaldo Jardim, *Science Fiction*, e escreveu na primeira página, depois de folheá-lo rapidamente: "Isto já estava escrito há vários anos, nas minhas partes genitais de virgem. Assinado: Maura". Li para Maria Alice Barroso a frase de dona Auda, ela considerou a melhor crítica até então feita ao livro de Reynaldo.

Alguns dos seus bilhetes.

"Cheguei ao Brasil vestida de índio: eu, Imperador."

"Meus documentos legais secretos acham-se ocultos nas minhas partes genitais de virgem. Auda G. A., Madre Superiora, Santa Primeira, Irmã de Jesus."

"Senhorita Auda G. A., modista, não demente."

"Maura G. A., filha de Auda G. A. e Oscar G. A. Carneiro de Carvalho Cardoso."

Seu desapontamento com são Judas Tadeu está também expresso em seus bilhetes. Eu lhe dissera que aquele era o santo do impossível, com toda certeza nos ajudaria. Julgou, decerto, que, terminada a novena, iríamos para casa, ficou muito desapontada com o resultado negativo: "São Judas Tadeu, que não ouviu nossa pobre novena, rezada sem nenhuma imagem, por isso não agradou. Assinado: Bidu Saião".

Por que se refere a mim como sua filha? Não seria demonstração de afeto? Refere-se às minhas coisas como "nossas". Usa meus cosméticos — e como usa — calça meus sapatos, e ontem desfilou pelo corredor de saltos altos, à vontade. Não lhe ocorre pedir-me licença para usar minhas coisas — como fazem as crianças. Também, sem que lhe peça, varre meu quarto todas as manhãs (ela jamais faz coisa alguma para alguém, nem parece ouvir o que lhe falam). Acordo quando está varrendo. Faz minha cama se está desfeita, e ontem chegou com seu saquinho de costura perto da minha mesa, abrindo-o, tirou vários "paninhos", feitos de crochê, colocando-os sob as caixas de pó de arroz, cremes etc. Depois de meia hora, voltou com outro, bem pequenininho, feito exclusivamente para o batom. Dizer que os esquizofrênicos não têm afetividade! Então por que estas demonstrações de dona Auda? Imaginar que fez os "paninhos" de crochê para mim, pensando em mim, ela que aparenta não pensar em ninguém. É belo, é bonito. Os loucos parecem mais humanos.

2/1/1960

Fui hoje ao *Jornal do Brasil* procurar Reynaldo Jardim. Entrei na redação do Suplemento, fiquei esperando por ele. A redação estava vazia. Olhei-a longamente, achei-a limpa e arrumada, uma grande saudade me invadiu — e chorei. As máquinas me pareceram humanas, tive vontade de tocá-las. Estava naquele estado de ternura quando Reynaldo entrou. Não me pareceu admirado, disse "alô". Falei-lhe: "Fugi do hospital agora. Fui até espancada lá". Disse-me: "Sabia que fugira e que ia encontrá-la aqui. Telefonaram-me de lá, disseram-me que você teve séria agitação, e talvez tivesse vindo para cá". "Ah, mas não contaram tudo: olhe como estou. Fui agredida por um guarda." Mostrei-lhe meus braços arranhados e a perna contundida. Ficou fora de si, pegou o telefone, ligou para cá e disse: "É do *Jornal do Brasil*.

A Maura está aqui". Falou muito, disse uma série de desaforos e desligou. Depois garantiu-me que fora até bom, porquanto agora eu sairia daqui. Voltarei a trabalhar no Suplemento. Na semana que vem poderei voltar. Mas como não tenho para onde ir no momento voltei e aqui ficarei até a próxima segunda-feira.

Foi assim a agressão que sofri e que contei a Reynaldo: Encontrara numa revista uma história que muito me interessou e pretendia mostrá-la a dr. A.: *Um homem em luta com a Loucura*, condensação do livro de Paul Kruif. Dr. A. estava aplicando eletrochoque quando foi chamado à portaria para atender o telefone. Enquanto esperava por ele, sentei-me numa cadeira de balanço, grifando passagens interessantes do livro: "E então seu cérebro maltratado começou a reagir a uma estranha terapêutica. Havia um enfermeiro chamado Terry, que o tratava como a um ser humano, quando o ajudava a tomar banho, e vestir-se. Que nova terapêutica era essa? Era desvelo carinhoso e terno". É a história de um médico internado em hospital de alienados. Ficando são, tornou-se diretor de um grande hospital, ele que fora tão doente. Achava-me aflita para mostrar a dr. A. Entrou um guarda, João Assunção (o mesmo que me segurou o queixo outro dia. O Don Juan do hospício), chamado para segurar uma senhora que se recusava a tomar eletrochoque. Cesária, mulata pobre e humilde, chamou-o, julgando-o médico: "Doutor, quero sair daqui. Quero ir para o meu barraco". Segurou-o pelo braço, ele deu-lhe um esbarrão atirando-a ao chão. Saltei da cadeira onde estava: "O senhor sabe o que está fazendo? Contarei ao médico o que fez com a moça". Respondeu-me: "E você devia estar na Colônia. Não entendo o caso destas protegidas daqui. Não se meta comigo que não me conhece". "O senhor é quem não me conhece. O que está fazendo na seção de mulheres?" Atirei-lhe uma caixinha vazia de remédios. Avançou para mim, tentei correr, alcançou-me, torceu-me o braço para trás, senti medo e gritei: "Chamem dr. A., chamem dr. A.". Comecei a lutar para livrar-me dele. Perguntou se não havia um quarto para prender-me, dona Geralda indicou-lhe o meu. Com um pontapé, atirou-me sobre o bureau e caí, derrubando a cadeira e ferindo-me muito. (Ironia: o bureau que tanto me emocionara. O livro que estava lendo e dizia: "Que estranha terapêutica era essa? Era desvelo carinhoso e terno". Mas aqui é pancada mesmo. A terapêutica é esta.) Levantei-me antes que fechasse a porta, tentei sair do quarto. Barrou-me. Rasguei-lhe o avental. Empurrou-me com força, e quando eu quis voltar deu-me novo pontapé, outra vez derrubando-me. Trancaram a porta, e me vi presa. Vinte minutos depois dr. A. entrou, encontrando-me fora de mim. Voltei-me contra ele, acusei-o de ser o culpado. Pediu-me que o perdoasse. Reconheceu estar errado: não deveria permitir que aquele homem entrasse na seção. Completamente descontrolada, avancei para ele, dei-lhe socos e pontapés. Antes agredi a enfermeira que abriu a porta, rasguei-lhe o avental. Dr. A. não sabia o que fazer. Quase chorava. Mostrei-lhe o que estivera lendo, a ironia de tudo aquilo. Mandou chamar depressa dr. Paim, que veio (não sei para quê). Enquanto eu chorava na cama, dr. Paim falava de literatura, prometendo mandar-me livros.

— Você já leu Collete?

— Não me fale em Collete. Apanhei de um homem, o senhor não é sensível à minha humilhação?

Encarou-me mau e sorrindo com descaso:

— Você já foi humilhada tantas vezes na vida, Maura.

Imediatamente olhei para dr. A., que me fixava muito sério. Pareceu surpreso. Mais tarde falei-lhe:

— Ouviu o que dr. Paim falou? Naturalmente quis dizer que já fui humilhada bastante para estar acostumada.

Dr. A. respondeu-me:

— No momento em que ele disse aquilo pensei horroriza-
do que mais tarde você me faria esta observação e eu não saberia
como desculpá-lo. Eu estava certo disso, Maura.
Vesti-me e fui ao jornal falar com Reynaldo.

3/1/1960

Meu diário é o que há de mais importante para mim. Levanto-me da cama para escrever a qualquer hora, escrevo páginas
e páginas — depois rasgo mais da metade, respeitando apenas,
quase sempre, aquelas em que registro fatos ou minhas relações
com as pessoas. Justamente nestas relações está contida toda minha pobreza e superficialidade. Não sei como alguém, como eu,
pode reagir da forma com que faço. Será deveras lastimável se
este diário for publicado. Não é, absolutamente, um diário íntimo, mas tão apenas o diário de uma hospiciada, sem sentir-se
com direito a escrever as enormidades que pensa, suas belezas,
suas verdades. Seria verdadeiramente escandaloso meu diário íntimo — até para mim mesma, porquanto sou multivalente, não
me reconheço de uma página para outra. Prefiro guardar minhas
verdades, não pô-las no papel.

Meus estados nervosos me dominam sempre, desgraçadamente, e como pareço ter vocação apenas para ser angustiada
não consigo dormir, penso, penso, e não sou capaz de descrever
esta angústia — que acabará me destruindo completamente.

Hoje agredi Maria de Oliveira, dando-lhe uns pontapés. Ela
não reagiu; correu. Maria costuma trazer sua filha de treze anos
para o hospital. Tentando quebrar a reserva que tem comigo,
dei o livro O diário de Anne Frank à menina, escrevendo uma
dedicatória: "Para a jovem Arlete, o diário de uma jovem". Procurava falar com a menina, mostrar-me simpática, perguntar-lhe

pelos estudos. Ela me evitava, coisa que não fazia com as outras internadas. Senti-me constrangida e infeliz. Encontrando-me no corredor da seção, saiu correndo. Desci para a seção MB, queixei--me com Isabel: não voltaria à minha seção enquanto a menina estivesse lá. À hora do mate, Lazinha perguntou a Maria: "Você manda sua filha correr da Maura? Por quê?". "Porque ela é perigosa. Se você fosse minha filha eu faria o mesmo com você." Eu estava por trás da porta escutando. Quando ela passou pelo corredor: "Então sou perigosa? Vou mostrar que você tem razão. Escute, tenho um filho e sobrinhos lindíssimos, perto dos quais sua filha não poderia chegar — que me amam e a quem quero bem. São vocês que nos levam a portarmo-nos como vândalos. Agora tome. E mais. E mais. Gostou? Reaja. Reaja se for mulher". Ela não reagiu (eu não seria jamais perigosa para uma criança. Entretanto, não é permitido trazer crianças ao hospital. E é o que as guardas sempre fazem).

4/1/1960

Imaginar que ele veio hoje. Parece-me que todo o hospital sabe da minha fixação nele. Subindo a escada, encontrei uma garota que apenas conheço de vista, pertence à seção CL. Foi logo dizendo: "Está feliz, hein?". "Por quê?" — perguntei. "Ele não está aí?" "Ele?"

Subi correndo a escada. Pela segunda vez ele aparece aqui num domingo quando os outros médicos não aparecem nem em pensamento. Entregou-me um jornal: "Trouxe para você". Era um suplemento de *Última Hora*, trazia uma entrevista com um poeta meu conhecido. Décio Escobar. Conversamos muito. Antes não deixei de aborrecer-me. Nely anda muito antipática com seu ar de sonsa, sempre atrás dele. Ele passa as mãos nos cabelos dela, e morro de ciúmes. Por que não o faz comigo? Ela é casada, tem filho e marido. Quando doida, era chatíssima; agora está pior.

Perguntei por que viera, respondeu-me: "Trazer-lhe o jornal e saber como estão". Naturalmente veio porque pedi que o fizesse, mas achei prudente não dizer nada. Fiz-lhe uma declaração de amor. Confessei-lhe me ser impossível continuar como sua paciente apenas. Tentarei arranjar outro médico, se isto vier modificar nossas relações. Ouviu-me calado (ignoro até onde fui honesta; às vezes mesmo pareço estar brincando. Minhas investidas se tornam até cômicas, são infantis e muito diretas. Não me preocupo em mostrar-me sedutora, reticente; antes, submetendo-o a interrogatórios apressados, em tom brincalhão. Não deixo, porém, de sentir-me aflita, angustiada. Que desejarei dele? Por mais que insista, não consigo mostrar-me sensual perto de dr. A.). Depois de falar muito, perguntei-lhe:

— Vai rir-se de mim? Estou sendo ridícula?

— Não. E compreendo perfeitamente.

— O senhor é feliz no casamento?

— Tanto que continuo casado. Maura, você sentia ciúmes do seu pai?

— Por favor, não me fale em meu pai. É tudo tão diferente.

— Não. Não é.

— Se fosse solteiro — é hipótese e não tenha medo de se trair — se fosse solteiro, seria meu namorado?

— Sim, por que não?

— E se casava comigo?

— Por que não? Isto se viesse a gostar de você de outra maneira.

— Diga mais: gosta de mim mais do que das outras pacientes?

— Sim. Você é uma das moças mais inteligentes e interessantes que conheço. Ficarei orgulhoso se conseguir sua recuperação. É você minha paciente mais cara. Não percebe? Claro que percebe. E não sei por que se atormenta com estas interrogações. Falou mais ainda, mas eu já estava satisfeita: se não fosse casado se casaria comigo. "Nossas relações são de médico para paciente, e tenho-lhe a maior estima dentro disto." Mas o que haverá que o médico não pode confessar? Percebo muita coisa. É que ele nada diz que o comprometa. O que será mais importante: ato ou palavra?

Incapacidade quase total de escrever. Lapsos. Terei resistência para escrever um romance? Há longos vazios em minha mente que me tornam difícil formular uma história. Se me fosse possível escrever mais rápido, e sem as interrupções. Estou sempre cansada, disposta a deixar tudo para começar depois. Quando? Me pergunto.

Conheço muito bem as "auras" epilépticas. Elas me são cotidianamente familiares, impedem-me grandes trabalhos intelectuais. Estes sintomas indescritíveis formam quase que meu dia a dia.

5/1/1960

O que provoca o medo são as pontes, interrompidas sem qualquer aviso.

Reynaldo Jardim

Foi terrível. Eu estava no gabinete do diretor, já vestida e muito excitada, contando-lhe que começava a trabalhar outra vez no jornal. Tudo fora combinado com meu médico e Reynaldo: eu continuaria morando no hospital, por algum tempo, fazendo o tratamento de psicoterapia, economizando dinheiro, pois aqui não tenho despesa. Dr. A. se achava em outra sala, onde o chamaram para atender o telefone. O diretor me escutava, parecia contente com a notícia. Eu falava sem cessar, expunha-lhe meus grandes planos. Estou certa de que dr. Paim acompanhava-me no meu entusiasmo. Iniciou logo uma série de conselhos: como devia me portar, o que fazer e não fazer.

Dr. A. entrou. Olhei-o, e antes que dissesse alguma coisa, pela sua expressão, percebi tudo: "Foi Reynaldo quem telefonou, não foi? O que ele disse foi 'não', não foi? Fale depressa, antes que eu morra". Ele não parecia estar em condições de falar, me olhava mudo e transtornado. O desespero tomou-me inteiramente, mesmo aqueles dois homens não passando de uma terrível constatação de negativismo para mim. Então, só podia apegar--me a eles — porque seus papéis eram de tolerar os que não tinham quem os tolerasse. Estavam comigo porque sou uma das "que não podem" estar junto de outros.

Sem nenhuma palavra de dr. A. tirei as mais variadas e desgraçadas conclusões ao mesmo tempo em que desprezava sua dedicação. Desprezava sim, era-me penoso necessitar dela, e quanto mais o sentia solidário e do meu lado mais me repugnava aceitá-lo. Não aceitava o não ter sido aceita do outro lado. Reynaldo prometera que eu voltaria a trabalhar, não sei por que, quando eu já ia saindo, quase morta de felicidade, para o jornal, telefonava mudando de ideia. Dr. A. mostrava-se mortificado.

— Vamos ao consultório e conversaremos. Venha comigo, tente fazer mais fácil as coisas. Conversaremos muito lá em cima.

Não fui. Chorava desesperadamente, andando de um lado para o outro. Enquanto chorava, limpando o rosto no meu vestido de listras, sentia imensa pena de mim mesma, do meu vestido, que fora passado com tanto carinho por Isabel, meu rosto, pintado também com cuidado, agora tudo se desfazendo em lágrimas: o rosto e as pregas do vestido.

Dr. A. não parecia capaz de dizer coisa alguma, dr. Paim não compreendia meu desespero tão repentino. Chorei ainda mais, limpando o rosto na saia do vestido. Eu não iria voltar ao trabalho, não recomeçaria minha vida — era insuportável. Voltar à enfermaria, todos surpreendidos me olhando, tirar o vestido, trocá-lo pelo uniforme. "Ó não, dr. A. Por quê? Não posso. A vida não presta, o mundo é mau."

Voltei-me contra os dois, insultando-os, como se fossem os culpados da minha desventura. Dr. A. parecia-me cada vez mais infeliz. Dr. Paim conservava sua fleuma, deixando-me mais revoltada. Disse-lhe que não fui preparada para ser tão pobre e infeliz: "Papai foi um homem correto, bom e trabalhador, chegou a ser muito rico. Nasci em berço de ouro, como dizem. Ele esperava todos os bens da terra para mim. Fui a filha de quem mais gostou. Não estudei no Colégio Sacré-Coeur de Marie para usar um vestido de indigente. Leve-me para sua casa, dr. Paim. Conheço sua mulher, depois arranjarei emprego. Posso ser até babá". Não deu a menor confiança, mostrou-se insensível com suas respostas, às quais revidei infantilmente, dizendo não gostar dele, não gostar de ninguém neste hospital, a não ser de dr. A.

— Quero que saiba que não gosto do senhor.

— Pois gosto muito de você.

Dr. Paim saiu, deixou-me sozinha com dr. A. Falei-lhe que não permaneceria mais aqui: "Morrerei de fome, me atiro de um edifício bem alto, farei qualquer coisa, mas não subirei para a seção. Tome as medidas necessárias: mande chamar homens para arrastar-me, torcer-me os braços, estragar-me o vestido (aí chorei mais ainda, porque este é o único vestido que tenho). Sim, rasgar-me o vestido (e chorei mais ainda). Use de violência, mande prender-me". Certa de que ele jamais agiria assim, precisava desabafar-me. Agora sinto pena dele: como o fiz sofrer com minha dor.

Súbito, sentei-me a seu lado: "Dr. A., diga francamente, o senhor não tem pena de mim?". Então, só então, ele falou: "Muito mais do que você pensa. Escute, não tenha dúvida de que Paim e eu te queremos muito bem. Nós somos seus verdadeiros amigos. Quando recebi a comunicação de Reynaldo, disse-lhe, sofrendo quase tanto quanto você: Reynaldo, não tenho forças para dar essa notícia a ela; ela está tão feliz; e pronta para sair; eu que sou médico não sei o que fazer".

Falara pausado, muito pausado, pareceu-me ter pensado muito antes. Durante todo o tempo em que me desesperei, clamei, chorei e briguei, esteve me olhando com tristeza. Permanecemos longo tempo sem dizer nada. Enfim, pensei sem paixão: eu já devia esperar por isto. Eu já devia esperar por isto. Olhando dr. A., perguntei:

— O senhor conhece um escritor americano, Horace McCoy?

— Não. Por quê?

— Li um livro dele: *Mas não se matam cavalos?*

— Que título.

— Grande. No livro, um rapaz, personagem central, torna-se grande amigo de uma moça como eu: sem salvação. É obrigado a matá-la, para que ela deixe de sofrer. A única diferença é que o nome dela é Glória.

Dona Dalmatie entrou de férias. Que desgraça.

Dr. A. perguntou-me se gosto de doces. Respondi que sim. Prometeu trazer-me, sua mulher costuma fazê-los muito gostosos.

6/1/1960

Durvaldina está melhor; saiu do quarto-forte. Contamos à sua irmã o que lhe fizeram. Ela chorou, vendo em que estado se encontra o olho de Durvaldina. Vai falar ao diretor. Estávamos na janela de um dormitório da seção MB, que dá para o pátio das visitas, Isabel apontou Mirtes à irmã de Durvaldina: "Foi esta que ajudou a bater em sua irmã". Mirtes quis chorar, e se justificou: "Bati porque dona Maria mandou".

Dona Mercedes Rainha esteve refestelada numa cama do dormitório da seção MB, conversando conosco. Fez uma lista das enfermeiras e guardas que batem nas doentes: "Aída, Júlia, Maria de Oliveira, Nazaré, Cajé, Carmelita e muitas outras. Eu nunca bati, minhas filhas. Vocês fazem gato-sapato de mim e sou amiga de todas. Com a Maura não quero graça. Estou muito velha para apanhar na cara". Respondi: "Tem razão".

Dr. A. deu-me licença para ir à rua, ao jornal, por exemplo.

7/1/1960

Parei um pouco na porta do hospital, quando voltei da rua, enquanto o plantonista me abria a porta. Dois funcionários conversavam com um doente, e como a conversa me parecesse interessante, fiquei escutando. O doente contava, achando engraçada a história, como se não fora ele o personagem:

— Arrombei a porta do quarto-forte, saí correndo, passei pela cozinha. Um copeiro quis pegar-me, dei-lhe um soco. Alcancei a rua em disparada, e nem vi que estava nu.

— O senhor estava nu? — perguntei.

— Estava sim. Ele correu daqui até o Méier. Foi anteontem, você não soube?

Os funcionários riam divertidos. O doente continuou:

— Saí correndo. Atravessei ruas e ruas. Minha vontade era fugir, não sabia para onde. Nem por um momento percebi meu estado. Engraçado que as mulheres viravam os rostos e gritavam: "Olhem um homem nu. Um homem nu". Eu pensava comigo: onde? E continuava correndo. Quando os homens da radiopatrulha me pegaram, estava exausto. Só aí entendi que eu era o homem nu.

Subi para a seção achando muita graça e seriamente intrigada. "Só aí vi que eu era o homem nu." Então é uma questão de entender? Foram os guardas da radiopatrulha que tiraram a inocência daquele homem, dizendo-lhe que estava nu. "Quem te mostrou que estavas nu? Comeste da árvore que te ordenei que não comesses?" Penso, penso muito. Aqui, andamos vestidas de uniforme — um vestido azul que mais parece um saco, e geralmente se anda descalço. Posso escrever e pensar melhor do que lá fora. Quando saio, me visto com cuidado e demora, sinto inveja das outras mais bonitas, perco tempo vendo vitrines. "Então a serpente disse à mulher." Porque acredito haver aqui grande inocência. Tenho medo de perdê-la ficando sã, ou me tornando como os outros. Lá fora terei de competir, analisar, desconfiar. Julgar, ser julgada, "Quem te mostrou que estavas nu?" — Não será dr. A., com sua terapêutica? Quem me garante que ele está certo, ele mesmo? "Então a serpente disse à mulher: certamente não morrereis." Quem sabe? Dr. A. diz que sou imatura, também penso assim. Mas não será essa imaturidade meu maior dom?

Amanhã terei uma conversa com ele.

8/1/1960

Sinto-me sufocada. Em estado depressivo, sem nenhuma coragem para reagir. Conservo a porta do meu quarto fechada, as internadas só iriam perturbar-me falando dos seus problemas. O calor é terrível, o ar está pesado, insuportável. Trancada no quarto, ando de um lado para outro, ou me atiro pesada na cama, longo tempo imóvel. Súbito, levanto-me, acendo um cigarro e fumo com a boca amarga. Se houvesse uma janela bem ampla. Detesto comer de colher, estes pratos gordurosos, mal lavados, enojam-me. Dr. A. prometeu solucionar esse problema. Infelizmente, depois de falar com o diretor, veio dizer-me que tudo resolvera acerca das minhas refeições. Eu passaria a tomá-las no quarto, com talheres limpos, incluindo garfo (reclamo demais das colheres). Dr. A. prometera, sem que eu pedisse, levar-me a tomar refeições no refeitório de funcionários. Compreende o quanto é desagradável o refeitório das doentes, vem agora com esta resposta. Agradeci-lhe a honra, meu quarto é um forno, nem consigo escrever como desejava, para não morrer assada; quanto mais tomar refeições aqui dentro. Posso continuar como estou, o acréscimo de um garfo não modifica nada. Importante seria sair da enfermaria, sentar-me numa mesa limpa, com toalha, tomar água gelada, não precisar fechar os olhos diante de tanta sujeira.

Julgo dr. A. leviano, ou, movido por sua boa vontade em ajudar-me, faz promessas que não pode cumprir. Este tem sido o mal de meus amigos em geral: Reynaldo trouxe-me a maior decepção da vida, outro dia mesmo.

9/1/1960

Terei que descrer também de dr. A.? Quanto a dr. Paim, não acredito nele. Já tivemos muitas discussões, deixou-me aborrecida. Foi quem impediu dr. A. de deixar-me tomar refeições no refeitório deles. Quando a irmã de Durvaldina veio se queixar de que haviam batido nela, ele negou (sem mesmo saber) que tivesse sido uma guarda. Garantiu que as doentes se machucam entre si. (Vi toda a cena, foi Maria de Oliveira a responsável pelo espancamento.) Outro dia em seu gabinete:

— O senhor disse à irmã de Durvaldina que as guardas são mulheres caridosas, que são até muito religiosas. Como teve coragem de dizer tal coisa? São uns monstros, quase todas levam vida irregular, têm amantes e outras coisas, são pornográficas — umas prostitutas.

— Ter amante não impede ninguém de ser religioso.

— E ser religioso impede alguém de espancar os outros?

— Ora, Maura, logo você vem se queixar.

Dr. Paim é um homem calejado, sem ideal, doente, não espera fazer mais do que já fez. Dizem-no comunista. Perguntei outro dia se o era; respondeu-me irritado:

— Quem te disse uma coisa dessa? Não sou comunista, não gosto de comunistas. Realmente, quando muito jovem, fiz parte desse movimento — me arrependo muito. No Partido Comunista há uma imoralidade total. Todos têm problemas sexuais. Os casais não se respeitam. Se você tem alguma ideia de entrar para esse partido, será mais uma loucura da sua parte.

Dr. A. se queixa comigo:

— Quem manda nos hospitais não são os médicos. Mas eles, Maura. O médico permanece certo número de horas aqui, enquanto eles ficam todo o dia.

"Eles" são as guardas e outros funcionários de pouca expressão aparente, mas na verdade muito importantes, pois estão diretamente ligados aos doentes. Se pudesse fazer-me ouvir.

Dona Dalmatie, a pedido de dr. A., veio ao hospital, levou a Nair e a mim, de carro, à cidade, para fazermos compras. Lazinha dissera-me que seu maior desejo era possuir um pijama. Dei-lhe um de presente. Ela andou o dia todo vestida de pijama. Comprei para mim dois vestidos, Nair vai fazê-los. (Comprei uma calcinha de náilon linda, que mostrei a dr. A.)

GRANDES CONFUSÕES — Na seção MB reina o pânico. Doentes agitadas se atracam. Uma epiléptica pôs um colchão em pedaços, depredou o que pôde. Isabel, em menos de meia hora, fez mais de dez tentativas de suicídio. Evidentemente, é Sua Majestade quem está de plantão. Desci até lá.

— Meu Deus, que corredor. O carnaval já começou?

Mirtes correu para mim:

— Olhe, Maura, a Rainha discutiu com Isabel, Nair acusou-a de lhe ter roubado duzentos cruzeiros, começaram a brigar; Ana se agitou, fez toda a confusão; a Rainha é a culpada.

— Naturalmente.

Fiquei mais de uma hora com Isabel, tentando acalmá-la. Antes de descer, perguntei a dona Júlia, enfermeira-chefe do hospício, se não ia até lá. Respondeu-me vaga e descrente que estava ocupada: ia ouvir a novela radiofônica *Uma voz ao longe*.

Sr. Haroldo, funcionário muito divertido que temos aqui, disse a Isabel: "Não se desespere. Temos três quartos-fortes. Prenderemos Nair, a epiléptica e a Rainha. Assim tudo volta à calma". Francamente, naqueles momentos apocalípticos, só ele estava sereno e consciente; o resto, inclusive o médico de plantão, andava às tontas, sem autoridade sem nada. Que hospício bem hospício.

Espero que as coisas lá embaixo tenham se acalmado e Sua Majestade não esteja no quarto-forte. Aquela seção é escandalosa. As doentes carregam as chaves, determinam e fazem todo o trabalho, não respeitam ninguém (por quê? São todas mesmo birutas). Outra guarda de lá é completamente doida. Diz-se crente da Igreja Batista, passa todo tempo de seus plantões deitada, cantando hinos sacros. Enquanto isto as doentes se divertem.

Muitos dizem, e provam, que as funcionárias não fazem compras em armazéns, porque carregam os gêneros alimentícios daqui do hospital. Dona Dalmatie fica horrorizada.

10/1/1960

Duas garotas fugiram hoje do hospital. A fuga estava planejada há dias. Uma delas, Neusa, participou a todos, inclusive ao médico. É triste, sei que não ficarão lá fora. Não têm família no Rio, nem para onde ir. Uma guarda, Enaura, auxiliou-as, tudo previamente combinado. As funcionárias têm prazer na fuga das doentes, auxiliando-as ou instigando-as, não lhes importando a situação das mesmas. Dona Júlia está sempre dizendo: "O médico não prende ninguém. É um alívio ficar livre de vocês". Não compreendo: doentes necessitam de tratamento, e não podem sair sozinhas pelo mundo, ainda mais se não têm família aqui.

Dona Auda veio a meu quarto ontem à noite. Eu estava lendo a Bíblia, continuei a ler em voz alta para ela ouvir. Nada disse, li mais de uma hora — procurando passagens bem bonitas. Sentada perto do bureau, parecia escutar atenta. Depois benzeu-se, saiu sem se despedir, como é seu costume, repetindo: "Em verdade, em verdade vos digo".

Não consegui dormir e fui ler no corredor. A luz do meu quarto tinha sido apagada. Era já bem tarde, mais ou menos duas horas, parece-me que dona Auda também não conseguira dormir. Ouvi-lhe três apitos, e do seu dormitório vinha a voz de dona Anita, a pior velha daqui: "Sua fera humana, não atrapalhe o sono dos outros. Fica quieta, fera". Ela não respondia, apitava de vez em quando: prrrrrr. Não sei como dona Auda consegue fazer com a boca um assobio tão fino. Tive um acesso de riso e vim dormir. Teria dona Auda se deixado impressionar com a leitura da Bíblia? Ela sempre dorme cedo. Enquanto eu lia, esteve tão quieta e atenta.

Tenho fumado demais. Sinto dores no estômago, e a boca amarga.

11/1/1960

Visitei-me no futuro: a memória não tem culpa.
Sou a desocupada no tempo, a não fixada.
Gota a gota esvaiu-se sangue róseo: estou branca, confundível.
Perdi meus pés na areia — e choro os sapatos roubados.
Não importa a estação — amoras machucadas ameaçam
tingir-me os dedos.
Esta grinalda de cerejeiras não tem pátria: o Japão está ali,
onde meu braço alcança.
Entrei num salão de festas, dancei ao lado de um rei. À meia-
-noite saí (brincava de Cinderela).
O pintor para quem posei desistiu das linhas, abandonou as
tintas:
Meu retrato é uma tela branca.

Li para dr. A. a página do meu diário onde tenho uma conversa comigo mesma, em criança, ou com a criança que me acompanha. Mostrou-se muito interessado, disse: "Precisamos tratar esta menina com carinho. Vamos fazê-la crescer. É nela que está sua verdadeira personalidade. Ela é muito bonita, você não acha?".
Fiquei enciumada: ele aprecia mais a menina que fui, pretende fazê-la tomar meu lugar, devolvendo-lhe a personalidade, matando-me para que ela sobreviva. Sinto-me ameaçada: terei mesmo duas personalidades?
Ando muito ajuizada e introspectiva. Penso muito. Mas não deixo de falar com ele. Contei-lhe um triste episódio de minha vida, depois, ele, lendo um pedaço de meu diário onde falo de dona Auda: "Você se acha detrás disto. Fala de si própria. Renegada. Seu pai, que a amava mais do que às outras filhas, morreu, deixando-a muito jovem. Separada do marido, voltando a estudar,

viu-se renegada pelas colegas. Sua família, que não compreendia muito bem sua posição, renegava-a também. Renegada sempre, e até aqui, no hospital, sente-se assim, sabendo que não a recebem bem". É verdade, e esta palavra ressoa dura e fria: RENEGADA. (Dona Auda entrou. Está se pintando, justamente agora quando vai para a cama dormir. E como se pinta. É muito vaidosa dona Auda.) Contei coisas de Cesarion a dr. A. Como será ele agora? Não o vejo há quatro anos.

12/1/1960

Preciso escrever. Passei uma tarde horrorosa. Comecei a me sentir mal às quatro horas, e só agora, onze horas da noite, estou um pouco tranquila. Mais uma vez ponho em dúvida a convicção de dr. A., segundo a qual não sou epiléptica. A que atribuir tudo isto que sinto? Um meu amigo disse-me certa vez que eu tentava impor-lhes minha pseudoepilepsia: "Você considera bonito ser epiléptica, certamente pensando em Van Gogh, Dostoiévski e outros. Infelizmente não tem chance de contágio, já que o mal não é transmissível. Se estivesse na época romântica, quando a tuberculose era considerada doença de artista, talvez tivesse êxito, forçando um romance com um tísico e desprezando todas as medidas profiláticas. Mas quanto à sua decantada e desejada epilepsia, não vejo solução".

Muito espirituoso meu amigo, mas gostaria que ele experimentasse uma única vez o que experimento com frequência. Dr. A. também procura desmoralizar meu "mal sagrado". Nega meus dois antigos diagnósticos, e, segundo ele, não quero deixar de tomar anticonvulsivo (não sabe por quê. Mas eu sei). E os equivalentes continuam. Afirma que meu mal é psíquico, diariamente conversa comigo em busca das "causas", já que conhece de sobra os efeitos. Assim vamos indo: ele insistente me desmoralizando epilepticamente, enquanto resisto. Dr. A. despreza rótulos: "Somos todos loucos em estado latente. Trazemos em nós componentes de todas as doenças mentais, dependendo seu progresso de uma série de fatores".

Medito sobre isto: eu andava, até conhecê-lo, muito bem equipada, com os dois rótulos dados por dra. Sara: personalidade psicopática e epiléptica. Dr. A. atacou-os com carga pesada. Isto, se me alivia, também me deixa desorientada e sem justificativas. Acostumara-me a temer estes dois males, temê-los e usá-los como desculpa e até refúgio, chegando a cair num conformismo absoluto, ao qual dava o nome decisivo de fatalidade.

Vejo-me perdida: serei louca? Se não o sou, por que não me comporto como as outras pessoas? E que dizer de quando estive internada na Casa de Saúde do Alto da Boa Vista?

Minha pobre cabeça. Não sei o que pensar.

13/1/1960

Sei que tenho a voz atraente. Falo meigo e com entonação infantil e acariciante. Ninguém no mundo tem a voz que tenho. Dr. A. me disse: "Você tem maneiras de adolescente".

A mãe de Isaac é internada neste hospital, apesar de não ser considerada doente mental. Internou-se com o filho quando ele ficou doente, acompanha-o o dia todo. Contou-me que não tem confiança em que o levem à praxiterapia sem ela porquanto uma vez ele fugiu do hospital, ficando perdido três dias, quase deixando-a louca. Ao ser encontrado por uma guarda daqui, num subúrbio, muito tranquilo, encostado a um poste, ela perguntou-

-lhe alarmada: "Isaac, você está aqui?". Ele respondeu-lhe sereno: "Não, estou em Paris".

Considero a palavra "guarda" completamente agressiva. É como se estivéssemos num presídio. Também a palavra "doente" contém a mesma dose de agressividade. Sinto-me constrangida ao usá-la.

Nair fez muita confusão ao cortar meu vestido, mostrou má vontade, tomei-o e rasguei-o. Dr. A. convenceu-a de novo a fazê--lo, ela está dando um jeito, parece que vai ficar lindo.

Olivia de Havilland escreve suas memórias de Hollywood. Título do livro: *Na terra dos esquizofrênicos* (revista *Manchete*).

14/1/1960

Dr. A. não é médico para mim, sou obrigada a confessar. Considero-me uma paciente de "elite", com direito a exigir a mesma condição do terapeuta (por onde andará este Super--Homem?). O pior de tudo é que dr. A. se convenceu, firmemente, de estar me tratando. Não é somente em razão de sua pouca cultura geral que se torna impossível para ele ser meu médico. Falta-lhe algo como uma capacidade de percepção mais aguda, ele é demais explicativo e necessita demais de explicações. Enfada, perco logo o interesse, sinto-me só e desamparada durante nossos diálogos, que não são, quase nunca, diálogos. Nossa relação constitui um jogo fácil demais para mim — aborreço-me. Acusa-me estar sempre de prontidão, as menores coisas não me passando despercebidas, esperando apanhá-lo descuidado para fazê-lo cair no meu descrédito. Prescindo dessa preocupação. Não constitui preocupação. Sou até demais descuidada em relação a dr. A. ou a qualquer pessoa e não me responsabilizo por sua pouca acuidade. Talvez se justifique aí meu comportamento infantil. Enquanto A. tenta analisar-me, analiso-o impiedosamente, flagrando-o em erros crassos. Gostaria de que me fosse impossível falar assim. Sentindo-o difícil, dúbio, equivocado, ou simplesmente infeliz, fico irritada, não sei para onde voltar-me. Seria trágico se dr. A. exercesse algum poder sobre meu modo de ser. Fora ele outro, também me negaria a render-me, buscando qualquer defesa para destruir o poder sugestivo que me passasse a ameaçar. Outro médico não seria suscetível de transformar-me mais do que este, acredito. E permaneço virgem, virgem.

Como o tenho analisado e sofrido em consequência do que chamo, às vezes, por anarquia, seus erros crassos, vou desabafar-me, não me importando que ele venha a ler esta página (talvez eu mesma lhe mostre).

— Suas emoções incontroláveis…

— O senhor quer dizer "incontroladas", ou mesmo "incontroláveis"?

Foi um lapso, pediu-me desculpas. Mas um dia, logo depois que cheguei: "O senhor não me conhece e deve estar 'bem' informado a meu respeito. Não tenho nenhuma chance, portanto".

— Não me deixo guiar por informações, mas pelo que observo. Se acreditasse no que dizem, minha atitude seria outra, em se tratando de você. Contaram-me coisas incríveis a seu respeito. A propósito, por que costuma ficar nas pontas dos pés?

— Porque gosto. Além disto estudei balé, consigo fazer "ponta" com estes sapatos que estou usando. Acha feio?

— Não. É que até disto fui avisado. Disseram-me que tomasse cuidado quando você se pusesse nas pontas dos pés, pois é agressiva e este é um dos seus sinais de agressividade.

— Não! Disseram isto de mim?

— Sim. Disseram também isto.

Erro crasso: evito até hoje ficar nas pontas dos pés, corrigindo-me em tempo. Cheguei a odiá-lo por me haver contado (não o devia ter feito). Provou seu receio, provou acreditar, ao indagar: "Por que se põe nas pontas dos pés?". Suas crenças são muito primárias, dr. A.

Outro dia:

— Me preocupo muito com você. Procuro protegê-la por todos os lados. Se fosse outro médico talvez resolvesse seu caso de outra maneira, mandando prendê-la no quarto-forte, aplicando-lhe eletrochoques e outras coisas. Entretanto, não; ouço o que tem a dizer, você diz mesmo o que quer; não faço nada. Admito, logo posso praticar (ou já praticou?). Quantas vezes terá agido como "se fosse outro médico"?

Depois de conhecer-me há bastante tempo, tendo a oportunidade de medir meu grau de inteligência (mais ou menos depois de um mês de conhecer-me): "Não é preciso esforço para compreender o que eu disse e acho que você compreendeu, pois não é oligofrênica. Quanto a isto, já tive oportunidade de observar: VOCÊ NÃO É OLIGOFRÊNICA".

E o senhor, doutor, não será por acaso oligofrênico? A conversa girava em torno de algo sem muita importância, mostrei-me atônita com sua insistência ao afirmar que não sou oligofrênica, como se me tirasse grande dúvida. Já nos conhecíamos há bastante tempo, e foi necessário que dona Dalmatie dissesse a ele o conceito que fazem intelectualmente de mim no jornal para que me viesse tratar acima de "não oligofrênica".

Erro crasso, doutor.

15/1/1960

PAUSA

Era outono — não mudou de estação.

Águas tremiam eternizadas na planura dos lagos, como no ar tremeluziam palavras.

Lentes espelhavam figuras catatônicas —
e nas extremidades dos dias, novas claridades
entravam — não de todo límpidas.
Rios solenes, leitos profundos, grave caminhar.
Se tive consciência é mistério dos nautas
— imagens elevadas até o desconhecido:
Não esmaguei as prováveis flores da Primavera;
não mudou de estação.

Sebastião de França dizia-me: "Você chega a ser selvagem, tão grande é a sua timidez". Não é exatamente timidez. Prefiro considerar como sendo minha predileção pelo essencial. Se falo mais do que costumo permitir-me, faço-o na tentativa de perder-me. Sinto-me logo cansada, além de envergonhada. Apesar de ser a maneira considerada normal. Todas as pessoas minhas conhecidas agem assim. Como são dispensáveis, quase sempre. Gostaria de matar todas as pessoas, de vez em quando, ver-me livre, e ressuscitá-las, também de vez em quando. Não me agrada estar comprometida com alguém, constantemente, ou com alguma coisa. Faço literatura se desejo, não possuo disciplina, ignoro esquema de trabalho, abomino que me imponham deveres para com as coisas que me agradam. Venho sozinha para o hospício; se me obrigassem, lutaria com todas as minhas forças para não vir. Naturalmente faz parte da minha esquizofrenia esta maneira de ser. E a maneira de ser deles deve fazer parte da sua mediocridade. Percebo certa imoralidade na luta que caracteriza as pessoas para conseguirem um lugar no mundo. Que falta total de pudor — como se esforçam. Ainda têm coragem de dizer que nesta luta está o valor. Quanto a mim, sou demais orgulhosa para lutar. Tudo me vem por acidente. Aceito as coisas imediatas e geralmente consideradas simples. Apenas consideradas, pois os eruditos então me parecem de uma simplicidade triste. Ó, os eruditos! E eu que desprezo até as palavras mais primárias. Costumo usar muito a mímica para comunicar-me, já que possuo tão restrito vocabulário. Se me refiro a um escritor famoso, digo: "Aquele homem, americano ou inglês, não estou certa. Escreveu uma porção de livros. Li um deles, *Contraponto*". Mas os tais eruditos. Os críticos literários são sobretudo parasitas. Não saberiam existir se outros não lhes dessem pasto. Ruminam, ruminam, depois lançam palavrório. Por que falar tanto de Dostoiévski, se Dostoiévski está feito? Só posso dizer isto, acerca de qualquer livro: é bom, é ótimo. Se digo ser mau, o problema é meu, ou do escritor — que não soube escrever.

Costumo pensar em tecnicolor. Reconheço as pessoas pelas suas cores. Quanto a mim, sou quase sempre neutra. Os homens me parecem dignos: apelam para o cinza e o marrom; os pederastas, listrados, como as zebras; as mulheres, estas, vejo-as sempre de amarelo — amarelo vivo-espantado. Nietzsche já disse: "[...] as mulheres continuam sendo gatas e pássaros. Ou, melhor, vacas". Vacas amarelas, acrescento.

Mentir é meu maior desempenho sobre a terra. Para quem? Por quê? Não tem importância "O moço audaz no trapézio volante" (vou começar daqui a pouco a reler este conto de Saroyan). A moça, Maura, trapezista, se equilibrando mal. Sempre desejei ser artista de trapézio.

— Maura, querida, queridíssima, não procure mais complicações. Você, linda, se basta. (Evitar sobretudo as amarelas. As mulheres dos meus amigos são vaquíssimas. Invejosas, não me toleram nem permitem que eles o façam.) Maura, Super-Maura, Hiper-Maura, Mauríssima, Maura de Todas as Coisas e de Nada, Solene e Vaga, Longe e Presente: enamore-se sempre mais dos seus olhos, das suas pernas, dos seus seios, cabelos. Enamore-se cada vez mais — o resto é mentira.

— Escute, lance um olhar desvairado para todas estas caras

azuladas de embrutecimento. Assim, apenas com este olhar, você pode deixá-las aturdidas. Agora, adeus. Hein? — adeus. Adeus.

Estou brincando há muito tempo de inventar, e sou a mais bela invenção que conheço. Antes me parecia haver um depois. Agora não me parece haver além de agora. Há muito tempo o tempo parou. — Onde? Sou o marco do esquecimento.

Deitada em minha cama, passei longamente as mãos pelo meu corpo. Sou deveras acariciável. Meu corpo me agrada. Se tivesse me dedicado ao cinema, me faria muitas vezes fotografar de costas, como Marilyn Monroe. Nasci para ser amada, acariciada. Apesar de não ser um tipo vulgar. Suavizo certas exuberâncias do meu corpo com minha voz infantil, minhas maneiras displicentes. Meu corpo um dia se tornará rígido, frio, depois putrefato. Depois _____. Não quero pensar nisto. Como me é odiosa a morte. E a velhice? Tornar-se-ão murchas minhas carnes? — preciso ser amada com urgência. Por quem? À minha espera, ou à minha procura, deve andar um cavalheiro alto, louro, estrangeiro. E mais inteligente do que eu. Meus atributos só serão totalmente reconhecidos por um homem superior. A cada gesto empresto certa voluptuosidade, que não é voluptuosidade no sentido vulgar e até normal da palavra. Sei tanto de mim mesma. E ignoram que eu saiba. Mas eles ignoram tudo.

Jamais alguém me visita. Não falo nunca com alguém de fora. Nem ao menos leio os jornais. Ainda assim considero minha vida rica. Rica de beleza interior. Sei perfeitamente existir comigo mesma. Escrevo sempre, isto me parece um ato de fé, de esperança. Ainda que tudo pareça perdido (até Reynaldo deixou de sorrir-me quando vou ao jornal; trata-me à distância para que não o procure; desde que não pôde — ou não quis — deixar-me voltar a trabalhar lá, evita-me e sofro muito com isto; era meu maior amigo no mundo), ainda que tudo pareça perdido, minha fé em mim mesma permanece. Nada consegue abalar a fé que tenho em mim. Em verdade, qual a razão que me leva a escrever, a ler, a respirar? Sou demais inteligente para responsabilizar dr. A. Dar-lhe-ia confiança, não fora minha situação? — Claro que não. — E mesmo na situação presente, dou-lhe alguma confiança? — Até onde me convém e agrada. Se se tornasse meu amante, eu consideraria de tal maneira brutal e chocante que logo o jogo terminaria — deixando-me realmente escandalizada e de mãos vazias, sem ter mais o que fazer. Mas fiz o propósito de não falar em dr. A., pois estou hoje.

16/1/1960

Reli umas páginas do meu diário em que falo da minha internação na Casa de Saúde do Alto da Boa Vista. Comparação entre o tratamento de lá e o daqui: lá nunca fui "castigada" e, aqui, por uma palavra desagradável de nossa parte, guardas e médicos tomam verdadeiro ódio da gente. Minha sorte em possuir dinheiro para comprar a tolerância dos que lidavam comigo naquele tempo. Transferida do sanatório do Alto da Boa Vista, no estado em que já descrevi, o outro sanatório pareceu-me mortal. Estivera cercada de carinho e luxo, via-me agora presa, sem a menor possibilidade. Meu quarto modesto, uma cama e uma mesa de cabeceira. Também meus vestidos elegantes ficaram no outro sanatório. Achava-me maltratada, malvestida. A seção permanecia constantemente trancada, guardas e enfermeiras grosseiras, sobretudo não me conformava em estar presa. Foram-me proibidas as visitas, nenhum médico me dava atenção. Depois de sair do primeiro choque de insulina, quis ver-me no espelho. Aproximei-me de uma moça para pedir-lhe um emprestado. Ela correu assustada. Corri-lhe atrás e perguntei "Por que correu, tem medo de mim?". Respondeu-me: "Tenho". Olhei-me, constatei estar vestida apenas com uma belíssima camisola transparente. Simultaneamente, olhei para a varanda e vi grades. Consciência imediata da minha situação: estava louca, ou sendo tratada como tal. Era uma prisão. Gritei com desespero. Pus-me a jogar cadeiras no chão, agarraram-me, levaram-me para meu quarto.

Queria sair dali. Chorava incessantemente, ninguém me dava atenção. Apenas uma enfermeira, Mara, mostrava-se gentil comigo. Aconselhava-me a permanecer no meu quarto, certa de que a presença das outras fazia-me mal. Um dia, em que um dos médicos entrou na seção, pedi-lhe com arrogância que me deixasse sair. Fingiu não escutar-me. Irritei-me: "Se o senhor continuar negando-se a ouvir-me, quebrarei toda esta seção. Darei um verdadeiro show". Ele não respondeu. Olhou para o enfermeiro que o acompanhava. Subitamente me vi atirada ao chão por um golpe. Fiquei surpresa e humilhada. Olhei para o médico e perguntei-lhe: "O senhor teve coragem? Como pôde?". Riu e disse: "Ainda vai dar o show, dona Maura? Ainda vai?". Muitas internadas presentes olhavam-me quietas. Levantei-me impotente e humilhada. Imediatamente o enfermeiro atirou-me ao chão. O médico ria: "Vamos ao show. Estamos esperando. A senhora não vai dar o show?". "Claro que não. Sabe que nada posso fazer." Continuei deitada, cobri o rosto com as mãos e chorei. Então o enfermeiro levantou-me à força, perguntou ao médico: "Mais?". Ele disse: "Mais uma vez para ela não se esquecer". Fui derrubada de novo com brutalidade. Não queria acreditar que fosse verdade. O médico insistia. "Dê o show." Se afastaram rindo, o médico dizendo: "Esta é a melhor terapêutica para doente como ela". Corri-lhe atrás, falei-lhe: "O senhor quer me ouvir? Estou sozinha e infeliz. Ao menos me explique por que estou trancada e não recebo visitas. Estou louca? Fale comigo, doutor". "Não tenho tempo. Já sabemos quem é a senhora e o que está acostumada a fazer. Tente quebrar alguma coisa aqui e verá." "Mas o

senhor é um médico ou o que é? Não quero ser agressiva. Peço-
-lhe um favor. Fale comigo, doutor." "Não tenho tempo, e saia
da frente." Ignoro se era a terapêutica no meu caso. Mas estou
certa de que ele não agiria assim na presença da minha família,
ou de pessoas estranhas ao sanatório.

(Soube por Mara que me achava naquele sanatório há vários dias.)

Estava irremediavelmente sozinha. Meu médico, diretor da
Casa de Saúde do Alto da Boa Vista, só aparecia às vezes, na
parte da manhã, quando me achava sob efeito da insulina —
portanto não podia falar-lhe (as visitas me tinham sido proibidas,
soube depois). Sabia de casos em que se abandonam doentes
nestes hospitais para sempre. Não me era possível fugir. Pensava em matar-me, faltavam-me meios. Em frente a meu quarto,
ficava o de uma mocinha completamente louca, amarrada à
cama, gritando sem cessar o dia inteiro. Aquilo me atormentava
e deprimia. Se ia à sala de estar do sanatório, achava-a pobre e
triste. Desabafava-me com Mara: "Não posso ficar aqui. Morro
de tristeza e desamparo. Este sanatório é horroroso".

Uma mulher, sempre sentada na sala de estar (aparentemente lúcida, mas muito triste), falou-me mais ou menos assim,
um dia: "Tenho observado você, e vejo que está no princípio.
Você é muito nova, ainda vai ter que chorar muito. Você diz que
aqui é um chiqueiro, mas não é. Primeiro esteve num sanatório
de luxo; agora outro, menos caro, talvez depois outro e ainda
outro. Para mim não faz mais diferença o dia ou a noite. Se me
colocarem de cabeça para baixo sou capaz de permanecer imóvel. Mas você chegará aonde estou. Eles vão te amansar. Ainda
vai chorar muito, e chegar aonde estou — porque já começou
a andar. Ainda vai chorar muito. Mas já começou". A mulher
tinha cabelos escuros, lisos e longos. Olhar inteligente, face estranha e sofrida; estava grávida.

Li numa revista um trecho de uma carta de Dostoiévski, escrita da Sibéria, durante sua prisão. Ele me pareceu humilde. Julguei-me então capaz de conseguir também ser humilde. Também li isto numa revista, ignoro de quem: "Em qualquer lugar onde estamos, a distância do infinito é a mesma" (foi o que me ajudou a resistir). Além disso, com as aplicações de insulina, meu estado melhorava. Pensava em Dostoiévski. Porque Dostoiévski, além da insulina, foi a única ajuda que recebi no sanatório da Tijuca.

Mamãe veio de Belo Horizonte, tirou-me imediatamente do sanatório. Foi muito chocante para ela quando, ao abrir-lhe a porta, corri para seus braços, despenteada e malvestida. Antes da sua chegada, meu médico veio, muito cordialmente, avisar--me que ela já se achava no aeroporto. Encontrou-me deitada no chão do corredor, chorando. Falou carinhosamente comigo (foi a primeira vez que o vi depois de estar ali), gritei-lhe todos os desaforos que armazenara durante aqueles dias, dei na cara de uma guarda, atirei-lhe um copo d'água, acusei o médico que mandara derrubar-me ao chão. Ninguém reagiu. Ninguém me fez mal. Por que a chegada de minha mãe me permitia agredi-los? Se a terapêutica era pancada, que se desse pancada sem receio da família. Mas os psiquiatras são piores do que os policiais.

Dias depois mamãe voltou para Belo Horizonte, e continuei no Rio.

25/1/1960

Tenho ido à cidade com dr. A. Fico no jornal, ele continua na condução até mais adiante. Durante a viagem conversamos o tempo todo. Falo sem cessar.

Então terei de trabalhar como um homem? (Trabalhar? Se

não penso sequer em sair daqui. Não me importaria entrar para um convento, onde pudesse escrever, se tivesse cama e comida. Até rezaria, se disto dependesse minha sobrevivência.) Os planos do dr. A. são puxadíssimos: devo colaborar no jornal, escrevendo contos, trabalhar na novela que comecei, frequentar cursos de datilografia, taquigrafia, inglês e, mais tarde (daqui a três meses), empregar-me como secretária. No princípio continuarei morando no hospital por não ter dinheiro para pagar uma pensão.

Ouço falar tanto em trabalho. E não tenho disposição para coisa alguma, a não ser escrever. Levantei-me às nove horas, e custei a arranjar coragem para fazer a cama, varrer o quarto e tomar banho. Sinto-me doente, profundamente desanimada. Insônia, angústia, falta de qualquer perspectiva, incomunicabilidade. Dr. A. está no quarto ao lado, aplicando eletrochoques nas doentes. Como pode tolerar esta rotina. As doentes me parecem iguais. (Estou intolerante — talvez me ache cansada. É difícil lutar contra nós mesmos; não me suporto mais.)

Duas horas da tarde:

Arr, tive uma briga feia com dr. A. Fui falar-lhe às dez horas, perguntei-lhe se achava que eu devesse procurar uma pessoa muito importante nesse Serviço de Doenças Mentais, e pedir-lhe um emprego. Um deputado meu conterrâneo é amigo dessa pessoa; prometeu-me levar-me lá quando eu quisesse. Dr. A. disse preferir que eu não fosse: "Você deve resolver sozinha seus problemas, sem contar com o auxílio de ninguém mais". "Acha que o fato de eu estar aqui possa desacreditar-me?" — perguntei-lhe. "Não sei. Não tenho preconceito, quanto a ele ignoro. De qualquer forma, vai achar que você está em decadência." "Não tenho preconceito." O fato de dr. A. admitir esse preconceito em alguém o compromete. Se não possuo um preconceito, este me é completamente estranho, não o admitindo noutras pessoas, nem tal lembrança me ocorrendo. Quanto a estar em decadência, discordo completamente: se estou pobre, elevei-me noutra esfera muito mais importante. Agora escrevo, coisa que não fazia antes, talvez me torne até uma grande escritora. Estar num hospital do governo não acho nada de mais. Já estive em sanatórios caríssimos, deixei-os em pior estado do que quando entrei. Nunca encontrei um médico que se interessasse realmente por mim, poderia contar longas histórias dos pseudomédicos que infestam estes sanatórios. Considero dr. A. muito quadrado.

Terminamos "de bem" e prometi que amanhã começarei a aprender datilografia (ele descobriu uma escola de datilografia aqui perto do hospital. Mostrou-me duas vezes, quando passamos nas proximidades).

Li agora numa revista que o povo inglês anda seriamente aborrecido com o príncipe consorte, Philip, por fazer infeliz a rainha Elizabeth. Será Sua Majestade, Elizabeth ii, feliz? Penso que não. Mas adoro rainhas.

26/1/1960

Considero Décio Vitório parecido com o Idiota, de Dostoiévski. É poeta, Gullar o admira muito. Torna-se fácil para qualquer pessoa enganar-se a seu respeito, anda malvestido, tem muita dificuldade de se comunicar; acha mesmo, segundo já me disse, que as palavras complicam tudo. Mas quando fala é de uma lógica absurda. Décio é o Idiota de Dostoiévski. Conversamos muito. Não tolera burocracia, também Décio podia ser um personagem de Kafka. É a única pessoa realmente honesta, que fala realmente o que pensa, que eu conheço. Foi Décio quem me ensinou a amar muitas coisas belas da vida: Isaac, por exemplo. Ele costumava me dizer, olhando Isaac (que me parecia muito feio fisicamente): "Isaac é uma beleza. Veja como é bonito Isaac". Às vezes acredito que só sou compreendida por Décio.

27/1/1960

Dr. A. está operando modificações no Serviço que lhe concerne no hospital. Trocou de enfermeira, provocando com isto muito falatório. Está sendo acusado de ser namorado da nova enfermeira. Explicou-me que é uma mulher sadia, apta para o serviço de enfermagem. A outra, Elba, estava sempre doente. A nova é Olga. Ele acaba de transferir uma guarda, Clementina, que, dizem, espancou uma das suas doentes. Ficou deveras zangado, disse-me depois haver chamado as outras guardas e teve com elas uma conversa muito séria.

Vou sempre levar dr. A. ao ponto do lotação, numa pracinha distante daqui cinco ou seis quadras. Vamos com dr. Rubens, médico amigo dele, com quem converso animadamente.

Hoje:

Estávamos na fila do lotação, dr. A. olhava insistentemente para uma moça. Fiquei aborrecida, falei bem alto para ela ouvir: "Dr. A., sua mulher sabe que o senhor flerta na rua?". A moça mudou de posição, pareceu desapontada, vim embora sem me despedir. Decididamente ele não é muito sério. Foi-me fácil constatar na fila do lotação. E como fui pretensiosa, falando e escrevendo que ele me ama. Que tenho eu de novo para oferecer-lhe? E ainda que tenha, poderia ele alcançar? Deve até andar aborrecido de me ouvir. Tenho sido mesmo ridícula. Ontem disse a dr. Rubens: "Preciso de um namorado. Não posso me deixar ligar tanto afetivamente a dr. A., escutando sempre que para ele sou apenas a paciente".

28/1/1960

O conto de Sartre, "Intimidade", focaliza duas personalidades femininas. Uma delas se aproxima muito de mim: a que tem fixação paterna. Ela despreza os homens que a possuem fisicamente, com virilidade, e prefere viver junto a seu marido, impotente sexual. Quanto à outra, não tem problemas. É sexualmente amadurecida.

29/1/1960

Já contei a várias pessoas o que aconteceu na fila do lotação com dr. A. A dona Dalmatie, contei mesmo na presença dele; mostrou-se muito desapontado; depois procurou explicar, e complicar, dizendo que o paciente vê no médico um ser como ele quer que seja; num caso como este fica chocado. Disse que olhava realmente para a moça, porquanto ela tinha um belo corpo, o que não é comum aqui no Engenho de Dentro (pura masturbação dele. Ainda por cima me vem falar em belo).

30/1/1960

— Mas isto é esquizofrenia pura.

Um clarão iluminou o que estava nebuloso e difícil. A frase esclarecia tantos anos de dúvida. Foi tão certo que doeu-me, em alívio e desgraça — e eu continuava ainda viva. Por que dr. A. não me disse, ele que sempre soube a verdade?

Aconteceu hoje na redação do *Jornal do Brasil*, onde me encontrei com Amilcar de Castro:

— Leia, Amilcar. Vê se gosta. Não ligue aos rabiscos, que são de dona Auda.

Era a página do meu diário em que converso comigo mesma. Ele leu atentamente, e:

— Mas isto é esquizofrenia pura. Foi dona Auda quem escreveu?

— Não, eu.

Por isto dr. A. se preocupava para que eu prestasse atenção ao mundo, às coisas. Dizia-me, quando íamos de lotação à cidade: "Olhe aquele edifício. Sabe o que é? (eu nunca sabia) Você não conhece nada da cidade. Parece ter chegado ontem ao Rio. Volte-se para fora de si mesma, Maura. É preciso prestar atenção às coisas. Você está demais interiorizada. Deixe por algum tempo seu mundo".

Agora tanta coisa se torna clara. Não voltei a trabalhar no jornal. Reynaldo se desculpou alegando uma série de coisas.

Estou todo dia lendo e relendo um livro que apanhei emprestado na mesa de dr. A.: *Psiquiatria clínica e forense* — de A. C. Pacheco e Silva.

DEMÊNCIA PRECOCE (ESQUIZOFRENIA)

"Se verifica certa tendência do paciente permanecer imóvel durante horas inteiras, numa só posição." Foi por isso que escrevi "No quadrado de Joana". Em casa, quando brigava com os outros, passava todo o dia numa só posição, geralmente deitada. "São indivíduos introvertidos, que se afastam dos seus semelhantes dando preferência a uma vida interior, perdendo progressivamente contato com a realidade dos fatos. Muitos esquizofrênicos revelam, já na infância, as suas tendências. São crianças que não têm prazer na convivência com outras, mostrando-se tristonhas, esquivas e meditativas. Preferem viver isoladas, entregues aos seus devaneios, um mundo imaginário por elas criado."

Aí estou eu retratada. Mesmo na infância fui uma menina estranha. Mas não quero aceitar isto. Recuso-me a ser psicopata, ainda quando tenho a realidade deste livro diante de mim. Que fazer? Quero ser como os outros, esta solidão me desespera. E Deus? Se pudesse criar esse Deus, a mim tão necessário. Sinto (e esta sensação não é nova, sempre me acompanhou) como se uma parede de vidro me separasse das pessoas. Posso vê-las, mas estou sempre só, jamais as atingiria, nem seria atingida. Quem me pode ajudar? O médico? Mas como, se não creio nele, se sou mais inteligente? Ó, se alguém pudesse salvar-me.

Recebi hoje de Paris um abraço de Gilda. Como é fácil e bom sermos generosos quando somos felizes. Gostaria que todos me amassem. Preciso demasiado de afeição, e estou sozinha. Quem poderá amar-me um dia? E isto é possível com minha doença?

MEU DEUS.

31/1/1960

Li para dr. A. o que escrevi ontem. Tomou-me o livro de volta, arrependeu-se por o ter me emprestado.

— Você não é esquizofrênica. Chame dona Marina, pergunte-lhe se é esquizofrênica. Naturalmente dirá que não. Entretanto ela o é.

— Loucura é grau. Dona Marina está muitos graus adiante de mim, mas somos ambas esquizofrênicas. O senhor não vai dizer-me: você é esquizofrênica. Seria falta de ética profissional.

Observo esses casos crônicos aqui dentro e sinto medo: criaturas para as quais mundo é o que gira bem íntimo e oculto, uma coisa nevoenta, turbulosa. Às vezes a espada fria tinge o coração de nomes remotos e assustados. A mão trancando o cérebro enquanto voam palavras. Sim, no centro: eu, eu, eu. Quê? — ressoa sonoro e longe. Bem longe: tudo longe. Hein? Frio. No centro, brilhante, a preocupação do muito a ser feito. Embora ondas convergentes tragam de volta a própria necessidade. O centro. Morde-se. Autopunição. Uma cabeça exibe os olhos. Oculto, um mundo se rói. Mais. E luta. E contém-se.

1/2/1960

Fizeram muros altos, cinzentos
— esconderam a terra.
Mas o quadrado azul está presente
Sempre.

Escrevi isto e saiu publicado no Suplemento Literário do *Jornal do Brasil*. É o começo de um poema. Neste hospital os muros não são cinzentos, brancos. O poema foi escrito quando estive internada no IP. O quadrado azul é tão remoto que se perde — o espetáculo dificilmente nos deixa ver o céu. A realidade é o pátio.

Fui hoje ao pátio com Isabel. Não creio que a descrição do inferno, na *Divina comédia* de Dante, possa superá-lo. Ocorreu-me, quando estava lá, pensar na tranquilidade dos cemitérios. A toda família é tolerável e às vezes confortador visitar o túmulo de um parente. Mas é proibido entrar no pátio de um hospício. Nenhuma família resistiria, estou certa.

Metade descoberto, a outra metade é um galpão. Um banco frio de pedra vai de ponta a ponta. Junto à parede, que contém várias inscrições. Parecem ser de dona Auda.

"Hospício + Bidu Sayão + Cemitério + Auda G. A. + Cemitério +

Hospício + + + + +"

Ao lado o sanitário imundo. O rádio ligado bem alto só transmite músicas. A sensação que se tem é esquisitíssima. E não poderei descrever bem o quadro nem minha emoção. O cinema captaria exatamente. Algumas mulheres se conservam imóveis, absurdas, fantásticas, sentadas no banco ou no chão de cimento. Mudas, incomunicáveis, olhando nada aparentemente, talvez percebendo em excesso. "Quantos mundos visitei?" — já disse também isso num poema. Uma pretinha esquisita e suja dança — perfeita, no ritmo violento do jazz. Outras tentam acompanhá-la. Mulheres tristes, deitadas sem decoro. Uma velha blasfema. Outra: "Descobri o segredo da Bomba Atômica. Por isto me prenderam aqui. Deixem-me sair". O pátio de mulheres. Algumas andam, outras permanecem imóveis. Qual o segredo de passar a vida, em luta ou renúncia? — renunciar a quê? Lutar por quê? Se para todas as portas estão trancadas — os muros altos definem claramente. "Meu Deus!" (Alguém deve gritar.) Às vezes uma voz supera as outras: pragas, maldições e revolta: "Por quem sois, levai-me" (para onde? como? a quem?). Das sete da manhã às seis da tarde o pátio existe, sufoca, mata, oprime. Um dia. Tempo. Que tempo? Que horas são? Coisas guardadas ou dadas de presente. Ou arrancadas em parto doloroso.

— Quem me roubou o direito de provar que sofro?

Respondo:

— O pátio.

— Que vivo?

— O pátio.

— Que quero?

— O pátio.

— Quem me ouviria?

— O pátio.

— Quem não me ouviria?

— O pátio.

— Quem sabe?

— O pátio.

— Quem não sabe?

— O pátio.

PÁTIOOOOOOOOOO.

Não continuarei. Sairei louca gritando. Até quando haverá pátios? Mulheres nuas, mulheres vestidas — mulheres. Estando no pátio não faz diferença. Mas esta mulher, rasgada, muda, estranha, um dia teria sido beijada. Talvez um bebê lhe sorrisse e ela o tomasse no colo, por que não? Não aceito nem compreendo a loucura. Parece-me que toda a humanidade é responsável pela doença mental de cada indivíduo. Só a humanidade toda evitaria a loucura de cada um. Que fazer para que todos lutem contra isto? Não acho que os médicos devam conservar ocultos os pátios dos hospícios. Opto pelo contrário; só assim as pessoas conheceriam a realidade, lutando contra ela. ENTRADA FRANCA AOS VISITANTES: não terá você, com seu indiferentismo, egoísmo, colaborado para isto? Ou você, na sua intransigência? Ou na sua maldade mesmo? Sim, diria alguém, se pudesse: recusaram-me emprego por eu ter estado antes internado num hospício. Sabe, ilustre visitante, o que representa para nós uma rejeição? Posso dizer: representa um ou mais passos para o pátio. — Eu quis, mas não posso viver junto deles. Que fazer? Odeio-os então por isto. Trancar-me — voltar para o pátio, onde não serei recusada. Fugir. Fuga na loucura.

Estou desesperada. Sempre fico assim quando vou lá. Tenho medo. Não frequento o pátio, e sempre que estou aqui gozo de regalias que as outras nem ao menos conhecem. Mas até quando vai durar isto? Até quando estarei livre do pátio?

2/2/1960

Só consegui dormir às cinco da manhã, acordei logo depois. Foi uma noite horrível. Chorei a noite toda. Penso em minha família, se bem que não a aceite, sabendo-me também rejeitada por ela.

Esta noite enquanto me virava na cama, insone: não escrevo para casa, não vejo um parente há quatro anos. Chegaram cartas de minha irmã e estão no jornal; Reynaldo me disse. Fui lá diversas vezes. Por quê? Inconscientemente fujo a tudo que possa ligar-me a meus parentes. Ignoro qual seja a minha família. Só me refiro a uma família que possuí há muitos anos e não sei onde encontrá-la. Daí falar da minha infância com frequência, como se fosse ontem. Esta perda de afetividade veio marcando minha vida progressivamente. Escrevi uma carta, que seria dirigida a estas pessoas, pessoas a quem eu talvez já tenha querido.

"Sinto muito — estou diante de uma realidade e não posso fugir-lhe. Não me adiantaria continuar escrevendo-lhes, o que seria inútil, porquanto vocês não estão na minha vida, não me tocam, não os amo.

Gostaria de poder pedir-lhes perdão pelas minhas palavras, entanto não vejo de que culpar-me. Ignoro por que cheguei a este ponto — mas cheguei.

Em último esforço poderia culpá-los: LEMBRAM-SE? Entanto não creio sequer em culpa; apenas não me ocorre nem ao menos tentar perdoá-los, como a vocês nunca ocorreu perdoar-me, a mim. Porque ignoravam minha solidão tanto quanto eu. Nossas maldades correndo por conta da nossa cegueira. Agora, em último esforço, tento deixá-los em paz para sempre: também as pessoas morrem e não as buscamos depois.

Maura"

É o máximo que posso dar-lhes dizendo esta verdade. A família que tive está morta — não a reconheço nesta e não se pode voltar no tempo, endireitando as coisas. Sei agora o que significa tudo isto: esquizofrenia. É uma palavra, mas encerra um inferno e estou neste inferno. Ou não é inferno? Sinto-me até calma e lúcida, como se o futuro fosse longa estrada — tranquila, calada e só. Não respondo por mim. Jamais respondi, embora ignorando. Viver esquizofrenicamente me parece viver também; apenas esquizofrenicamente. A cada um seu papel.

3/2/1960

Dr. A. me disse:

— Estive pensando, aliás você talvez julgue que não me preocupo com você, mas não é verdade. Me preocupo e muito. Se estou em casa imagino sua vida no hospital, cercada por pessoas que não a compreendem. Aos sábados lembro-me de que fazem macumba aqui perto, deve ser insuportável: os cantos supersticiosos, os tambores.

— Mas o que foi que pensou? — perguntei.

— Estive pensando nas suas brigas com os funcionários: "Qualquer reação é sempre igual e contrária à ação". Você os leva a reagir. A ação é sua, a reação é deles.

— Não é verdade. Parta do princípio de que a ação é quase sempre deles. Depois, esta lei não funciona nos hospícios. Qual a lei que deve funcionar aqui, se somos os "sem-lei"? Nenhum direito nos é dado e o senhor pretende nos exigir deveres. Não, dr. A., nossas leis não são as suas. Para isto inventaram a palavra definitiva: louco.

4/2/1960

— Dr. A., sou bonita?

— É. Você é bonita e sabe.

— Ficarei feia um dia. Caminho para lá. Já fui mesmo muito mais bonita do que agora. Queira-me enquanto não estou feia e velha.

— Maura, admiro mais suas qualidades espirituais e intelectuais. Quanto bem você poderá fazer, ficando em condições psíquicas. Quero vê-la sendo muito útil.

— Se não fosse casado, se casaria comigo?

— Se ficasse curada e eu viesse a amá-la de outra maneira.

— Mas, dr. A., o senhor diz que se eu ficar curada vou deixar de amá-lo.

— Chegou aonde eu queria. O que você chama amor não é mais do que...

Falou, terminei interrompendo-o:

— Não sou ninfomaníaca. Julgo-me até assexuada. Ou julgava-me. Agora quero fazer amor com o senhor.

(Assim terminaria minha curiosidade, minha angústia, veria que todos são iguais, desistiria para sempre do sexo — que me parece absurdo, sujo e epiléptico; renunciaria a esta tentativa de comunicabilidade: que não houve até hoje para mim e dizem ser a única possível. Como será o amor? — verdade: como será isso de fazer amor e tudo acontecer? Quero saber, dr. A. — ou continuar não sabendo, que importa. O importante é tentar pela primeira vez de verdade.)

— Você, Maura, deixaria de me amar se isto acontecesse.

— Sim, talvez. Mas quero ter certeza de que me ama como a uma mulher. É importante: ficar certa de que me ama.

— Pode ficar. Não é só o contato genital que justifica o amor.

(Pronto: por hoje ele conseguiu estragar tudo. Este "contato genital" foi a expressão mais infeliz de dr. A. até hoje.)

— Bem, então somos namorados?

5/2/1960

Dona Dalmatie vai voltar de suas férias. Cajé, sua auxiliar, comprou uma porção de plásticos, enfeitou a sala onde trabalham para esperá-la. A sala ficou um escândalo. Resolvemos endireitá-la. Pedi a sr. Haroldo que a abrisse na ausência dela, ele o fez. Retiramos todos os plásticos, deixamos a sala mais elegante. Dona Andrea, a guarda da seção, mostrou-se apavorada, repetiu o tempo todo que não tinha nada a ver com aquilo. Dona Santina (doente) chegou esgazeada na porta, aconselhou-nos a pôr fogo em tudo. (Eu gostaria. Sou, decididamente, anarquista.) Colocamos grandes cartazes nas paredes: NÃO QUEREMOS CAJÉ. ABAIXO CAJÉ E SUA BURRICE. ESTAMOS EM REGIME DEMOCRÁTICO, LUTAREMOS POR NOSSOS DIREITOS.

(Muitas coisas mais. Esqueci-me.)

LÍDERES DA REVOLUÇÃO: NAIR — ISABEL — MIRTES — MAURA. Naturalmente amanhã Cajé fará o maior barulho e me jogará toda a culpa. Vou aguardar.

6/2/1960

Só se fala da nossa subversão. Cajé já fez comício, anunciando que vai ao diretor fazer queixa contra mim. Caso não consiga minha punição, irá ao Ministério da Saúde, e se essa providência falhar, recorrerá à polícia (macumbeira de terceira classe, que poderia fazer a polícia contra mim, a não ser mandar-me para o hospício — e já estou instalada aqui?). Dona Júlia foi revoltadíssima contar a dr. A. Dona Dalmatie teve a má sorte de estar voltando das férias. Desceu com dr. A. até a sala. Cajé se aproximou dele:

— Doutor, o senhor, que é um homem inteligente, precisa tomar providências enérgicas. Esta aí (eu)...

— Não tenho tempo para falar-lhe, dona Cajé — respondeu dr. A. sem olhá-la.

Acusam-no de ser responsável, dizem que ele faz o que quero. Que tem isto? Esta Cajé nos atormentou durante um mês inteiro. Se uma guarda espanca uma doente, ninguém faz queixas ao diretor, ninguém se incomoda. Se as doentes resolvem brincar, exigem que medidas drásticas sejam tomadas.

Isabel contou-me que dona G. e a Rainha disseram que só um cego não vê a paixão de dr. A. por mim. Dona Dalmatie também desconfia. E eu? — Mas estou certa disto, ora.

Dona Dalmatie está trabalhando. Suas férias terminaram. "Hosana ao Deus nas alturas."

A sala de Ocupação Terapêutica, tanto tempo abandonada por nós, voltou a ser nosso local predileto. Durante um mês não pus meus pés lá dentro, a não ser quando Cajé e Carmelita (guardas) chamaram-me para "discutir". Carmelita é muito agressiva, e eu, com toda minha coragem e atrevimento, nada respondi, caindo sentada numa cadeira, completamente muda e quase imbecilizada.

Apenas as doentes bem doentes frequentaram a Ocupação. Cajé obrigou-as a trabalhar para ela, em bordados, tricô etc. À nossa passagem aproveitava para dar com a porta em nossas caras. Para insultá-la gritávamos, Mirtes e eu: "Cajuuuuuuuuuuuu".

Hoje na sala com dona Dalmatie:

Conversávamos animadas e alegres. Dona Dalmatie, quase à saída, chamou a atenção de Lazinha, que andara falando mal dela. Dissera tê-la encontrado aos beijos com dr. J. Dona Dalmatie não parecia zangada; antes, explicava, rindo, os motivos que levaram Lazinha a inventar tal coisa. Maria da Graça estava presente, escutando em silêncio. Agora chorava, sem soluço, as lágrimas descendo-lhe pelo rosto. Foi muito emocionante: Maria da Graça chorava porque falaram mal de dona Dalmatie, a quem ela ama. Mais tarde dona Dalmatie contou-nos: conheceu Maria da Graça no pátio, triste, imunda, sentada a um canto. Procurou falar-lhe, ela se recusava a responder, alegando ser uma caveira. Dizia-o convicta, dona Dalmatie ficou muito impressionada. Perguntou a dra. Alice qual seria a razão da identificação com a caveira. A doutora explicou-lhe ser motivada pelo extremo abandono em que vivia Maria da Graça. A caveira simbolizava o que ela julgava mais desprezível, neste caso, ela. É bem pretinha e linda. Mineira, fala engraçado — acho-a simpática. Já não se considera mais caveira. Dona Dalmatie é sua grande amiga, se não de todo, pelo menos conseguiu quase extinguir-lhe este sentimento de rejeição. Quantas doentes, jogadas no pátio, devem se sentir caveira, vermes e coisas piores. Penso seriamente nisto: este arremedo de bem-estar, proporcionado a algumas doentes, não resolve a situação das outras. Se o médico nos vê conversando, mostra-se entusiasmado e diz: "Estão sendo bem tratadas, estão felizes". Mas e as "caveiras" do pátio? Menos de dez por cento deixam o pátio. Décio Vitório alertou-me para esta realidade: "Não ignoro que a praxiterapia prejudica o doente mental na coletividade. Poucos são os beneficiados. E os outros?". Isto porque Décio buscou ser transferido para o pátio, onde está diretamente ligado ao doente mental e seus problemas. O problema é de tal gravidade, de tal maneira abandonado. Se a essência humana continua, ainda quando o indivíduo se vê doente, se nenhuma metamorfose o desloca para uma espécie diferente, é necessário trabalho. É necessário amor. É necessário, é necessário. Mas quem sou eu para me pronunciar, se também sou considerada doente?

Dona Dalmatie é mineira, e assegura-me que todo mineiro é louco esquizofrênico. Saímos as duas pelo pátio, perguntando às doentes:

"De qual estado você é?" Oitenta por cento de Minas.

7/2/1960

Ela estava sentada no chão, tricotando de cabeça baixa. Parei olhando-a apaixonada: seus cabelos brilhavam, avermelhados e lindos. Pela veneziana o sol atingia-lhe a cabeça fulva, exposta com indiferença, como se se mostrasse sempre naquela cor. Porque dona Auda oxigenou os cabelos. Ou, ela e eu resolvemos oxigenar seus cabelos, que se viam ameaçados por uns fios grisalhos, indiscretos. Foi assim:

Ontem à noite, já bem tarde, estava lendo em minha cama; fui interrompida por um rancho carnavalesco, que passava na rua, em frente às nossas janelas. Logo depois entrou dona Auda, dançando alegre, olhou pela janela, mexeu na gaveta da mesinha de cabeceira, encontrou um vidro de água oxigenada: "Você bebe isto?". "Não, dona Auda; é para o cabelo." Falei apressada, lembrando-me dos vidros de remédios antianêmicos colocados na minha mesa por dr. A. e ingeridos por ela de uma só vez, antes de qualquer intervenção da minha parte, antes mesmo de eu acreditar muito no que vejo.

— É para o cabelo?

E foi despejando sem mais uma palavra. Julguei boa ideia, resolvi ajudá-la.

— Ótimo, a senhora ficará mais bonita e mais nova.

Foi dormir de cabeça ensopada e fiz mil conjecturas: ficará bem? Ou mal?

Hoje de manhã, tonta de sono, avancei pelo corredor à sua procura. Ela estava lá: linda. A mulher dos cabelos de fogo. Busquei um pente e fomos ao espelho (ela tem os cabelos curtos, um pouco crespos e macios. São bonitos). Sentiu-se muito envaidecida, virava-se para todos os lados, enquanto eu fazia elogios. Ó, as mulheres, mesmo as dos hospícios.

Minha coleção de bilhetes de dona Auda está bem grande. Vou chamar-me bilhetomaníaca. Guardo-os carinhosamente e até lhes arranjei uma pasta de papel. Formidável é que ela se abre cada vez mais comigo. Hoje entrou no meu quarto, muito naturalmente, apanhou uma caixa de fósforos, acendeu o cachimbo de uma senhora. Fê-lo como se o quarto e os fósforos "nos pertencessem", como diz, referindo-se às minhas coisas. Além de prestar favor a uma doente nova, a quem não conhece, porque é recém-chegada. Isto faz pensar.

Também hoje esteve durante longo tempo sentada na salinha fora da seção, perfeitamente sentada e muito maquilada. Achei-a linda — de pernas cruzadas, fazendo crochê, os cabelos avermelhados. Parei embaixo da escada para admirá-la: uma lady.

Há mais ou menos três dias, sentada no chão fazendo crochê, juntei-me a ela. Estávamos sós e falou-me como jamais o fez até hoje: "Oscar meu marido ameaçou trazer-me para este hospício se eu continuasse fazendo maluquices. Estive antes nos sanatórios Santa Alexandrina e Santa Helena". "Gostou deles? As enfermeiras eram boazinhas?" — perguntei.

— A mesma coisa. Algumas boas, outras más. Mas sabe, aqui parece que a gente fica pior, não acha? Eu era completamente diferente; sabia receber, frequentava festas, bailes. Agora sou uma boba. Nem sei falar, não vê?

— Não, que nada.

— É sim, menina. Pensa que não sei?

Sim, dona Auda, sei que sabe disto e muito mais. Se só temos uma vida, quantos anos a senhora perdeu desta vida. Vinte e tantos anos de ————, de quê? A quem pediremos conta do seu tempo roubado? Quem a lesou, e por quê, dona Auda?

7/2/1960

Gosto de estar aqui. Amo as doentes. Daria uma boa enfermeira. Todas gostam de mim, se brigo, dou-me bem, fazendo logo as pazes. Sou incapaz de guardar qualquer sentimento menor. Perdoo sempre, compreendo, tão logo racionalizo. Posso compreender tudo.

Dr. A. assegura-me que venho para aqui como para o colégio interno. Deve ser verdade. Contei-lhe que sonho estar ainda no colégio. Quase sempre tenho três sonhos: o colégio, uma casa imensa e um avião. Geralmente estou perdida nesta casa, e o avião está se incendiando.

Passei longo tempo na minha cama pensando. Antes me olhei atentamente no espelho: como sou bela, pensei, toda arrepiada. E jogada num hospital de loucos. Devia me casar. Mas com quem, se ninguém me pede em casamento? A possibilidade de viajar para bem longe, talvez para a Rússia ou Japão. Sim, na Rússia estou certa de que me casaria. Considero-me mais bonita nua do que vestida. Tenho um rosto diferente, o principal nele são os olhos.

8/2/1960

Dr. A. encontrou-me trepada no muro. Deu-me a mão para descer, aproveitei para mostrar-lhe minhas pernas — que considero lindas. Isto feito discretamente.

Dona Dalmatie, quando levou meu conto para ser publicado no jornal, contou a dr. A., em minha presença, que Reynaldo lhe dissera serem meus contos os melhores publicados lá. Falou bastante do meu talento — que conheço de sobra. Dr. A. olhava-me excitado, eu o desprezava.

Não me comove ouvir falar do meu talento. O que me separa dos outros, não importa o nome que lhe deem, é demais evidente, principalmente para mim. Desde pequena percebi que um destino diferente me estava reservado. Jamais sou como as pessoas que me cercam. Maria Alice Barroso está sempre fazendo alusão à minha genialidade. Ela é sensível. Onde estarei situada? Já disse muitas vezes a dr. A. que me considero além de qualquer expectativa: faço o que quero, não ligo às convenções, não me sinto comprometida com pessoa alguma. Acredito sinceramente não dever nada a ninguém. Se alguém julga me ter prestado algum favor, sinto desconhecer completamente: faz parte da minha estrutura ser assim descuidada.

Não estou comprometida sequer com a literatura. Não leio muito. Prefiro escrever. Ainda assim, também não escrevo muito. Minhas ideias são interrompidas por desejos imediatos e infantis, como conversar fiado durante horas com alguma doida bem doida ou aborrecer as guardas. Se me dispusesse a escrever com seriedade, aprofundando-me em meus lagos de sabedoria, estarreceria a mim mesma. Entretanto a inércia intelectual me domina quase sempre. Apesar de tudo, existo com inteligência cada momento. Mas estou quase sempre entregue a perturbações psíquicas. É neste brinquedo de ser louca que se exaurem minhas energias. Se escrevesse com a sofreguidão com que tomo consciência de súbito de estar viva, jovem, bonita — feliz. E muito infeliz. Mesmo agora poderia dar início a um tratado de felicidade, infelicidade, beleza ou loucura. Mas cansei-me, vou me deitar depressa antes que o mundo se desmorone sobre meu corpo cheio de silêncio. Ainda é dia para todo mundo. Para mim é nada. À noite estarei desperta e angustiada, esperando inútil pelo dia — que será igual a este, e desnecessário para minha angústia.

Tenho brincado com este médico. É inocente para tratar comigo. Sou tremendamente inteligente, lúcida, perigosa e sonsa. Na falta de uma inteligência à minha altura brinco comigo mesma, mentindo-me, anarquizando-me. — Mas eu sou um anjo com vocação para demônio.

9/2/1960

Gostaria de ter uma vida como de Emily Brontë. Assim poderia escrever muito, não gastar energias em coisas de menor ou nenhum valor. Só sou autêntica quando escrevo. O resto do tempo passo mentindo. De qualquer maneira a arte é uma constante em minha vida. Ultimamente venho representando Desdêmona, o papel já me cansa, e esse Otelo, nem herói ele é. Conta-me coisas de sua vida. Pareço compreensiva, mas o desprezo. Contou-me que, quando recém-formado, no hospital onde fora se candidatar ao emprego de médico, foi confundido pelo diretor do hospital como candidato ao emprego de faxineiro. Isto, quando eu lhe falava do problema racial, perguntando por que os negros não são como os judeus — que se julgam pertencentes a uma raça superior. Respondeu-me não haver comparação, aqueles possuem um passado cultural, é toda uma civilização. Então (fui tremendamente infeliz), impulsivamente, mas com muita lógica, acho, exclamei: "Que bom que seus antepassados tenham sido escravos e vindo para a América. Do contrário o senhor estaria naquela situação inglória que se vê no cinema, praticando magia, dançando nu e outras coisas, na África". Mostrou-se surpreso e aborrecido com minha franqueza, vi-me perdida e muitíssimo arrependida, é evidente. Falou-me que no Brasil existe, ainda hoje, grande discriminação racial. Na África ele estaria em melhor situação: existem lá grandes homens, homens que estudaram no estrangeiro e são líderes da raça. Dr. A. deve sofrer muito: só mesmo uma liderança poderia salvá-lo. Não me agrada ouvi-lo falar assim: penso nele como num super-homem: escuro, belo e estrangeiro — um ser diferente, não apenas na cor. Gostaria que não me contasse suas desgraças. Assim, passa a ser a antítese de Otelo — deixando-me desencantada. Suas batalhas lhe foram impostas e não foi jamais o vencedor. Apenas conseguiu não ser massacrado. Gostaria de ser líder da sua raça. Ou gostaria de pertencer a outra raça (estou chateada. Quero esquecer isso).

Li para dr. A. a página do meu diário onde falo dos seus erros crassos. Mostrou-se constrangido, preocupado (ainda mais que Reynaldo quer publicar o diário no *Jornal do Brasil*), procurou se desculpar — não houve jeito. Uma verdade está bem clara para mim: domino intelectualmente dr. A.

10/2/1960

Dr. A., coitado, é um idiota. Coitado, coitado, coitado. Pensa estar me fazendo um sério tratamento; outro dia disse, depois que dei uns gritos com ele e dona Dalmatie: "Ótimo, você está melhorando".

Ninguém sabe, dr. A. muito menos, que sou tranquila. Meu

reino não é deste mundo, pareço dizer-me quando tudo se mostra demais difícil e insuportável. Então tudo termina a um gesto íntimo meu. Se me lerem algum dia sentirão talvez pena. Desnecessário, afirmo: jamais fui atingida em minha essência. Sou muito mais que o que me cerca. Sou deveras mais do que tudo que me foi dado conhecer — e desprezar. Ando quase sempre à procura da minha dimensão humana. Busco-a no mais profundo de mim, no mais exterior de mim, no reflexo da minh'alma nos outros. Não encontro, as almas são opacas e estúpidas demais para refletirem minha tranquilidade.

Estou perdida no meu mundo de depois. Estou só, como o prenúncio do que virá tarde demais. Sinto na carne meu desconhecimento da dor. Ele enlaça-me, fere-me, busca matar-me. E se ainda não morri é porque não encontrou em mim o humano.

Avanço, cega e desnecessária — não é este o meu tempo. Fora da vida, do mundo, da existência — apesar de enclausurada. Que sou eu? Não importa. Quem poderia julgar-me? — Neste mundo vazio encontro-me tranquila — angustiada. Obrigada a marchar como os outros, aparentando ser o que não sou, ou perturbo a ordem. Regredir é minha preocupação permanente. Dançar como os que me cercam. É o que procuro em vão, minha preocupação permanente — porque não me agrada ser vítima de um erro do destino. Busco apequenar-me dia a dia: este cotidiano mata-me — e parece ser minha única tarefa a desempenhar na Terra. Depois passarei, sem conseguir minha identificação. E não serei jamais alguém, frequentei um tempo errado. Apesar desse erro, ou em consequência mesmo desse erro, sou tranquila e longe.

E muito risonha.

Fui hoje ao consultório de dr. Paim. Estava com saudades:

— Dr. Paim, posso entrar?

— Não. Estou ocupado.

— Desculpe.

No cinema costumamos fazer bagunça, se o filme não presta. Ultimamente só têm passado documentários. Os homens se comportam bem. Nós, se vimos alguém com cara de maluco, gritamos: "Este fugiu daqui". E estrondamos em gargalhadas. São, principalmente, maestros (não tenho nenhum respeito pela boa música. Não tenho respeito por coisa alguma). Grito para Maria da Graça: "Ria bem alto, Maria da Graça". Ela o faz com escândalo. Ontem fui telefonar, à hora do cinema. Maria da Graça dava grandes gargalhadas. Isabel perguntou-lhe: "Por que você está rindo?". "Porque Maura pediu." "Mas Maura não está aqui." "Então estou rindo porque ela não está aqui." E continuou se esbaldando.

11/2/1960

"Então Lucrécia pôs a mão no tronco do castanheiro. Através da árvore o tocava. O mundo indireto." "... toda ela estava à beira deste gesto quando tocara o tronco que a mão dele tocava — como olhara um objeto da sala para atingir a cidade: humilde, tocando no que podia. Pela primeira vez ela o tentava através de si mesma e da supervalorização daquela sua pequena parte de individualidade que até agora não se ultrapassara nem a levara ao amor por si própria. Mas agora, em último esforço, tentava a solidão. A solidão com um homem: em último esforço, ela o amava." Clarice Lispector.

Li para dr. A. (que me pareceu não entender nada) um capítulo do livro *A cidade sitiada*, de Clarice Lispector, onde Lucrécia Neves, a personagem, procura e consegue conquistar um médico. "A solidão com um homem." Estou certa agora de que tenho dr. A. "Nossas relações são de médico para paciente. O médico não é obrigado a gostar de todos os pacientes. O médico também é humano, Maura." Claro. E ele gosta muito de mim, demonstrando-o a cada instante.

— Detesto sua mulher.

— Ela sempre pergunta por você. Vou trazê-la aqui qualquer dia para conhecê-la.

— Não quero. Tenho por ela uma inimizade tácita, firmada em hipótese, mas firmada: se ela não existisse...

Isto foi um mês atrás. Agora: "em último esforço, ela o amava": porque carreguei sua pasta, lemos juntos a página de um mesmo livro, acendi-lhe um cigarro (ele não fuma, mas o faz perto de mim, para acompanhar-me), tomou-me a mão ao saltar do ônibus e, sentada, a seu lado, no lotação, unidos pelo veículo, ocupando a mesma almofada, talvez morrendo juntos num desastre. Sim, morrendo, uma possibilidade.

— O paciente quer sempre arrasar o médico, procurando seus pontos mais fracos. É a defesa. A mulher tenta conquistar sexualmente o analista — o que seria a forma de perdê-lo.

"Sim, sim, ela estava bastante perdida. Bem lhe parecera sempre que antes de mais nada era preciso se perder."

Estou bem adiantada. Se ele tiver bom senso se afasta de mim — se estiver ainda em condições de fazê-lo. Mas não creio: já me parece bastante perdido. Para onde o levarei? E estarei mesmo levando-o? — ó, claro que sim. (Se conseguir levá-lo, que farei dele depois? Francamente, não o quero depois.)

Na seção MB tive hoje séria discussão. Isabel e dona Glorinha (guarda) disseram que a nova enfermeira daqui é amante de dr. A. Fiquei furiosa. Não admito que falem assim de dr. A., porque o conheço, e ainda mais, o amo. Se não existe nada de grave comigo, vai haver com ela? É uma mulher vulgaríssima, feia, gorda, casada, cheia de filhos. Mas Lucrécia Neves era burríssima e não era bonita. Apenas obstinada, paciente. Não possuo as qualidades das mulheres muito estúpidas, as que constroem, batendo as patas. Grandes homens se tornaram amantes de suas próprias cozinheiras. *"Honi soit qui mal y pense."* Maldito dia. Nem sei mais o que pode acontecer. Já briguei com sr. Alberto, aborreci-me porque falaram mal de dr. A., e agora mais esta: são onze horas da noite, não tenho sono e morro de fome. Não acredito que Saroyan tenha passado fome e frio quando escreveu estes belos contos. Nem Knut Hamsun, para ganhar o prêmio Nobel. Detesto a fome. Não tenho a quem pedir nada. A guarda de plantão não me tolera.

12/2/1960

Que noite. Só fui dormir aos primeiros clarões do dia, quando as doentes se levantavam para o banho. Meu quarto fica em frente ao quarto de banho e faziam muito barulho. Que fazer com esta insônia? Minha cabeça estoura. O sono me faz mais falta do que qualquer outra coisa, e nunca dormi bem. Em casa, quando se fazia referência à minha insônia, mamãe dizia: "A Maura nunca dormiu".

Hoje é domingo. Dona Olga veio trabalhar, cumprimentou-me amavelmente, respondi com secura. Decididamente não ficarei mais aqui; darei qualquer jeito na vida. Não posso suportar um médico a quem não respeito, e se ele não tem um "caso" com esta mulher, ela procura insinuar diante das pessoas. Se insinua também diante dele, com seu servilismo, fazendo tudo o que ele deseja. Temos aqui no hospital o caso de médico amante de enfermeira, todos sabem e comentam, os dois não possuem nenhum pudor. Ela é casada, ele também. Já tive sérias brigas com dona Dalmatie, acusando-a de ser imoral a sua aceitação dos fatos, pois é amiga dos dois, está sempre com eles. Dr. A. deve ser um trouxa como qualquer outro, e acaba se deixando enlear pelos braços dessa dona. Talvez ele não tenha tempo, ou não seja capaz de escolher coisa melhor. Mas francamente.

A boa vontade dela comigo não é mais do que para agradá-lo. Sabe o quanto ele me quer bem. Fui falar a dona Júlia, contei-lhe que tratei mal dona Olga. Dona Júlia respondeu-me acreditar que esta gente queira deixar-me aborrecida e enciumada. Naturalmente procurei salvar meu amor-próprio, dizendo não dar crédito a intrigas tão baixas. Mas tenho meu modo de pensar, e as deduções que tiro são bem diversas daquelas que confesso. Dr. A. não tem um romance comigo por muitas razões:

Acredita-me psicopata, incapaz de guardar um segredo (tenho sido muito indiscreta em relação a ele. Nos domingos, à hora das visitas, conto a várias pessoas que sou namorada do meu médico. Por me acharem biruta não acreditam. Mas sinto grande prazer mostrando-me totalmente irresponsável, sem o menor cuidado com a reputação dele ou minha). (Tenho eu alguma reputação?) Dr. A. tem sua carreira, que preza e pela qual tem lutado. Um caso comigo poderia levá-lo a situações catastróficas. Teme que eu o perca. Sou exigente, tornar-me-ia ainda mais, exigiria dele o que não pode dar, tomar-lhe-ia todo o tempo, prejudicando-lhe o serviço. Aparento estar apaixonada por ele, mas não saberia dar-lhe coisa alguma, e pediria sempre. Sou assim e ele deve saber.

Sou inteligente. E perigosa. Não sei exatamente o que desejo, repito que sou multivalente. Ele compreende talvez melhor do que eu, pois é médico. Não vai deixar-se entregar, embora

---

A outra:

Um caso oposto. Tudo fará para ajudá-lo, tem consciência do quanto ele lhe poderá ser útil, coisa que aparento não ter. Obrigatoriamente se manterá discreta, a carreira dele continuará intacta. Suas exigências serão mínimas: é uma mulher modesta.

Ignorante e sem muitos problemas. Sua enfermeira, portanto à mão. Não é perigosa. Nem inteligente. Não parece ser psicopata. Terei de perder para tal pessoa, por motivos tão desprezíveis? Dr. A. será assim tão pouco despido de ideal, objetivo e prático?

13/2/1960

Confessei a dr. Paim — que me olhou balançando a cabeça em sinal de reprovação — sentir grande atração física por dr. A. Dr. A. estava perto.

— Mas, Maura (falou dr. Paim), depende então de A. ter ou não uma ligação íntima, uma ligação sexual com você? Você se ligaria a ele mesmo sabendo-o casado?

— Que tem uma coisa a ver com a outra? E por que o senhor não o aconselha a ser meu amante?

14/2/1960

Dr. J. não me quer nas suas duas seções. Só vou lá às escondidas dele. Ontem esteve aqui, conversando com dr. A. no consultório. Falei-lhe: "Não o queremos também na nossa seção. Volte para seus domínios". Ele fez ar de riso. Apanhei seus óculos, que estavam na mesa de dr. A., saí correndo e gritei do corredor: "Vou quebrá-los. Se não for embora vai ficar sem óculos". Depois voltei ao consultório, entreguei-lhe os óculos, disse-lhe que vou e vou às suas seções. Fi-lo entre séria e brincalhona. Ele também, entre sério e brincalhão, fez duzentas queixas de mim a dr. A. Quando saiu, dr. A. me disse, como se fosse Colombo, descobrindo a América: "Venho observando-a e descobri que gosta muito de brincar. Brinca como uma criança. O episódio dos óculos de dr. J. hoje deixou bem claro: ele lhe é simpático, você o provoca para chamar sua atenção. Não é verdade que quisesse quebrar-lhe os óculos". "Ora", respondi debochando.

PAUSA:

Permitam-me destruir o livro da Sagan.
É a seda pura que deve nos envolver,
ter música no momento do beijo.
Inclinada, a rosa mostrará a brisa, a grade rendada,
o jardim.
Além do mar outros casais existem,
a noite nos destrói pelas esquinas
repetindo-se (e envelhecendo) — como as almas.

Fizeram muros altos, cinzentos — esconderam a terra mas
o quadro azul está presente sempre.
Senhora Rainha do Egito, dai-me pálpebras pesadas, de mistérios piramidais.
Quantos são? Onde a bola, ou sou bola?
Santos coroados cantam, que vestidos rasgados não são nódoas.
Senhora Rainha do Egito, meus versos falam de areias quentes, e Faraós, onde Cleópatra dançava.
Por que falar de calor se vitrais já cintilavam no pátio?
Vidro
é saudade de louco
casado com grades.

Vim dum sonho:
um monge louco, olímpico, acordou-me.

Homem de vestes alvas, onde chegará meu braço,
alongando-se
e misturando-se às algas?
Sou leve, sílfide, e no voo, pareço rosa recuada.
Ninguém me salvará da mentira que sou.
Senhor de vestes cinzentas, quantos mundos visitei?
Minh'alma nua, ela se permuta com a rocha.
Se alguém perguntar por mim, não pertenço a ninguém.
Senhor, quero um breviário, de contos infantis.
("Carochinha", para ler no pátio cinzento, prisão da Rainha)
Senhor, falo coisas da vida, vim do sonho ou da loucura?
Senhor, que dor é esta,
abrigando meu amor?

Cimento armado é bezerro de ouro
pedindo pausas.

Esta cidade tem meus olhos.
Sabem por que me perdi?
Quando a cidade cresceu,
morei no terceiro andar;
o dia brigou com a luz —
eu, incoerente, juntei-me às palavras
subindo de elevador.

16/2/1960

Onze horas da noite.
Não dormi, nem creio que consiga. Sinto medo. Mais que
medo, pânico. Se me fosse permitido falar com dr. A. pelo telefone.
Ele hoje não veio; estou seriamente deprimida, às vezes sinto ímpe-

tos de correr, agarrar-me a alguém. Quando criança via-me acometida desses acessos: corria para papai e mamãe, fazia-os acordar todos de casa, não sabia explicar o que sentia. Tinha necessidade de ver-me cercada por pessoas, principalmente pessoas estranhas. Papai e mamãe tudo faziam para acalmar-me. Mas era como se uma parede de vidro me separasse deles. De qualquer maneira estava sozinha. E aqui, que fazer? A parede de vidro ainda costuma voltar sempre.

Passei todo o dia na seção MB conversando com Isabel. Antes fui à portaria telefonar a um conhecido. O telefone estava ocupado. Na sala contígua à portaria fica o piano. Dirigi-me para lá. Não sei tocar, mas fico feliz brincando no teclado. Ao sentar-me ao piano Xerife me fez deixá-lo e fechou a sala. Sr. Alberto, administrador (que é um chato e vive bajulando o diretor), pediu-me que não criasse casos com a Xerife. Não gosto de sr. Alberto. Logo que cheguei, desta vez, dona Dalmatie levou-me ao refeitório dos funcionários com ela. Queria conversar comigo problemas referentes à exposição de bordados. Tão logo sentei-me, sr. Alberto entrou, tirou-me da mesa, puxando-me pelo braço:

— Isto não está direito. A senhora, dona Dalmatie, trazer uma doente ao nosso refeitório. Imagine o que iria pensar o diretor.

Dona Dalmatie quis argumentar, deixei correndo o refeitório, as guardas me olhavam cochichando e rindo. À noite, no cinema, ele veio dizer-me: "Você também é um ser humano, compreendo. Mas não fica bem. Cada coisa em seu lugar".

Hoje não vou às mesas das guardas e enfermeiras, mas sento-me todos os dias com dr. A. enquanto ele almoça (às vezes levo Durvaldina comigo).

17/2/1960

Na fila do refeitório, olhando as doentes, meu coração bateu assustado e por um instante quase gritei: uma das moças tinha incrível semelhança com minha irmã mais jovem, Helena. Foi como se a visse ali, o que eu não podia nem posso suportar. Meditei depois sobre esta hipótese, preferindo tudo o mais que me venha a acontecer, a mim, não às minhas irmãs. Se posso estar no hospício, por que não ela? Não sei. Mas eu morreria se as soubesse no lugar onde estou, tenho certeza.

18/2/1960

Dr. A. está sempre fazendo referências à minha suculência: "... porque você é uma moça forte, sadia. Aparenta muita saúde mesmo". Olha-me ávido, falta acrescentar: — e sensual, consequentemente.

19/2/1960

Estive durante todo o dia chateadíssima. Para não morrer de tédio trepei no muro, alcancei o telhado do galpão, rasguei meu vestido de lado, dancei lá em cima mais de uma hora. Julgo-me muito sexy. Quando danço, sou deveras insinuante. Como este médico pode resistir-me é o que não entendo.

Dona Olga, para conquistar-me, conta-me suas desgraças. Disse-me que dona Júlia a persegue, que sua filha teve relações sexuais com seu marido, e fugiram os dois para Pernambuco.

20/2/1960

— Dr. A., eu o amo.
— Então por que não procura ajudar-me? Você não cola-

bora comigo. Mal entro no hospital, me vêm fazer queixas suas: ela dançou no telhado, subiu no muro, insultou a Rainha, fez misérias. Me ajude, Maura, senão não posso ajudá-la.

— Depois falaremos nisto. Agora quero fazer-lhe uma declaração de amor.

— Depois não. Agora. Dr. J. falou-me que se você for atormentá-lo em suas seções acaba mandando-a para o quarto-forte. O que você foi fazer no telhado do galpão?

— Dançar.

— Quase nua? Quando deixará de ser criança? Encara o hospital como um colégio interno. É muito inteligente, mas completamente imatura. Evite conversar tanto com Isabel e outras. Seu nível intelectual é tão diferente. Cresça pelo amor de Deus.

— Dr. A., nossa situação não pode continuar como está. Para isto sou completamente adulta. O que faço são derivativos, não compreende? Devemos ser amantes. Não se dá a mim por julgar-me esquizofrênica?

21/2/1960

Dr. A. pediu a dona Dalmatie que fosse à casa onde morei e apanhasse minhas malas. Hoje ela as trouxe. Dei mais da metade das minhas roupas. Lazinha e Mirtes ficaram com blusas, calças compridas e casacos. Dona Mercedes Rainha herdou um cobertor de lã pura e um casaco, também de lã. Outras ficaram com outras peças.

Dr. A. decerto não sabe, mas estou me tornando demais pesada a ele com meu excesso. E se me deixar? É o inevitável, mas jamais se libertará inteiramente. Ficarei sozinha — ainda que lhe deixe minha marca (foi assim com todos). É isto o amor? Eu, por exemplo, exijo demais e acabo por afugentar o objeto amado. A um dado momento desperta para a realidade do perigo que represento e se preserva. Então nada dou, só peço? Não; eu me dou sem limites. Minha natureza não desperta com o grito de alarme porque estou sempre lúcida — ainda quando pareço perdida. O amor para mim o que é? — creio que o desejo de encontrar-me. Sou grande e amorfa. Daí a necessidade das limitações. Só existo realmente quando limitada na figura pequena de um dr. A., por exemplo. É como se uma moldura vulgar contivesse um quadro de beleza incomensurável. Não devo ficar triste por não ser amada. Ou, por não poder ser amada. Apenas o objeto do meu amor é pouco para mim. Assim me torno impossuída: as pessoas não podem tomar-me, porque sou demais. Apesar de ser delas como uma obra de arte parece pertencer-nos. Sinto que violentei a alma desse homem: é o sinal de alarme. Inundei-a de beleza — e mal. (Ele poderia dizer que é pura paranoia isto tudo.)

As coisas têm corrido tão mal para mim. Pretendia fundar um jornalzinho aqui, expus a ideia a dr. A., que a transmitiu ao diretor. Parece que este ficou entusiasmado.

22/2/1960

Estou hoje perplexo, como quem pensou e achou e esqueceu
Fernando Pessoa

Deve ser meia-noite; sinto muita fome. Maria de Oliveira está de plantão, não quis dar-me nada para comer. Por infelicidade não almocei nem jantei hoje; tenho a boca amarga. Mais ou menos às sete horas, Mercedes Rainha esteve nesta seção. Pedi-lhe que me trouxesse alguma coisa da ceia delas, mas a Rainha não me trouxe nada. Dr. A. tem razão: essas mulheres são umas víboras. Dei ontem de presente à Rainha um cobertor de lã.

Mal posso escrever. O lápis está tão pequeno que não consigo segurá-lo bem. Não tivemos luz das sete horas até agora. Sem ler nem escrever vi-me em pânico. Todas estão dormindo bem quietas. Sou a mais maluca deste hospital: qualquer doida bem doida dorme. Eu não. E como sou complicada. Só eu e minhas vítimas sabemos. Hoje foi dr. A.

Não estou passando bem há vários dias. Tive um incidente com dona Júlia, fiquei, depois disso, muito deprimida. Aqui é difícil viver; estou completamente vencida, se me volto para o passado é pior ainda: fui eu? Ou, sou eu? Então caminhei para isto? Ontem pareceu-me ter chegado ao fim — pensei honestamente em matar-me. Continuo pensando. Não sei por que ainda não o fiz, já que não encontro outra saída. Só acordei hoje às onze e vinte. Tomei banho às pressas, evidentemente este médico não podia mais falar comigo, o que de resto não é nada agradável, eu mesma venho sentindo. Apesar disso mandou chamar-me. Deitara-me de novo, cobrindo a cabeça, como sempre faço quando estou aborrecida. Não me movi. Ele veio a meu quarto. Vendo o livro de Fernando Pessoa perto do meu travesseiro, disse aliviado: "Está lendo. Então está bem; até amanhã".

Saiu. Dei um pulo, corri à porta, gritei-lhe que não devia ter vindo aborrecer-me. Meu intuito era justamente aborrecê-lo. Ele moveu a cabeça concordando, louco para se livrar de qualquer discussão. Corri ao consultório — pretendia discutir, não ia deixá-lo tão facilmente. Sem explicações, passei a ofendê-lo. Não reagiu. Dei-lhe alguns pontapés. Conservou-se quieto. Ameacei jogar-lhe o ventilador, só ficando na ameaça. Mas atirei o que estava na mesa pelos ares. Assim foram as fichas das doentes misturadas, e me arrependo por não tê-las rasgado, causando mais confusão. Diante da sua passividade, que queria dizer: "Faça tudo depressa, quebre o que tiver vontade, quero sair disto", voltei-me contra mim e minha impotência. Dei vários socos nos vidros das janelas, quebrando-os e me cortando a mão.

— Agora reaja. Mande prender-me no quarto-forte.

— Não.

Por que serei assim? Provoco as pessoas que me querem bem, faço-as sofrer, e sofro também. Desconfio de todos. Este médico às vezes me deixa em dúvida: será tão boa pessoa como quer parecer? Se eu não fosse protegida do diretor teria tamanha paciência comigo? Minha condição no hospital é especialíssima; nenhuma doente goza das regalias que gozo. Mas já conheci o outro lado, sei o que sofri. Ninguém dava atenção às minhas queixas. Que pensar de tudo isto? Devo contentar-me com o que dr. A. aparenta ser, ou com o que deve ser na realidade?

23/2/1960

— Dr. A., não há efeitos sem causas. Não foi à toa que o agredi ontem.

— Sim.

— Sei as causas. Pensei seriamente. Fui duas vezes conversar com aquela pessoa. Fiquei deprimida, parti para mil conjecturas. Ele é amante dela, até uma criança percebe. Não têm nenhum pudor, chegam a ser chocantes. Possuo certa elegância, que exijo nos outros também. Para ser franca, sou até moralista.

— Sei disto. Sei mais: toda sua luta provém da rigidez de princípios que tem.

— Observando a fraqueza daquele homem, educado, até culto, diante de uma mulher semianalfabeta, inevitavelmente pensei no senhor. Sim, por que não, se os dois trabalham no mesmo hospital? Daí admitir mais de cinquenta amantes-enfermeiras para o senhor. Se aquele tem. Não sou sua esposa nem nada, mas sinto-o comprometido comigo: sou sua paciente. O senhor trabalha aqui há dezoito anos, deve estar perfeitamente integrado. Adaptado. Isto mesmo. Ó, dr. A., eu preciso confiar em alguém.

— Quem te disse que me adaptei? Pensa que não venho lutando durante todo este tempo contra o meio onde trabalho? Não me adaptei, Maura. E nunca fui amante de nenhuma enfermeira. Mas escute, Maura, você não está com ciúme dele? Por que se revolta com o fato dele ser um homem culto e ela, semianalfabeta? Observe o detalhe: sua família gostaria de vê-la casada com um doutor. Você é culta, educada, de boa família, e casou-se com um rapaz de cultura e educação inferiores às suas. Esta "semianalfabeta" não estará, injustamente, conseguindo o que você julga merecer? Não na condição de amante, que iria de encontro a seus princípios, mas de esposa. Reflita: você não gostaria de ser esposa de um médico?

Fiquei furiosa: respondi que um médico é muito mixe para mim. Seria, neste caso, um conde, um lorde, um príncipe, um rei. Mas médico?

— Você quebrou os vidros, ferindo-se. Insistiu para que a pusessem no quarto-forte. Por que esta autopunição? De que crime se julga culpada? Essa repetição vem se dando há muito tempo: provoca para ser punida. Julga precisar sofrer, daí sua agressividade. Não vou satisfazê-la. Antes precisamos saber de que crime você se acusa. Não a atenderei, pretendo quebrar este círculo vicioso. Você procura hospícios. Por quê, se sabe que vai sofrer? Não conte comigo para sua autoflagelação.

Estive escorregando no corrimão da escada. Dr. A. chamou-me de cima:

— Mas, Maura, como você é infantil. Estou há tempo olhando-a aqui de cima, enquanto você grita: "Será que eu caio? Será que eu caio?". Vai acabar caindo. E só uma criança se divertiria assim.

216

24/2/1960

Fiquei na sala de eletrochoques ajudando dr. A. Enquanto a enfermeira carregava as doentes para o dormitório, nós dois mudávamos as posições das camas, trazíamos a cama vazia para perto do aparelho, empurrávamos a outra, onde a doente se achava inconsciente. Com o esforço que fiz, a alça do meu sutiã arrebentou. Fui a meu quarto, tirei-o e voltei para a sala — sem sutiã. Dr. A. vira quando a alça arrebentara, e, ao voltar, peguei-o de surpresa olhando fixamente para meus seios. Foi tudo rápido, ele desviou os olhos imediatamente — e parti para mil conjecturas: o médico está sempre junto da enfermeira, sem querer se esbarram a todo momento, principalmente se atendem a um paciente. Quantas vezes não terá dr. A. tocado nos seios de uma enfermeira, mesmo sem querer? Fico desencantada e aborrecida. Se fosse meu marido, obrigá-lo-ia a abandonar a profissão.

DOMINGO

(Um domingo qualquer — não sei a data, mas é domingo. Amanhã, se me lembrar, corrigirei todas as datas erradas do meu diário. Ou, eliminarei todas as datas. Não tem importância: "Todos os cabelos são mais ou menos verdes, mais ou menos verdes", segundo Saint-Beuve. Todas as datas são mais ou menos a mesma coisa. Pode ser até mesmo que estejam certas. Sempre que me lembro, pergunto a dr. A. ou a alguma guarda. É que não encontro a página do diário de ontem. Faça de conta que estou em 17/2/1981.)

Mais um dia de aborrecimento. E hoje é domingo. O pior

dia da semana no hospital. Dr. A. não veio ontem, nem hoje. Dona Dalmatie também.

Penso seriamente em matar-me.

Cheguei a este estado fria e racionalmente, eu que costumava afirmar:

— Mas tentei o suicídio como a única maneira de sobreviver. Queria mostrar aos outros o quanto eu necessitava de ajuda, o quanto estava sozinha e infeliz.

Era verdade, como é verdade não crer em nada mais. Então para isto meu médico luta tanto? Aprendi a encarar as coisas com objetivismo, vejo-me despojada dos ideais indistintos que, de qualquer forma, me sustentavam: "Talvez um dia...". Ou: "Esperarei. Sou jovem. Posso fazer. Há tempo". De repente descobri ser mentira. Nem ao menos sou jovem, estou cansada. Muito cansada. Até quando seria escritora em potencial? Até quando, se não escrevo? Apenas um futuro me acenando brilhante. "Sem esforço — ou, mais tarde trabalharei para alcançar." Quando? — me pergunto agora. E que futuro? O de escritora, se não escrevo, não trabalho? Abulia. Daí a desculpa do futuro, do depois, do amanhã.

Xerife se julga médica, princesa e outras coisas — está realizada. Por que não me deixaram [ser] também escritora? Essa consciência me mata. Não quero nada, não desejo nada. Nem mesmo ter consciência de que não quero: custa. Não lutarei por coisa alguma, quem me obriga? A ideia da morte não me deixaria lutar por nada. Curioso: eu era bem menina: se me dispunha a estudar, caía logo em profundo desânimo: "Para quê, se depois morro?". Este niilismo não me deixa força ao menos para afirmar que sou niilista. Não devemos lutar diante da ausência de objetivo porquanto o objetivo inconsciente é não ser. Vivendo bem morrerei; vivendo mal, também morrerei. Esquizofrênica, paranoica, normal (que palavra), temos um caminho e todos os caminhos convergem para o mesmo ponto; nada. Sebastião de

França, amigo meu que acredita na vida, costumava dizer-me: "Você ama desesperadamente a vida. Ninguém, no seu caso, resistiria. Me espanta este amor, esta sede de viver". Penso justamente o contrário: as coisas não me atingem realmente porque não creio nelas. Felicidade ou dor são palavras; talvez nem isto, se quiser — e geralmente não quero. Não amo a vida. Apenas ela não tem existido para mim, e sendo assim, como destruí-la? É que dificilmente estou disposta a brincar de viver. Afirmar gasta energia. Não gosto de pensar também em energética. Não me comovo absolutamente com os feitos dos homens. As árvores devem filosofar e sua filosofia não vai além de suas copas. O pensamento da pedra deve ser compacto. Sinto muito pensar, estou dizendo besteiras que outros alucinados já disseram. Ah, sim: Nietzsche já disse que "falar é uma bela loucura".

Talvez me mate ainda hoje.

Nove horas da noite. Acabo de agredir Xerife, princesa da China, deixando-a completamente nua a gritar por socorro. Há muito pretendia fazer coisa parecida. Ela está sempre implicando comigo. Se entro na portaria para telefonar ou comprar cigarros, começa a hostilizar-me. Hoje não me deixou usar o telefone. Esperei-a no dormitório. Ao entrar, peguei-a pelos cabelos, rasguei-lhe toda a roupa. Não reagiu. Não sabe brigar porque é princesa. Gritou por socorro, correu, de calça e sutiã. Corri atrás, arranquei-lhe a calça e o sutiã. Não sou princesa nem coisa nenhuma, posso brigar, minha loucura nada tem de romântica. Vestiu-se, descendo para a portaria. Anunciou que vai pedir providências enérgicas contra mim ao presidente da República (talvez dr. Paim me castigue por isto; ela é de família importante. Estarei arrependida? Não creio. Não aceito princesas).

27/2/1960

Dr. A. me disse:

— Você é mais inteligente do que eu.

— Sim — respondi, sem nenhuma emoção. Isto depois de uma longa discussão que tivemos.

Contei a dr. A. que durante muito tempo estive apaixonada pelo pai de meu marido. Antes contara-lhe: em pequena, amava muito a meu pai. Mas tão logo fiquei um pouco maior passei a envergonhar-me dele. Era um homem de muita personalidade e muito simples. Vestia-se com modéstia, não apreciava o luxo. Chegava a andar de sandálias quando íamos a uma cidade próxima da fazenda. Isto não me envaidecia. Dr. A. observou: "Seu sogro era bonito, elegante, respeitado, e importante personagem na cidade onde moravam. Seu pai também lhe parecia importante, apesar de você se sentir mais orgulhosa do sogro, pelos motivos que expôs. Confessou haver se casado, não exatamente pelo seu marido, mas pela admiração que sentia pelo sogro. O sogro, Maura, não foi mais do que substituto de seu pai. O pai elegante, no vestir e no falar".

Concordo. Há nisso muita lógica. Então não me casei com meu marido, ou, meu marido não foi o jovem de dezoito anos que levou-me à igreja. Meu marido foi o coronel de quarenta anos, alto, forte, bonito e importante — como o via quando bem criança. Não teria vacilado em me tornar sua amante. Detestava a sogra, minha rival. Meu sogro não foi mais para mim do que meu pai. Jamais amei meu marido, é verdade. Não podia casar--me com o homem a quem amava — porque desde que nasci este homem estava casado.

Alina Paim esteve aqui hoje. Fui ao gabinete do diretor, procurar dr. A., ela estava lá. Conversamos. Não falei muito porque não me sinto bem junto dela: é convencional, terrivelmente convencional. Acho-a insignificante, incômoda, e não demonstra ser inteligente. Fisicamente nem ouso julgá-la. Pequena, magra, morena, pele encardida e peluda. Veste-se sem nenhum gosto. Disseram-me que é comunista — mas não tem cara. Parece-me uma burguesa bem acomodada. Talvez tenha se metido em comunismo para publicar seus livros como muitos escritores fazem (dr. Paim falou tão mal dos comunistas outro dia). Apesar de tudo, queixei-me amargamente de dr. Paim, diretor do hospital e marido dela: "Ele não perde ocasião de deixar-me sem graça. Recebo dele as respostas mais desconcertantes. Me trata às vezes à distância, evitando que me sinta muito importante. É rude, e, sem consideração nenhuma comigo, vai dizendo: 'Não tenho tempo para conversar'. Nunca me dá razão. Aponta-me os defeitos todos e inventa alguns, para reforçar. Me interrompe sem nenhuma cerimônia, responde acremente às minhas queixas — que são inúmeras e diárias. Parece não acreditar que eu escreva coisa alguma, quando me proclamo escritora. Fala mal do Suplemento Literário onde colaboro, sem nenhuma delicadeza". Fiz estas queixas e me despedi, pouco à vontade.

Quero muito bem a dr. Paim. Ele também é insignificante fisicamente — parece murcho. Não nos encara de frente, provocando certo mal-estar. Sua presença, de certa forma, arranha. Sei que gosta de mim; ficaria feliz escrevendo que sua mulher é bonita, alta e loura, que ele é também muito imponente. Não tenho culpa. Não sinto ciúmes das pessoas que o têm como parente. Mas creio merecer-lhe mais atenção. Talvez pretendesse dele o carinho que não tenho há muitos anos. Gostaria de ser menina, assim o teria sem constrangimento da sua parte.

— Mas, dr. Paim, pode me querer bem. Sou uma menina

que se esqueceu de crescer. Não tenho pai, o senhor não sabe? Ama-me.

Não é a mesma coisa o que sinto por dr. A. Aliás, já não entendo mais nada a respeito dessa pessoa. Meus sentimentos vacilam tanto que já me recuso a qualquer pronunciamento. De um momento para outro as coisas mudam completamente. Hoje adorei-o; estava furioso com a história das minhas malas. Afirmou que vai tomar tudo o que dei. Voltou-se contra dona Mercedes Rainha: "É absurdo. Esta gente que trabalha aqui não tem vergonha. Aproveitar-se da sua...".

— De quê? Da minha doidice? — perguntei.

— Não. Da sua inocência. Agora compreendo como você gastou toda a sua herança. O mundo está cheio de gente má, interesseira e sem escrúpulos. Alguém te dá alguma coisa? Terei de controlar tudo seu, a começar dos cigarros. Como você tem sido explorada.

(Ó, dr. A., como o amo. Por que não é meu pai, meu irmão, meu marido, um parente muito próximo? Se perdê-lo morrerei. Como posso ter vivido tanto tempo sem conhecê-lo?)

28/2/1960

Perguntei a dr. A. por que Anne Frank não ficou louca. Respondeu-me:

— Ela tinha amor, Maura.

29/2/1960

Isabel e eu roubamos o livro de ocorrências da seção MB, arranquei-lhe várias páginas. Li e reli estas páginas. Constatei a desonestidade das guardas, enfermeiras e médicos. Não registraram o que podia comprometê-los. Carmelita não registrou me haver jogado no quarto-forte, com uma caixa de fósforos na mão, quase me deixando morrer sufocada: incendiei as vestes e a fumaça não tinha saída. Também não registrou que estive nua, sem alimento nem água, durante vinte e quatro horas neste quarto.

As páginas que contêm referências a mim estão comigo. Vou mostrá-las a Reynaldo, Heitor Saldanha e Maria Alice Barroso. É triste saber que nossos dramas são encarados com tamanha indiferença: apenas uma a mais que toma eletrochoque, sofre no quarto-forte, e outras coisas.

"Ocorrência do dia 3 para o dia 4/4 de 1959.

A doente Maura Lopes Cançado tomou 2cc de Promazionon por ordem do dr. João Carlos Teixeira Brandão. As doentes passaram bem. Só esteve alterada Maura Lopes Cançado.

Ass. Augusta"

Ela não registrou que passei a noite no quarto-forte, infecto e cheio de baratas.

"Ocorrência de 6/4/59.

Recebemos o serviço com ordem de não tirar 'ninguém' do quarto-forte. A paciente Maura Lopes Cançado está no quarto--forte desde ontem.

Enfermeira Dalmatie Lannes Pereira"

"Ocorrência de 7/4/59.

Plantão calmo. Nada de anormal. A paciente Maura aceitou o remédio.

Ass. Nazaret"

"Ocorrência de 6/4/59.

Foi feito 2cc de Promazionon na paciente Maura Lopes Cançado que se achava no quarto-forte. Dados dois comprimidos de Fenobarbital à mesma.

Ass. Augusta"

A senhora não anotou em que circunstâncias me aplicou a injeção, mas lembro-me bem. Devia ter anotado: encontrei a paciente Maura Lopes Cançado no quarto-forte inteiramente despida e sem colchão. Carmelita, a guarda de plantão, seguiu-me até o quarto, acompanhada por dois doentes da seção dos homens; que, sem necessidade, seguraram Maura, enquanto ela protestava. Percebi que um deles abusava de sua nudez, tocando-lhe os seios, enquanto a segurava. Fingi não perceber, mandei-a ficar quieta, enquanto lhe aplicava injeção. Em seguida a levamos, ainda despida, até o chuveiro. Pusemos os homens de guarda na porta, enquanto ela tomava banho. Eles riam da sua recusa em se expor nua e Carmelita gritou-lhe que "doido não tem vergonha". Terminado o banho, os homens trouxeram novamente Maura para o quarto-forte, a despeito de seus protestos. (A ocorrência deveria ter sido feita assim.)

"Ocorrência do dia 16/4/59.

Evadiu-se Maura Lopes Cançado enquanto as doentes estavam sendo recolhidas do pátio.

Regressou Maura Lopes Cançado às 22 horas.

Ass. Augusta"

"Ocorrência do dia 26/5/59.

Às 14:30 horas chegou uma doente que havia saído, 'Madruga'. Chegou de carro e não quis saltar. Então foram o administrador, a inspetora (dona Júlia) e vários homens (5) para tirá-la à força. Afastei-me, já que havia tanta gente empenhada em levá-la para o quarto-forte. Entrei em minha sala e esperei que passasse o tumulto, que em tudo se assemelhava a uma tourada. Júlia Baçalo veio possessa e em altos brados, repreendeu-me por não participar da luta. Respondi-lhe que era muito pouca vítima para tantos algozes. Ass. Dalmatie Lannes Pereira"

Tudo isto com o visto do médico, dr. J.

30/2/1960

Fui ontem ao dentista de dr. A. Fui sozinha. O dentista me esperava, foi muito atencioso. Ao sair do gabinete, na sala da espera, encontrei, para minha surpresa, dr. A. Mostrou-se constrangido, desmanchou-se em explicações, disse-me que fora pagar ao dentista (eles, realmente, guardam todo o meu dinheiro). Saímos para a rua. Felizes, conversando e rindo como namorados. Entramos num bar, lanchamos. Depois, ao passarmos por uma livraria, puxei-o pela mão: "Vamos ver livros. Quero dar-lhe um de presente".

Entramos. A livraria muito bonita, livros lindos, encadernados: Rilke, Rimbaud, Faulkner, Sartre. Falei deles (dos autores, principalmente, hábito que possuo: falar dos artistas, quase nunca de suas obras. Nem ainda li Kafka. Creio não haver tradução de seus livros em português). De suas neuroses e solidão, de minha identificação com muitos deles. Rimbaud, fugindo para a África, tão jovem, encerrando sua vida de artista e transformando-se em aventureiro contrabandista. Kafka e sua visão do mundo; de como me senti emocionada ao ouvir Carlos Fernando ler para mim e Maria Alice *Carta ao pai* de Kafka, outras coisas e outras coisas. Tocava apaixonadamente nos livros, lia fascinada os nomes dos autores. Dr. A. me olhava, embora eu o sentisse à margem do meu entusiasmo (não tinha importância: meu entusiasmo me bastava). De repente falou: "Maura, você é muito lida. Sabia-a inteligente, mas não tão bem informada. Eu não sou um homem lido, infelizmente. Nunca tive tempo de ler, trabalho e estudo demais. Paim, sim, é lido; gostaria que ele falasse mais com você".

Passei a procurar um livro para dar-lhe: encontrei: A *peste*, de Camus. Fala de um médico, estava adequado. Escrevi uma dedicatória, e ao entregar-lhe o livro deixei que minha mão ficasse sobre a sua. Ele não se moveu. Um silêncio denso estendeu-se entre nós. Olhei-o bem nos olhos, como jamais fizera. Pareceu-me estranho e contido. Mas não se moveu. Talvez, naquele momento, como eu, se sentisse à beira — embora não soubesse de quê. E foi quando tudo se me mostrou claro. Não desejei mais nada, não necessitava de mais nada. Estávamos ali, toda e qualquer outra manifestação corria o risco de estragar tanta delicadeza. Compreendi que ele devia ser sempre quieto, o que o distinguiria dos outros. Sem dizer nada, ele tirou a mão de sob a minha. Não procurei retê-la, nem era preciso. "Porque, Maura, amor não é apenas como você pensa. Amor é algo mais amplo, é o que me leva a tratá-la com carinho, interessando-me por tudo o que te diz respeito; amando-a até nas suas deficiências. Porque a amo, e muito. Mas se pode amar com tranquilidade."

Eu compreendo agora. Dr. A., eu compreendo agora. E mais, compreendo sua luta; e se sentir pena de alguém é amar este alguém, também o amo. Porque, penso, é mais difícil ser médico do que padre.

Saímos da livraria, levou-me até o ponto do lotação, e vim para o hospital. Amanhã não me portarei como tenho portado; não há mais necessidade. Estou calma, segura, livre de inquietações — um novo horizonte se me abriu: talvez agora eu possa alcançar a bondade. Ele tem razão — Por quê? Não é o que nos faz amar mais ou menos, mas uma decorrência natural da intimidade que nos traz o amor.

1/3/1960

— Ah, sim, Maura, você conhece dr. Paim? E ignora quem seja exatamente dr. A.? Pareceu-me vê-la junto a dr. Paim no consultório. Tomava suas mãos nas dele, depois brincou com seus cabelos. Não sei bem. Talvez não tenha sido ele. Observei apenas o detalhe das mãos: havia doçura.

Meu corpo exposto
ao frio vento
dos mundos mortos

Contei a dr. A.:

Mamãe, ao tirar-me do sanatório da Tijuca, voltou para Belo Horizonte. Permaneci no Rio. Um mês depois rompi relações com o tal milionário que me mantinha, e à custa de quem vivi em hotéis caríssimos, levando até uma vida faustosa. Sozinha, adotei uma maneira de ser existencialista. Sem nenhum plano, nada fazia para garantir minha sobrevivência, jamais me ocorrendo procurar emprego, a não ser quando fui babá, durante um mês, de uma menina, Evelyn, numa casa judia. Dona Paulina, mãe de Evelyn, me parecia linda, educada, e me queria bem. Julgava que eu houvesse fugido de minha casa em Minas, pelas minhas maneiras e educação, que, segundo ela, não eram de babá. O emprego cansou-me, Evelyn só tinha um ano, eu devia acompanhá-la pelo chão o dia todo, lavar suas fraldas, carregá-la e muitas coisas mais. Empenhava-me em fazer tudo certinho, achava-me fixada em dona Paulina. Meu coração cantava ao vê-la chegando da rua, cheia de compras, abrindo a porta, sorrindo e dizendo: "Como vai, Maura?". Era porém demais penoso: apenas ela me tratava por Maura. Suas irmãs chamavam-me: babá, eu me assustava a cada instante. Não esperei o aniversário de Evelyn, levando grande sentimento de culpa e inutilidade, pois dona Paulina repetia sempre querer-me para aparecer nos retratos: ela queria uma babá bonita. À minha saída, no elevador, alcançou-me: "Se você quiser voltar, Maura, a casa é sua". Chorei desesperadamente — mas e as fraldas? E Evelyn, que gatinhava o dia inteiro comigo atrás? E ser chamada BABÁ?

Conheci Mônica, uma austríaca, e juntas vivíamos de grandes planos e nenhuma ação — estiradas na praia o dia todo, filosofando. Eu a chamava Panglos, ela me chamava Candide. Parecia-me inteligente, confessava achar-me superinteligente. Explorávamos a boa vontade dos conhecidos, o fascínio que exercíamos sobre eles, não só pela nossa aparência física, como pela nossa filosofia de vida, nosso desapego. Depois de grandes confusões, Mônica, um pouco mais objetiva do que eu, afastou-se de mim, empurrando-me para cima de um médico seu amigo, Mauritano Ferreira, que pagou vastíssima conta minha no Hotel Novo Mundo, onde minhas malas estavam presas. Para minha desgraça, depois de achar-me instalada em casa de Mauritano, ele ficou, ou mentiu haver ficado, noivo, a noiva atormentando-o com ciúmes e suspeitas. Vi-me sem onde morar, completamente sozinha, um pouco doente e cansada. Então fingi amnésia. Desempenhei bem o papel, tive meu retrato em todos os jornais em manchetes escandalosas. MISTÉRIO EM TORNO DA BELA JOVEM, causei grande rebuliço, compliquei várias pessoas, tentei o suicídio — e terminei na polícia (era minha intenção encontrar alguém que me amparasse — uma família de finos hábitos, por exemplo. Cheguei a entrar numa bela mansão durante a crise de "amnésia", jantar com a dona da casa. Ela, porém, encontrando minha caderneta de notas, comunicou-se com uma conterrânea minha, de quem eu não queria ouvir falar, mandou-me para sua casa. Não esperava parar em jornais, muito menos na polícia). Da polícia se comunicaram com mamãe, em Belo Horizonte, ela mandou imediatamente buscar-me.

Para ter-me junto dela, mamãe mudou-se da fazenda para Belo Horizonte. Eu rompera com todos os preconceitos que alicerçavam a moral burguesa de minha família. Tornava-se difícil viver junto deles. Viam no meu extremo descaso pelos seus valores grande agressão. Em tudo o que aconteceu, o mais grave foi o fato de eu ceder, aceitando a responsabilidade de todas as desgraças que aconteciam na família, ainda aquelas que ela mesma preparara, e que, apenas por questão de tempo, desabrochavam na minha presença. É forçoso reconhecer: uma família decadente financeiramente não se equilibra também moralmente. E desde a morte de papai as finanças de minha casa desciam em vertical, atingindo todos os valores: estruturados na superioridade financeira. Evidentemente necessitavam lançar a culpa em alguém — e fui, indefesa, este alguém. Deixei-me tomar por grande sentimento de culpa, sem fazer mesmo uma análise mais profunda da situação. Não fora eu todo o tempo abandonada por eles, mesmo na adolescência, sem contar com nenhuma assistência moral? Quando desejei voltar a estudar, e fui rejeitada nos colégios, meu irmão, tão rico, reconheceu minha necessidade de proteção, acompanhando-me, ajudando-me a conseguir o que merecia? Qual a orientação e amparo que me dera aquela tão inquisidora família?

Nesta época comecei a escrever. Trancava-me no quarto, ou mesmo no banheiro, permanecia durante horas escrevendo, perdida em abstrações. Vivi um tempo puramente esquizofrênico.

Em casa só tinha meu filho e mamãe para conversar. Um de meus conhecidos, Hermínio Guerra, ao ler o que eu escrevia, ou conversar comigo, dizia-me: "Deixe Belo Horizonte, Maura. Você está perdida neste lugar infame. Tente o Rio. Alguém a descobrirá, estou certo. Mesmo, você é bonita; isto ajuda". Se brigava em casa, Hermínio sempre me arranjava onde dormir, e o que comer. Sentados os dois nos restaurantes, ouvindo-me (é um advogado muito culto), ele dizia pesaroso olhando-me: "Quanta inteligência. É necessário canalizar esta inteligência para alguma coisa. Drená-la. E ninguém aqui sabe disto". Quando ninguém acreditava em mim, quando nem eu mesma acreditava, Hermínio Guerra lamentava a estupidez dos que me ignoravam. Foi o único amigo que encontrei em Belo Horizonte. Amigo, mesmo para sair de lá: emprestou-me algum dinheiro.

Vim para o Rio. Nada me impulsionava a não ser a certeza de estar fazendo o que todos de casa desejavam. Como sofri ao tomar o avião: o que me esperava? Que podia eu fazer no Rio? Meu pouco dinheiro, o coração doendo de incerteza e medo.

Depois de estar no Rio há um ano, ter passado por várias aventuras, tentei o suicídio. Estive oito dias na tenda de oxigênio. Uma assistente social recomendou-me fazer um tratamento psicológico no hospital do Engenho de Dentro (contara-lhe a vida inútil levada durante todo o ano). Vim. Fui atendida por um médico que se recusou a aceitar-me no hospital. Perguntando-me se já estivera em lugares deste gênero, confessei-lhe haver estado na Casa de Saúde do Alto da Boa Vista. "Mas, minha filha, aqui é outra coisa. Eu me sentiria constrangido internando-a. É hospital de indigentes, um lugar feio. Você não tem ideia do que vai encontrar." "Não tem importância, doutor. Também sou indigente. Não tenho emprego, estou cansada, nem sequer posso continuar morando onde estou." Aconselhou-me a pensar e resolver, de outra forma, a situação. Não consegui resolver, uma semana depois procurei de novo o hospital. Insisti, terminou por aceitar-me. Perguntou-me antes se estava disposta a vestir uniforme de indigente. Fui internada no IP. Minha primeira impressão foi de pânico. Abriram-me uma porta, vi-me diretamente no refeitório. As mesas cinzentas de pedra, algumas doentes despenteadas, com os cabelos em pé, fizeram-me recuar. Uma enfermeira segurou--me pelo braço: "Não pode mais sair". Trocaram meu vestido pelo uniforme, puseram-me no pátio. Só o cinema será capaz de mostrar o que é o IP. É onde são internadas as doentes na sua fase mais aguda. Depois de três meses, transferem-nas para os outros hospitais. O IP mantém um número de doentes três vezes superior ao que pode suportar. As brigas são rotina. As guardas, terríveis. Ninguém dorme: mulheres andam durante toda a noite pelos corredores, chorando, gritando, cantando e dançando macumba — ou rezando. Nos dois meses em que estive lá tinha na cabeça, continuamente, um verso de Castro Alves: "Gritos, ais, maldições, preces ressoam". Inúmeras vezes acordei sendo empurrada da cama por uma doente nua, ou com outra, imóvel, ao meu lado, completamente envolta num lençol branco. Ignoro como suportei. Realmente: ignoro como suportei. Muitas vezes fui agredida. O número de negras era bem maior que o de brancas, eu parecia uma das mais claras, minha cor devia agredi-las. Costumavam dizer, insultando-me: "Esta branca azeda". Havia um grupinho de moças ao qual me juntei. Não eram loucas, mas desajustadas. Algumas, transferidas do SAM. Brigávamos, dando trabalho às guardas. Estas eram, geralmente, más e relapsas. Maltratavam as doentes, usavam de palavrões irrepetíveis. Uma vez vi uma guarda bater numa doente catatônica. Foi no banheiro, à noite, à hora do banho. A guarda bateu ajudada por uma doente, Euza. Bateu principalmente na cabeça, dando-a de encontro à parede. Nair, Eva e eu vimos horrorizadas. A doente morreu no outro dia. Não sei se no laudo médico constou como causa a agressão. Não sei se ela morreu em consequência da agressão. Mas ela morreu no dia seguinte à agressão. Contamos à inspetora, dona Alice Ramos Corrêa.

Nenhuma guarda me tinha amizade. Nem eu a elas. Dr. Paris, meu médico, dava-me muita atenção. Também dra. Sara me foi muito simpática. Ela não compreendia como eu pudesse às vezes misturar-me àquelas mulheres, dando bofetadas e apanhando também. Perguntava-me: "Por que você se rebaixa tanto?". Na verdade, eu também não sabia.

Dois meses depois me transferiram para este hospital. Achava-me afetivamente ligada a dr. Paris. Ao saber da minha transferência, senti-me renegada. Julguei que ele quisesse se ver livre de mim. Quanto à dra. Sara, deixara de falar com ela, achando-a mesmo antipática, sempre me censurando e além disso constantemente acompanhada por um médico que me diziam ser seu noivo. No momento em que a guarda convidou-me a acompanhá-la para o outro hospital (estávamos no consultório de dr. Paris), corri para a janela, quebrei-lhe os vidros, insultei dra. Sara. Gritei-lhe: "A senhora se sente realizada, mas sou mais bonita". Foi em meio a grande rebuliço que se deu minha transferência. Aqui me esperavam com o quarto-forte. O médico, dr. Castro, perguntou-me por que agi daquela maneira. Respondi-lhe:

— Uma das razões é a profunda antipatia que tenho por dra. Sara. Julgo-a responsável pela minha transferência.

— Você não gosta da Sara? Ela é tão boazinha.

Pensei um pouco, respondi com sinceridade:

— Tenho inveja dela.

— Inveja? Por quê?

— Ela é médica, tem sua carreira, está realizada. Além disto, é noiva.

Dr. Castro compreendeu, não fui para o quarto-forte e ficamos muito amigos.

2/3/1960

Considero meu diário simplista. Sou muito mais do que aparento ser neste diário. Meus diálogos com o médico revelam uma inteligência rápida, brilhante, ele confessa sempre que sou mais inteligente do que ele. Ao escrever, limito-me quase sempre a registrar fatos. É pena.

3/3/1960

Dr. A. não está bem de saúde. Sofre de sinusite. Passou um dia sem vir ao hospital, telefonando para saber como eu ia passando. Hoje de manhã, no seu consultório, pareci muito aflita, como prevendo alguma coisa desagradável. Quase deixei-o louco. Tenho medo de que seu estado de saúde se agrave, impedindo-o de vir por alguns dias, e não posso ficar sem ele.

Hoje é o dia em que ele recebe os parentes das doentes. Dona Dalva, a porteira, telefonava a todo instante para o consultório, avisando que ele estava sendo esperado na sala por várias pessoas. Eu não podia deixá-lo. E não o deixei. Pedi-lhe que ficasse comigo; não o podia repartir com os outros.

— Por favor, dr. A., troque de cadeira comigo. Sente-se nesta onde estou, e dê-me a sua. Preciso senti-lo próximo, ainda que seja através de um objeto.

Trocamos de cadeira. O telefone tocava, chamando-o. Eu atendia, respondia que ele estava ocupado. Era quase meio-dia, estávamos juntos desde nove horas. Ele foi ao telefone, avisou que não atenderia a ninguém naquele dia. Eu me desesperava, ainda tendo-o junto de mim. Por quê? — me pergunto agora. — Não sei. Talvez temesse que ele fosse obrigado a ficar em casa mais alguns dias. Além de todas as outras desgraças, não me agrada sabê-lo tão junto de sua mulher. Falou uma coisa que me deixou intrigada; falou com tanta veemência:

— Maura, procure ter-me dentro de você; assim nunca me perderá. Mas dentro de você, sem a presença física. Não adianta me reter aqui por mais uns minutos. Eu estarei junto de você, não tenha medo; de qualquer maneira.

— Por que o senhor fala assim? — perguntei alarmada.

— Por nada. Mas preste atenção: tenha-me no seu íntimo. E não se desespere. É muito mais segura esta forma de posse. Um psicanalista não diria o que vou dizer: mas eu também não a esqueço. Você já sabe disto, não?

— Creio que sim. Mas o que vai acontecer, dr. A.? O senhor não pretende vir amanhã?

— Pretendo. Mas se não vier estarei com você. Aprenda a guardar-me.

Era já quase uma hora — ele precisava almoçar, eu não o deixava sair. Resolveu fugir. Alcancei-o na porta, impedindo-o abri-la.

— Maura, tenho fome. Veja como transpiro. É fraqueza.

— Não importa. Eu também não almocei.

— Esta é uma forma ilusória de reter-me junto de você. Guarde-me de outra maneira.

— Não posso.

Quando ameaçava sair correndo, eu o segurava. Ficamos até uma hora. Não se mostrou aborrecido. Parece nunca aborrecer-se comigo, por pior que me porte (e quase sempre me porto mal).

Amanhã ele virá; estou certa. Ou não?

Contaram-me: prenderam um doente no quarto-forte e, como estivesse agitado, atiraram pelo buraquinho da porta um copo de amônia, quase o matando. O quarto-forte não tem janelas. Isto foi feito pelo administrador do hospital e pelo enfermeiro-chefe.

7/3/1960

Acordei assustada, não consegui precisar onde estava. Logo depois as coisas se tornaram claras, duras. NÃO. Mas a sensação era bem conhecida: a única à qual jamais consegui escapar. O coração doía perplexo — eu estava ainda viva. Nomes passando céleres — era de manhã bem cedo. Tentei dormir de novo, com força e tristeza. Me encontrava de novo perdida.

Dormi pouco. Acordei depressa como se apenas me custasse o esforço de fechar as pálpebras. Toda esta tristeza preparada para ser vista. Não, meu Deus. Não. Encolhi-me sentindo frio e dormi de novo. Os nomes passavam: dr. A., dr. Paim, dona Júlia (víbora) — hein? Devo ter dormido e acordado mais de cinco vezes. Sono rápido, negando-se. Buscava-o. Dormindo não penso, não penso, não penso.

Deixei o hospital há quatro dias. Saí como louca. De manhã dona Olga me trouxe um recado lacônico:

— Dr. A. entrou de férias. Se você precisar de qualquer coisa, dirija-se a dr. Paim.

Devia ser mentira. Mentira, mentira sim.

— Ele só disse isso?

— Só.

Uma vez alguém me traiu assim também: "Você me ama?". "Mais do que tudo no mundo." Mais tarde: "Não compreendeu que meu silêncio era prova de que não podíamos continuar mais?". "Não. Não compreendi." Sempre perguntei a dr. A: "Jura que não me deixará sozinha enquanto necessitar tanto do senhor?". "Juro. Confie em mim. Você não confia em ninguém." Por que me fez tão confiante, se pretendia abandonar-me? Todo este tempo esperei quebrar o círculo ao qual o senhor se referia, mas o círculo está aí: não sei o que fazer, estou sozinha e desamparada. Não podia permanecer no hospital sem ele. Sinto-me insegura, sou muito antipatizada lá. Fui desesperada ao jornal. Reynaldo telefonou para ele, contando-lhe que eu saíra do hospital. Respondeu que, se minha volta dependesse dele, interromperia suas férias. Só entrara de férias por estar muito doente. Infelizmente eu não quis. Reynaldo pensa que sou amante ou namorada de dr. A., pois enquanto eu perguntava aflita: "O que mais ele falou?", respondeu-me: "Ele não pôde falar muito, naturalmente sua mulher devia estar por lá".

Vim para casa de Heitor Saldanha. Fui ontem ao hospital trocar de vestido, pois não trouxe nada. Dona Olga encontrou-me na portaria:

— Você não deve subir à seção. Dona Júlia tem ordens severas a seu respeito. No dia em que você saiu, ela chamou dr. Paim, fez a maior intriga, disse a ele que você se evadira. Dr. Paim ficou furioso, mandou juntar suas coisas numa trouxa, amassaram tudo, até seu diário — já puseram duas doentes no seu quarto.

— Mas preciso ir. Estou muito suja. Olhe meu vestido.

— Eu não iria. Você conhece dona Júlia. Dr. A. não está aqui para te proteger. Vá embora, é um conselho de amiga.

Voltei da portaria. Quais teriam sido as ordens de dr. Paim? Botar-me no quarto-forte? Ele não pode alegar que me evadi, costumo sair sempre e até já dormi aqui em casa de Heitor. (Não posso continuar na casa de Heitor, o apartamento é pequeno, há parentes dele aqui e não estão em boa situação financeira.

Sinto-me importuna. Que farei? — REALMENTE: QUE FAREI? Não quero recorrer a Reynaldo, estou sem emprego, roupas e dinheiro, nem me acho bem equilibrada. Além do choque emocional, perdendo a assistência de dr. A. Que farei sem dr. A.?) Não me é possível entender a atitude de dr. Paim, tomando-me o quarto. É médico, devia compreender minha reação, ao sair desesperada do hospital. Dr. Paim é impulsivo, passional. E como é vaidoso. As coisas devem correr como ele espera — ou, se pode, se vinga. Que fazer? É-me penoso julgar dr. Paim. Gostaria ao menos de justificar sua conduta perante mim mesma. Como é desolador perder a fé nas pessoas a quem amamos. Como é terrível ficar sozinha. E como é desgraçado estar na situação em que estou.

Maura Lopes Cançado, anos 1940.

Maura e as fronteiras

Natalia Timerman

Foi numa sala de aula de literatura — não numa biblioteca ou livraria — que escutei o nome de Maura Lopes Cançado pela primeira vez, faz alguns anos. A "escritora louca" que matou alguém durante uma internação no hospício era o aposto que se juntava ao nome. O silêncio no recinto. Matar alguém. Logo imaginei uma mulher num surto psicótico estrangulando outra, e logo antevi sua literatura, desconexa, marcada definitivamente por esse episódio. Mas eu não sabia nada sobre Maura. Eu não sabia nada sobre sua escrita, que está muito longe de ser desconexa ou sequer se avizinhar da desagregação de pensamento que pode incorrer em figuras de linguagem; eu não sabia nada sobre a ordem dos fatos. Não sabia, por exemplo, que ela havia publicado seus dois livros alguns anos antes do assassinato, e que, embora tivesse continuado a tentar depois, nunca mais conseguiu escrever; que sua vida fora marcada por pelo menos dezenove internações em hospitais psiquiátricos, totalizando mais de quatro anos de reclusão;* que ela fora uma promessa literária no fim da década de 1950, quando seus contos e um poema saíram no Suplemento Dominical do *Jornal do Brasil*, mas principalmente após a publicação, em 1965, de *Hospício é Deus: Diário I*, híbrido de diário, anotações autobiográficas e ficcionais escrito nos cinco meses de uma dessas internações, e que recebeu grande repercussão crítica, mas não muito além do Rio de Janeiro, onde a autora morou a maior parte de sua vida.

Eu talvez desconfiasse — o silêncio na sala, a estupefação — que chegar à literatura de Maura Lopes Cançado pela sua caracterização mais comum, a "louca homicida", seria, de certa forma, apreendê-la simbolicamente pelo eco de seu mais terrível gesto. Seria, de certa forma, continuar matando alguém.

Na mesma vereda dessa desconfiança, a escritora Deborah Brum constatou, no decurso de sua pesquisa de mestrado, que a biografia de Maura ganha força na recepção, na pesquisa e no aparato crítico acerca de sua obra. O aposto de "escritora louca e homicida" faria com que ela fosse novamente silenciada e confinada à loucura, o que desmereceria a sua potência. "Maura Lopes Cançado não pode ser reduzida a uma escritora louca, ou a uma louca escritora. Maura, como autora, pede voz nesta trajetória",** verifica Deborah. A loucura retiraria da autora a voz em primeira pessoa e minaria sua credibilidade, compreendidas sempre pelo viés da insanidade e dando lugar às vozes das instituições psiquiátricas e jurídicas.

Seria ingênuo, no entanto, dizer que a escrita de Maura

---

* M. L. Scaramella, *Narrativas e sobreposições: Notas sobre Maura Lopes Cançado*, p. 30.
** D. Brum, *Demolir os muros dos pátios: A escritura de Maura Lopes Cançado como máquina de guerra em* O sofredor do ver, p. 8.

não se relaciona com a loucura. Maura escreve um diário numa das muitas internações psiquiátricas pelas quais passou; discorre sobre a loucura alheia e se questiona sobre a própria; documenta e denuncia os abusos e violências perpetrados pelo sistema manicomial brasileiro da metade do século passado, sem, contudo, se eximir de seu comportamento por vezes violento, e deixa transparecer a instabilidade e as flutuações de humor que a acometem formalmente na escrita. Como, então, olhar Maura sem reduzi-la à sua loucura, mas tampouco sem a ignorar, já que é fundamental para a obra da autora? Como considerar aspectos psíquicos na configuração de um texto que os tematiza sem romantizar a produção a partir de uma patologia? Como considerar o crime parte da trajetória de sua vida sem resumi-la a ele? Como, enfim, falar da literatura de Maura Lopes Cançado em toda a sua complexidade?

O escritor e professor Assis Brasil descreve a linguagem de Maura como:

> primitiva, embora, talvez paradoxalmente, de alto nível literário, o que é de estranhar à primeira vista. [...] Talvez possamos falar em linguagem "pura", ou purificada dos cacoetes e lugares-comuns que tanto enfeitam a literatura brasileira mais jovem. [...] Como nos pintores ingênuos, a linguagem de Maura Lopes Cançado é a necessidade de sua expressão mais íntima, sem que se preocupe com aquilo que está feito ou que deva ser feito.*

Haveria, aqui, um prejulgamento que associaria a pureza e o primitivismo ao descrédito da afecção mental? Scaramella interpreta que Assis Brasil estaria se referindo a um tipo de literatura

---

* Em M. L. Scaramella, *Narrativas e sobreposições: Notas sobre Maura Lopes Cançado*, p. 77.

desvinculada do universo formal, acadêmico. É no mínimo curioso que haja sido justamente nesse universo que o interesse por Maura e sua escrita tenha ressurgido com força nas últimas duas décadas.

DIAGNÓSTICO COMO ALEGORIA

Se a literatura foi forte aliada na construção da psicanálise, não parece ter cumprido o mesmo papel na psiquiatria. Tanto a psicanálise quanto a literatura se fundamentam na hermenêutica, sob o signo de Hermes, o deus mensageiro, que leva as mensagens entre os deuses e os homens, que promove as trocas e habita as encruzilhadas.* O saber psiquiátrico, por seu turno, considera-se clínico, advindo da observação, e intenciona, como verdade científica, ser fixo a cada vez que se constitui — o que, entretanto, está muito longe de acontecer. A psicopatologia, assim como a psiquiatria, está constantemente em evolução. O que se entende por diagnósticos psiquiátricos são, quando muito, hipóteses provisórias, relacionadas a um saber considerado válido num determinado período, e tais diagnósticos não podem ser entendidos como sinônimos definitivos dos fenômenos complexos que pretendem nomear.

Posturas explicativas como a da patografia, da psicobiografia e da psicocrítica, que relacionam a literatura e a escrita a transtornos mentais, enclausurariam possibilidades interpretativas, ao invés de abri-las. Um texto literário, porém, não se explica: primordialmente se interpreta. A personagem é palavra, não pessoa, e portanto não poderia ser submetida a um processo diagnóstico.** Mas, aqui, estamos tratando a princípio de uma pessoa, e

---

* A. B. de Meneses, "Sob o signo de Hermes", em C. R. P. Passos e Y. Rosenbaum, *Interpretações: Crítica literária e psicanálise*, p. 29.

** Essas ideias chegaram até mim nas aulas de crítica literária e psicanálise de

uma pessoa que escreve um diário, e um diário cujas entradas são concebidas nos recintos de um hospital psiquiátrico. Reduzir Maura a uma personagem — o que ela, no entanto, também não deixa de ser — empobreceria o caráter testemunhal de seu texto. E, em seu texto, ela própria se questiona quanto ao seu diagnóstico, elabora hipóteses, se autoanalisa, e isso, ainda que não seja uma autorização expressa para que se siga pelo mesmo caminho, configura uma abertura.

"A obra de arte constrói, por assim dizer, sua própria fogueira e sua última verdade será o fogo que a consome",* afirma a filósofa e escritora Jeanne Marie Gagnebin. Parto aqui da possibilidade de continuidade de discussão diagnóstica iniciada pela própria Maura. Faço o exercício, talvez, não de tentar diagnosticá-la, mas de encarar o saber psiquiátrico, por um instante que seja, como alegórico. Ou, conforme apontou o escritor Ronaldo Bressane em sua dissertação de mestrado:

> Como estamos tratando de literatura, obviamente não interessa diagnosticar Maura como paciente de clínica psiquiátrica. Contudo, como diagnóstico clínico e crítica literária são aqui procedimentos contíguos e análogos, me interessa entender de que forma Maura, ao observar-se como paciente, cria a personagem Maura, usando até mesmo o léxico psiquiátrico. Do mesmo modo como a psicanálise foi criada a partir de textos de literatura, inversamente a crítica literária pode usar o diagnóstico psiquiátrico para conceber a chave interpretativa de um texto.**

Yudith Rosenbaum e Cleusa Rios Passos, em disciplina ministrada no primeiro semestre de 2020 no Departamento de Teoria Literária e Crítica Literária da Universidade de São Paulo.

* J. M. Gagnebin, *História e narração em Walter Benjamin*, p. 45.

** R. Bressane, *Maura, Agrippino, Rodrigo: Visões da loucura na literatura*, p. 38.

Ainda que eu seja escritora e esteja fazendo um exercício de crítica literária, não deixo de ser psiquiatra. Esse olhar não só perpassa minha leitura, como em muitas passagens do livro inevitavelmente a guia. Peço licença a Maura e a quem lê, com a justificativa e a ressalva de que este exercício diagnóstico não pretende encerrar a sua obra, e sim, muito pelo contrário, apenas realçar alguns de seus aspectos e deslocar o entendimento estabelecido. Acredito que possa haver algum interesse além do meu próprio, nem que seja por parte de quem sofre dos transtornos aqui discutidos — embora eu corra o risco de, como critica Deborah Brum, recair na "ênfase na loucura associada à sua escritura, o que acarretaria um biografismo excessivo, trazendo ao campo da pesquisa interpretações psicopatologizantes elaboradas a partir de seu contexto de vida".[*]

A antropóloga e professora Maria Luisa Scaramella, que por ter acessado o arquivo processual e entrevistado familiares e amigos é até o momento autora da tese de maior minúcia e fôlego acerca da vida de Maura Lopes Cançado, considera que "muitos dos nomes dados à loucura ao longo da história mudam não porque novas formas de alienação surgem, mas pelo fato de mudar a maneira de interpretar os fenômenos".[**] Muitas das maneiras como se caracterizou a loucura — portanto, suas definições e nomes — "sempre estiveram vinculadas aos valores, às práticas, às convenções de uma época". Ler Maura Lopes Cançado hoje significa então, também, absorver a dimensão da passagem do tempo, assumindo, sem que isso diminua sua obra, o anacronismo.

---

[*] D. Brum, *Demolir os muros dos pátios: A escritura de Maura Lopes Cançado como máquina de guerra em* O sofredor do ver, pp. 21-2.
[**] M. L. Scaramella, *Narrativas e sobreposições: Notas sobre Maura Lopes Cançado*, p. 160.

UM EXERCÍCIO DIAGNÓSTICO

Que se passa comigo? Serei considerada psicótica? Os médicos não me parecem levar a sério, embora troquem olhares quando falo, como surpreendidos com minha lógica [...]. "Esta é PP. Não há dúvida." PP quer dizer personalidade psicopática. [...] Serei mesmo PP? [...] Terminarei pela vida como essas malas, cujos viajantes visitam vários países e em cada hotel por onde passam lhes pregam uma etiqueta [...]: PP, paranoia, esquizofrenia, epilepsia, psicose maníaco-depressiva etc.*

Maura encara os rótulos de bagagem com ambivalência. Por um lado, se interessa, se pergunta pela adequação da hipótese a si própria ("Serei mesmo PP?"); por outro, questiona e ironiza sua validade: "Minha personalidade mesma será sufocada pelas etiquetas científicas. Serei a mala ambulante dos hospitais, vítima das brincadeiras dos médicos, bonitos e feios".** Na entrada seguinte de seu diário, menosprezando dr. J., psiquiatra que "é de uma deselegância absurda", afirma: "quanta deficiência. Devia perdoá-lo, mas não posso — sou também psiquiatra, isto é, deficiente".*** Admitindo a deficiência da psiquiatria — e a postura irônica de psiquiatra assumida por Maura —, pergunto-me que nome tais etiquetas de bagagem teriam hoje.

Não me parece que Maura tenha sido esquizofrênica, pois sua linguagem em momento algum descarrilha dos trilhos da coerência; ou então ela não escrevia durante os surtos psicóticos, pelo menos não em seu diário. No entanto, havia, sim, momentos de persecutoriedade, possivelmente delirantes, que

---

* Ver pp. 47-8 desta edição.
** Ver p. 48 desta edição.
*** Ver p. 49 desta edição.

ela acessava mais tarde, vendo-se de fora: "durante um ensaio do *Hamlet*, senti-me estranha, aborrecida e desconfiada, todos pareciam conspirar contra mim".* O episódio, além de constar em *Hospício é Deus*, foi matéria-prima do conto "Espiral ascendente", incluído em *O sofredor do ver* (conto que no diário ela diz se chamar "Sonifene"). Depois, ao longo da vida, segundo relatos de amigos e de seu filho, Cesarion Praxedes (Scaramella teve acesso aos autos do processo), houve outros momentos em que Maura se mostrava desconfiada, arredia, persecutória. Existe a hipótese de que o assassinato tenha sido cometido num desses episódios.

O que mais chama a atenção de uma psiquiatra que lê o diário de Maura Lopes Cançado nos dias de hoje são as palavras que traduziriam suas oscilações de humor. Na entrada de 15/11/1959, escreve:

Minhas reações são completamente negativas: às vezes choro. Se interrogada, não saberia explicar a razão do meu choro. Seria falta de inteligência o que me levou a sofrer tão anonimamente? Nem sequer encontro dor no sofrimento, ou, independente de sofrer, a dor está presente. Me canso. Os dias se estendem, mudos.**

Dor, lentidão, cansaço, certo negativismo através do qual questiona a própria inteligência, de que em várias outras passagens do diário costuma se gabar, dão lugar, algumas linhas depois, ao relato oposto:

Quase todas as doentes me admiram. Sinto-me muito vaidosa. Às vezes as coisas se precipitam, sou tomada de estranha vida,

---

* Ver p. 127 desta edição.
** Ver pp. 62-3 desta edição.

jovem, alegre e alta, uma grande felicidade me invade, esqueço o hospício, acho-me jovem e bonita, chamo a atenção de todos para mim, exponho as pernas — bronzeadas pelo sol da praia —, solto os cabelos e rio alto, brincando com dona Dalmatie ou alguma internada. De manhã costumo pintar muito os olhos, uso lápis preto ao redor deles e sombra verde nas pálpebras.*

É preciso fazer um esforço para não enxergar, aqui, o que hoje se entende por virada maníaca, a inversão ao polo oposto do depressivo no transtorno afetivo bipolar, conhecido, na época de Maura, por psicose maníaco-depressiva. A mania é caracterizada, entre outras coisas, por elação do humor e grandiosidade na percepção de si.

Ao longo do diário, há muitas outras passagens que descrevem tais alternâncias. A combinação de oscilações de humor para o polo maníaco e o depressivo com surtos psicóticos que não necessariamente coincidem com essas variações poderia levar, se é possível generalizar das palavras e informações para a vida, a supor o diagnóstico de transtorno esquizoafetivo. Diferentemente do que ocorre na esquizofrenia, os portadores desse transtorno podem ter a afetividade mais preservada entre as crises, o que parece ser também o caso de Maura.

Mas nada, em se tratando dela, é tão simples assim. Maura apresentava, segundo ela mesma e segundo o laudo de sanidade mental, atividade cerebral epileptiforme.

Aos sete anos fui vítima de um ataque convulsivo que muito preocupou meus pais. [...] Aos doze anos, estudando interna, tive outra crise, [...] aos catorze anos, estava acordada, tive uma crise e foi horrível. [...] Outra crise se repetiu em condição análoga, logo

---

* Ver p. 63 desta edição.

247

após meu casamento, durante a gravidez, e a última, aos quinze anos, depois da morte de papai. Não se repetiram até hoje. Tenho tido constantemente crises equivalentes. As auras epilépticas me são quase que cotidianamente familiares.*

Maura se contradiz ao negar e logo afirmar novas crises, e o termo "equivalentes" talvez possa se referir ao que se entende por pseudocrises, manifestações convulsivas psicogênicas, sem causa neurológica de base. Isso pode acontecer em alguns transtornos de personalidade (guardadas, mais uma vez, todas as ressalvas de elaborar tais hipóteses com base apenas em palavras, como mero exercício de raciocínio clínico).

Os transtornos de personalidade se manifestariam desde cedo na vida de uma pessoa, demarcando e definindo sua estrutura e formação, ainda que só possam ser diagnosticados depois da adolescência, quando a personalidade já estaria mais estabelecida. "Não creio ter sido uma criança normal, embora não despertasse suspeitas. Encaravam-me como a uma menina caprichosa, mas a verdade é que já era uma candidata aos hospícios onde vim parar."**

Quando se questiona acerca de uma suposta personalidade psicopática, Maura está diante do que atualmente se entende como um dos diagnósticos do Cluster B do DSM v, compreendidos pelos transtornos de personalidade borderline, histriônica, antissocial e narcisista, cujo fator comum seria um comportamento marcado por desregulação emocional, impulsividade e pela reiteração de conflitos interpessoais. Maura, vista por tal viés redutor de quem tenta enquadrá-la à distância apenas através

* Ver p. 22 desta edição.
** Ver pp. 16-7 desta edição.

de suas palavras, passeia por esses quatro possíveis diagnósticos, apresentando traços de todos, sem se fixar em nenhum.

O transtorno de personalidade antissocial seria, hoje, o que antes era a tal personalidade psicopática, a PP do diário, marcada principalmente pela falta de empatia diante do outro. Maura parece manifestar isso em alguns momentos, como em: "Mostrei-me inflexível. Estava tudo duro demais. Eu necessitava fazer sofrer. Teria a médica sofrido com o tombo no lodaçal?". Essa necessidade de machucar, nó a partir do qual eventualmente escreve, no entanto, não é uma marca definitiva, do contrário ela jamais poderia ter escrito contos como "No quadrado de Joana" e "Introdução a Alda", textos ficcionais incluídos em *O sofredor do ver*, elaborados a partir de suas vivências no hospital psiquiátrico e que sugerem um aguçado, atento e identificado olhar às mulheres que tem diante de si: "Sim, Joana será vencida na curva de uma pétala. A palavra beleza, levada a sério, pode desconjuntá-la. E nuances, mesmo de cores, ou principalmente de cores, seriam sua perdição".* É muito difícil conciliar a frieza da personalidade antissocial com a capacidade de ver de perto assim — ver sofrendo — uma mulher catatônica.

O mesmo se poderia dizer de uma passagem do conto "Introdução a Alda", uma das mais belas escritas por Maura, uma contração poética que se debruça sobre outra pessoa, sobre si, sobre o medo e o desejo: "Sente a estranheza das coisas, quase se movendo em seu próprio círculo feito de só. Rodeada de só, entanto sendo. Ela dançaria um minueto por um toque de mão sem dor. Súbito, ela sabe, mataria o próprio medo se recebesse um beijo sem o momento que o precede".**

Depondo contra a frieza psicopática estaria, também, o en-

---

* M. L. Cançado, *O sofredor do ver*, p. 18.
** Id., p. 22.

ternecimento e o orgulho de Maura ao concluir que o conto modificou a vida de quem retratou. "Talvez devesse escrever um conto para cada doente, se isto viesse melhorar-lhes a sorte."*

Completando os transtornos do Cluster B, a Maura por detrás das palavras também passeia pela personalidade histriônica, que cursaria com a tentativa frequente de ocupar o centro das atenções, a interação inadequadamente sedutora ou sexualmente provocativa e a expressão oscilante e superficial das emoções, e passeia também pela personalidade narcisista, cujos critérios Ronaldo Bressane acertadamente afirmou que ela "gabaritaria", com um padrão persistente de grandiosidade, necessidade de admiração e falta de empatia, características que o diário deixa entrever de sua pessoa. Mas todos esses transtornos podem se confundir com outros, por exemplo, com a oscilação de humor da bipolaridade, e se é difícil e muitas vezes forçoso determinar um diagnóstico numa pessoa, quanto mais numa figura literária, mesmo que ela tenha de fato existido e escrito sobre seu sofrimento mental. Além disso, o que se manifesta como uma suposta mania de grandeza psiquiátrica é, segundo Bressane, "determinante na criação do personagem Maura, mas também um ponto de fuga narrativo, espécie de santuário ou refúgio, em situações que a personagem Maura se vê ameaçada ou derrotada",** o que imbricaria as fronteiras entre o patológico e o literário, a pessoa e a personagem.

Aqui, nessa porosidade de fronteiras, gostaria de me debruçar sobre a quarta personalidade dos transtornos do Cluster B, a fronteiriça, popularmente conhecida como borderline. É digno de nota que na infância Maura tenha sido vítima de abusos sexuais por alguns dos empregados da fazenda onde vivia, segundo seu diário e

---

* Ver p. 117 desta edição.
** R. Bressane, *Maura, Agrippino, Rodrigo: Visões da loucura na literatura*, pp. 36-7.

os autos do processo: sabe-se que história de abuso em idade precoce aumenta o risco de que a pessoa venha a desenvolver transtorno de personalidade borderline e qualquer outro transtorno psiquiátrico. Contudo, mais do que se encaixar à pessoa de Maura, caracterizando-se por marcada hipersensibilidade nos relacionamentos interpessoais, instabilidade na autoimagem, flutuações extremas de humor e impulsividade, essa categoria pode antes de tudo nos servir como alegoria, como ferramenta interpretativa.

Não cabe aqui uma pormenorização da história do transtorno borderline de personalidade. Vale apenas dizer que, embora o termo tenha sido cunhado em 1937 por Adolf Stern, ainda não era tão difundido na década de 1950, e então dificilmente poderia servir a Maura. Foi na década de 1960 que Kernberg definiu a organização borderline de personalidade, uma personalidade que ficaria entre a neurose e a psicose, e foi só nos anos 1970 que John Gunderson propôs os critérios e criou o diagnóstico.[*]

De tudo isso, gostaria de ressaltar o *entre*, o caráter fronteiriço, que diz tanto de Maura quanto de sua escrita e que pode nos servir, muito mais que como categoria, como chave interpretativa de sua literatura e principalmente de *Hospício é Deus*, situado no limiar entre o autobiográfico e o ficcional, o diário e o romance, a sanidade e a loucura. A única estabilidade, provavelmente, o único caráter inquestionável da maior obra de Maura, é sua dimensão documental e testemunhal.

DOCUMENTO, TESTEMUNHO, DENÚNCIA

Hospício é Deus é composto de palavras que carregam a flutuação do temperamento da autora do livro. Em sua dissertação,

---

[*] Agradeço a Cícero Kobayashi pelas informações.

Ronaldo Bressane defende que, como toda narradora em primeira pessoa, Maura Lopes Cançado não seria confiável, o que só se potencializaria pela loucura a partir da qual escreve. Me parece, no entanto, que a oscilação aqui é a própria informação, ela sendo confiável enquanto não confiável, realista na instabilidade de sua escrita que não se encaixa sem perdas em gênero algum, como a vida dela, fronteiriça em todos os sentidos. Ainda assim, o teor testemunhal do diário é inegável, a despeito de qualquer desconfiança que se possa ter sobre a narrativa.

Hospício é Deus se oferece como valioso documento sob diversos aspectos. A começar pelo caráter documental que abrange uma crônica do jornalismo carioca de fins dos anos 1950, com episódios curiosos acerca do Suplemento Dominical do *Jornal do Brasil* e pinceladas de sua relação de amizade com figuras como Reynaldo Jardim, Ferreira Gullar e Carlos Heitor Cony. O Suplemento, que existiu entre 1958 e 1961, era um dos mais prestigiosos veículos de literatura da imprensa da época. Maura era colaboradora e frequentadora assídua da redação, e, segundo Maria Luisa Scaramella e passagens do próprio diário, ela às vezes produzia suas colaborações lá mesmo, entrando e saindo da instituição psiquiátrica caso estivesse internada. Maura escreveu com alguma regularidade para o Suplemento durante toda a curta vida do periódico, e os contos ali publicados originaram o volume *O sofredor do ver*, de 1968.

De acordo com Scaramella, nos anos 1950 estava em voga uma aproximação entre loucura e arte, principalmente nas artes plásticas. Na literatura, porém, isso pouco se via. Bressane pontua em sua dissertação que, seja em que época for, à literatura escrita a partir da loucura e sobre a loucura cabia a margem. Ainda assim, Maura foi admitida no convívio do Suplemento Dominical. Com o passar do tempo e o acúmulo de episódios conturbados, as tensões se acentuaram e sua reputação como louca passou a se cristalizar, interferindo na recepção de sua ficção.

Todas as entradas de *Hospício é Deus* estão compreendidas em cinco meses, durante o período em que colaborou para o Suplemento Dominical, e são tanto um relato de época quanto de sua escrita — sempre mesclados e sujeitos às inconstâncias de seu humor, que acabam se tornando matéria e forma de sua própria literatura. Esse foi, provavelmente, o período literário mais fértil de Maura, embora ela tenha começado a escrever ainda em Minas Gerais, antes de se mudar para o Rio de Janeiro, e embora produzisse freneticamente em alguns períodos: "Trancava-me no quarto, ou mesmo no banheiro, permanecia durante horas escrevendo".*

Tudo o mais que Maura Lopes Cançado escreveu, para além dos contos, do primeiro volume de seu diário e de algumas cartas, se perdeu. Por que só restou isso? O que a levou a publicar somente entre fins dos anos 1950 e começo dos 1960? Seria, de fato, a desorganização da loucura, impossível então de ser romantizada, já que tão mutiladora de suas capacidades? Teriam outras tantas páginas sido deixadas para trás junto de seus pertences em cada quarto, hotel, manicômio? Quanto de silenciamento há para cada página que vem à luz?

O que fica, o pouco que nos chega até hoje, tem valor inestimável. Contemporânea de Nise da Silveira, Maura descreve os primórdios dos ateliês de terapia ocupacional. Ainda que não tivesse convivido diretamente com Nise, as entradas de seu diário mencionam alguns dos artistas que foram revelados por ela, como Rafael, Isaac, Emídio e Adelina.

Maura denuncia contundentemente, também, a violência e o abuso da hierarquia de um hospital psiquiátrico da época,

---

* Ver p. 229 desta edição.

mostrando as terríveis práticas do manicômio, instituição total para onde, no entanto, ela ia muitas vezes por vontade própria. Ela simplesmente não tinha mais para onde ir, sem trabalho e sem o apoio da família. Seu relato acaba sendo, ademais, o relato de uma época do ponto de vista de uma mulher, e igualmente do moralismo das famílias de Minas Gerais, onde, "cercados por montanhas, somos fundidos a ferro e fogo".*

Retomando um trecho da epígrafe do diário, "recordar a minha vida sem repugnância", Bressane conclui que o objetivo do livro seria recordar, ou seja, o testemunho,** ainda que, como tudo o que ela escreve e faz, transborde esse limite. Deborah Brum vê Cançado chegar ainda mais longe: sua literatura resistiria

> ao sistema de massificação das instituições manicomiais que instauram normas, leis, vigilância, tratamentos repressivos, criando, a partir do nomadismo de suas escrituras, um modo de existência que a desterritorializa do espaço psiquiátrico de enclausuramento. Assim, seus textos, como modo de resistência, ressoam com o conceito de máquina de guerra.***

Quais eram o intuito e a expectativa de Maura com a publicação de seu diário, não podemos dizer ao certo, ainda que, também sobre isso, ela deixasse em sua escrita vestígios de hesitação. "Considero meu diário simplista. Sou muito mais do que aparento ser neste diário. Meus diálogos com o médico revelam uma inteligência rápida, brilhante, ele confessa sempre que sou

---

* Ver p. 78 desta edição.

** R. Bressane, *Maura, Agrippino, Rodrigo: Visões da loucura na literatura*, p. 34.

*** D. Brum, *Demolir os muros dos pátios: A escritura de Maura Lopes Cançado como máquina de guerra em* O sofredor do ver, p. 16.

mais inteligente do que ele. Ao escrever, limito-me quase sempre a registrar fatos. É pena."* Depois, se contradiz: "Só sou autêntica quando escrevo. O resto do tempo passo mentindo".** Em outra passagem, Maura afirma selecionar, rasurar, arrancar páginas. No entanto, as hesitações não a impedem de seguir escrevendo e de publicar.

Talvez houvesse também, segundo Scaramella, uma intenção autobiográfica no acúmulo de vestígios que serviriam como substituto do arquivo que Maura, com sua vida inconstante, sem casa, sem lugar, não pode acumular de e para si mesma. O segundo volume de seu diário se perdeu. Scaramella pondera que Maura "não chega a ser uma sem-papel",*** pois seu livro teria uma característica de arquivo da própria vida e uma intenção autobiográfica. Na gaveta de recordações da família guardadas por uma sobrinha de Maura, porém, havia somente a certidão de nascimento dela e a do filho, a certidão de óbito de Maura e três fotos. Haveria, entre seu nascimento e sua morte, uma lacuna de vestígios materiais, em parte pela fama de louca que Maura passou a ter na sua família, em parte pela instabilidade que marcou sua existência, transitando sempre entre lugares de passagem, sem casa, sem biblioteca. A primeira pessoa a desarquivar os autos do processo, "a maior documentação que há sobre alguns aspectos da vida de Maura, especialmente sobre os anos que se sucederam ao crime",**** foi a própria Maria Luisa Scaramella, uma pesquisadora sem nenhum parentesco com a autora, em setembro de 2007.

* Ver p. 233 desta edição.
** Ver p. 200 desta edição.
*** M. L. Scaramella, *Narrativas e sobreposições: Notas sobre Maura Lopes Cançado*, p. 102.
**** Ibid.

Bressane entende a escrita do diário de maneira semelhante, como uma tentativa de "deixar a história a salvo, arquivada, guardada, vista, não perdida. Escrever-se é encontrar-se — verbo importante para quem perdeu a razão e buscou recuperá-la em sanatórios, como é o caso de Maura (ou será que procurou sanatórios justamente para perder a razão?)".*

UMA ESCRITA FRONTEIRIÇA

Hospício é Deus: que título mais instigante para uma obra, pensei quando o ouvi pela primeira vez. Estava naquela sala de aula, imaginando tratar-se de uma metáfora que se avizinhava do pensamento psicótico que, eu supunha, devia reger a escrita de Maura Lopes Cançado. Mas não, sua escrita jamais perde a cadência. É uma escrita que oscila, mas nunca descarrilha. O próprio título se justifica dentro do livro, quando, no trecho autobiográfico inicial, Maura aproxima seu pai e Deus, quando entravam na igreja para ouvir os hinos: "sentíamos Deus conosco. Ou era meu pai, se mostrando na sua imensa e desconhecida sensibilidade?",** o pai que era o maior homem do mundo, mas também violento, brutal. O céu pesava sobre a criança que Maura fora "em forma de medo". "Diziam-me que os maus iam para o inferno e o sexo era uma vergonha, um ato criminoso. Era sensual, e má, portanto. Então Deus se me afirmou em razão da maldade", assim como mais tarde o hospício. "Eu crescia e cresciam meus temores: o escuro, a noite, a morte, o sexo, a vida — e principalmente Deus: de quem nada se podia ocultar".

Foi Deus quem a ensinou a mentir:

* R. Bressane, *Maura, Agrippino, Rodrigo: Visões da loucura na literatura*, p. 28.
** Ver p. 13 desta edição.

"Devemos amar a Deus sobre todas as coisas". Sim, concordava com veemência e mentia. Amá-lo como, impiedoso e desconhecido, me espionando o dia todo? [...] Amar a Deus? Deus, meu pai? [...] Minhas relações com Deus foram as piores possíveis — eu não me confessava odiá-lo por medo da sua cólera. Mas a verdade é que fugia-lhe como julgava possível — e jamais o amei. Deus foi o demônio da minha infância.*

Talvez o hospício tenha sido o demônio da vida adulta, onisciente, violento, acusador e, no entanto, ainda pai, a quem ela ainda poderia recorrer. Escreve Deborah Brum: "Pai, seu colo é aqui: o hospício". O hospício é o local de onde escreve, de onde tenta se analisar, de onde enxerga a loucura. Uma das passagens mais emblemáticas de *Hospício é Deus* diz: "O que me assombra na loucura é a distância — os loucos parecem eternos".** Maura escreve sobre a loucura, vendo-a, mas nunca inteira mergulhada nela, como se as palavras, embora a nomeassem, também a organizassem, impedissem de ser tragada completamente. Maura observa: "As doentes quietas, presas ao determinismo olhando nada. Os olhos ficados". Paradoxalmente, o acesso à loucura, sua e alheia, é muitas vezes também seu acesso à escrita, pois o hospício funciona como, além de sua única morada incondicional, manancial de onde brota sua literatura: "De onde tiro esta força? De onde? Da loucura". A que vê e vive. A que vislumbra e à qual se oferece enquanto ao mesmo tempo se protege pela escrita, uma escrita que, no entanto, a desnuda, desavergonhada, expondo seus avessos, seus inconfessáveis. Maura escreve dentro e fora da loucura. A literatura é essa costura,

* Ver pp. 20-1 desta edição.
** Ver p. 29 desta edição.

o protesto lírico, diria Foucault, que emprestaria a profundidade e o poder de revelação aniquilado pelo controle da internação. Ela protesta liricamente, documenta, inventa. "Estou brincando há muito tempo de inventar, e sou a mais bela invenção que conheço."* A instabilidade acontece não só na forma, dentro do texto, mas também no gênero. *Hospício é Deus* é indiscutivelmente um diário, mas um diário que assume inventar e se inventar. E, se um diário se escreve como exercício primordialmente íntimo, o de Maura foi escrito para ser publicado.

Para Maria Luisa Scaramella, o fato de ter saído a público apenas cinco anos depois de ter sido escrito mostraria o mecanismo de diálogo e interlocução opostos aos de uma escrita da intimidade. Isso reforça a sugestão de que havia o intuito da publicação, ao lado do fato de ter sido seu primeiro livro, e não as anotações de uma escritora já reconhecida. A passagem "Meu médico deu-me uma explicação para este fato [o de não se declarar ao sogro, por quem era apaixonada], está registrada neste diário",** que consta no trecho autobiográfico que abre o volume, é também um indício de que a abertura foi escrita depois das entradas, das quais ela já tinha conhecimento e que podia, então, antecipar. Outro indício de uma escrita para ser lida é "uma majestática terceira pessoa",*** nas palavras de Bressane, com que ela se instaura como personagem: "possuía imaginação acima do comum, era inteligente, ambiciosa — e nada prática".****

Mas o diário de Maura extravasa as fronteiras do gênero também por outros mecanismos. Há, além do trecho autobiográfico

---

* Ver p. 176 desta edição.
** Ver p. 25 desta edição.
*** R. Bressane, *Maura, Agrippino, Rodrigo: Visões da loucura na literatura*, p. 41.
**** Ver p. 26 desta edição.

de abertura e de outros, que retomam outras épocas de sua vida, anotações de leitura, poemas, excertos de prontuário e trechos de contos que levariam o leitor, segundo Ronaldo Bressane, a buscar "uma identificação entre os livros e a vida da autora, pois os próprios textos assim o exigem. Mais que autora de uma obra, Maura é a própria obra".* Bressane conclui ainda que "sem biografia não existe obra",** pois ambas se confundem, e que "ler uma obra como um espelho exato de uma vida (ou vice-versa) me parece tão limitador quanto analisar uma obra eliminando-se totalmente o paratextual e o extratextual".***

Nem todos os críticos da obra de Maura concordam com essa posição. Deborah Brum, por exemplo, prefere delimitar melhor as fronteiras entre biografia e escrita, e contrapõe que, "se certos elementos biográficos podem pontuar algo da sua narrativa, esta jamais pode ser entendida por sua biografia".****

O caráter fronteiriço da obra de Maura permite que *Hospício é Deus* seja lido também como romance, tal qual o denomina Bressane. Não há, entretanto, um enredo propriamente dito, há apenas as entradas de seu diário, mas se pode distinguir, sim, um fio narrativo sutil: o processo analítico de Maura e seu amor, provavelmente transferencial, por dr. A.

Dr. A., o psiquiatra e psicanalista em formação que acompanha Maura na internação, é quem a incita a escrever; quando ele sai de férias, justificando estar doente, o livro termina e ela se evade do hospital, sentindo-se abandonada. Um processo psicanalítico é também uma investigação acerca da própria história,

---

* R. Bressane, *Maura, Agrippino, Rodrigo: Visões da loucura na literatura*, p. 20.
** Ibid., p. 25.
*** Ibid., p. 53.
**** D. Brum, *Demolir os muros dos pátios: A escritura de Maura Lopes Cançado como máquina de guerra em O sofredor do ver*, p. 22.

um olhar para si "resgatando no passado e no presente subsídios para explicar e até justificar atitudes, pensamentos e sentimentos. Isso está presente na narrativa de Maura em muitos momentos",* evidencia Scaramella. Teria sido esse processo psicanalítico o que a levou a lograr, nesse período único de sua vida, escrever e publicar? Impossível saber. Resta como narrativa, como romance, como diário, com toda a força transbordante da escrita de Maura. Por ser compreendido como romance, cabe ainda uma reflexão.

No romance, o começo implica o fim: mesmo que pareça que estamos começando pelo começo [...], na verdade, estamos começando pelo fim: tudo o que parece fortuito e contingente no que se segue está de fato reservado para um benefício posterior de significância em alguma estrutura concordante.

Frank Kermode, nesse trecho de *O sentido de um fim*, parte de *A náusea*, de Sartre, de onde vem a epígrafe de *Hospício é Deus*, para refletir sobre a relação entre fim e ficção e sobre a necessidade de um fim que organize todas as instâncias temporais de uma narrativa. Relembremos a epígrafe: "Mas lá chegaria o momento em que o livro estivesse escrito e ficasse atrás de mim — um pouco de sua claridade cairia sobre o meu passado. Talvez então eu pudesse, através dele, recordar a minha vida sem repugnância". É curioso — e trágico — que não tenha sido o livro, como diz a epígrafe, que funcionou como ponto nodal de término, instância fixa a partir da qual o passado se iluminou. Tal instância fixa, o fim de Maura, tanto do ponto de vista legal quanto para boa parte de sua recepção crítica, passou a ser seu crime, o assassinato

---

* M. L. Scaramella, *Narrativas e sobreposições: Notas sobre Maura Lopes Cançado*, p. 147.

de uma mulher de dezenove anos, grávida, que estava internada junto com ela. Talvez seja o momento de instaurar um novo fim a partir do qual a recepção e o significado da obra de Maura Lopes Cançado se renovem. Talvez devêssemos considerar as várias narrativas — literárias, ficcionais, autobiográficas, jurídicas — que permitem ver funcionar as várias personagens que compõem sua vida; talvez devêssemos pensar num fim que considere sua escrita fronteiriça, fruto de uma existência tal qual, em que faz das pessoas personagens, em que se torna personagem ela própria, em que aproxima vida e ficção e desfaz esse movimento quando empunha a escrita como testemunho. Assim, ela nos convida a fazer o mesmo, a questionar os limites da literatura, do que se costuma chamar sanidade e da loucura.

"Sem futuro — mas uma grande promessa."* Talvez essa seja uma definição não só de Maura, mas da literatura, que o interesse atual por ela vem paradoxalmente desconstruir.

BIBLIOGRAFIA

BRESSANE, Ronaldo. *Maura, Agrippino, Rodrigo: Visões da loucura na literatura.* Guarulhos: Escola de Filosofia, Letras e Ciências Humanas da Universidade Federal de São Paulo, 2021. Dissertação (Mestrado em Letras).

BRUM, Deborah. *Demolir os muros dos pátios: A escritura de Maura Lopes Cançado como máquina de guerra em O sofredor do ver.* São Paulo: Faculdade de Filosofia, Comunicação, Letras e Artes da PUC, 2021. Dissertação (Mestrado em Literatura e Crítica Literária).

* Ver p. 29 desta edição.

CANÇADO, Maura Lopes. *O sofredor do ver*. Belo Horizonte: Autêntica, 2016.

GAGNEBIN, Jeanne Marie. *História e narração em Walter Benjamin*. São Paulo: Perspectiva, 2013.

KERMODE, Frank. *O sentido de um fim*. São Paulo: Todavia, 2023.

MENESES, Adélia Bezerra de. "Sob o signo de Hermes". In: PASSOS, Cleusa Rios P.; ROSENBAUM, Yudith. *Interpretações: Crítica literária e psicanálise*. Cotia: Ateliê Editorial, 2014. pp. 29-44.

SCARAMELLA, Maria Luisa. *Narrativas e sobreposições: Notas sobre Maura Lopes Cançado*. Campinas: Universidade Estadual de Campinas, Instituto de Filosofia e Ciências Humanas, 2010. Tese (Doutorado em Ciências Sociais).

Que mistérios tem Maura?*

Maurício Meireles

No sonho, Maura Lopes Cançado via duas de si: uma que era ela mesma; a outra, uma mulher loira e bonita, de perfil, vestia um casaco de lã. Só que Maura e seu duplo eram separados por uma espessa parede de vidro. Quando reparava bem, a autora percebia ser na verdade uma criatura muito feia — e então Maura começava a gritar, desesperada, que a outra precisava de uma cirurgia plástica. Mas a parede de vidro a impedia de escutar os apelos de si mesma.

Tal sonho foi relatado à escritora Vera Brant, sua amiga, em carta de agosto de 1967. Mas não foi a primeira vez que a imagem daquela barreira surgiu para assombrar Maura. Ainda menina, no interior de Minas Gerais, ela já sentia a parede de vidro, como conta em *Hospício é Deus*. A diferença é que a pa-

---

* Esta é uma versão revista do texto incluído originalmente na edição de *Hospício é Deus* publicada pela Autêntica, em 2015, a quem a Companhia das Letras agradece.

rede não a apartava de si mesma, mas dos outros. Podia vê-los e até tocá-los; mas nunca os sentia de verdade.

A impressão da presença da parede voltaria outras vezes, associada ao sentimento de solidão no mundo — uma barreira que, segundo ela, a mantinha à margem, mas também exposta. Talvez a imagem refletisse a fragilidade de seus laços — fosse com a realidade, fosse com outras pessoas.

Nos anos seguintes à sua morte, os dois livros que lançara em vida, *Hospício é Deus* e *O sofredor do ver*, seriam esquecidos. Os relatos, as fontes e os documentos de época que ajudam a reconstruir a trajetória de Maura são escassos e têm um viés: raramente levam a escritora a sério e a retratam sob um olhar machista de um jeito flagrante. É raro que a voz de Maura esteja presente e, quando aparece, é com mediação judicial ou médica. Só nos últimos anos Maura entrou em um processo de redescoberta, sobretudo nas universidades, onde começaram a estudar sua obra. Em 2012, uma edição numerada da Confraria dos Bibliófilos reuniu seus contos. A edição da Autêntica, de 2015, e esta agora, da Companhia das Letras, mostram a renovação do interesse dos leitores pela obra.

Mas isso acontece só muito depois, e ainda estamos no momento em que Maura tem o pesadelo com seu duplo desfigurado e a parede de vidro. No dia em que teve o sonho, ela era uma das autoras mais faladas da capital carioca: enquanto preparava *O sofredor do ver* (1968), colhia os louros do elogiado *Hospício é Deus* (1965), diário sobre sua internação no Hospital Gustavo Riedel, no Engenho de Dentro, Zona Norte do Rio de Janeiro, entre o fim de 1959 e o começo de 1960.

Maura Lopes Cançado era uma figura ambígua, e sua fama de excêntrica crescia junto à reputação de escritora brilhante. Em conversas e entrevistas, ela se dizia a maior escritora da língua portuguesa.

Circulava pelo prestigioso Suplemento Dominical do *Jornal do Brasil* (SDJB), o caderno cultural mais importante do período. Foi o time do SDJB — que reunia figuras como Reynaldo Jardim, Ferreira Gullar, Assis Brasil, José Louzeiro e Carlos Heitor Cony, entre outros — que revelou a autora para o mundo das letras, em 24 de agosto de 1958.

Ferreira Gullar se lembrava bem do encontro com a escritora. O poeta dividia um quarto com mais dois amigos em uma pensão do Catete, quando recebeu um envelope de Maura: dentro, um poema daquela que até então só tivera seu nome nos jornais relacionado a um escândalo com um amante rico. O escritor maranhense gostou e resolveu recomendar a publicação a seu amigo Reynaldo Jardim, editor do SDJB, que aceitou de pronto. E Reynaldo Jardim, como percebesse que Maura andava solta pelo Rio de Janeiro, desenvolveu uma relação paternal com a moça. "O Reynaldo, uma pessoa muito afetuosa, viu que a Maura estava meio perdida no mundo. Perguntou se ela não queria trabalhar com ele, como uma espécie de secretária", recordava Gullar.

Reynaldo logo conheceria as histórias da nova funcionária. Por exemplo, Maura Lopes Cançado espalhava por aí ter derrubado um avião em sua Minas Gerais natal, com esta explicação: sentia uma vontade enorme de ver um avião cair. E pensava ser muito mais emocionante se estivesse dentro da aeronave.

A lenda logo se espalhou. Junto aos casos de seus ataques de fúria — quando lhe surgia uma força tirada ninguém sabia de onde. Cony se lembraria por anos de uma cena: irritada com algum colega, Maura derrubou um arquivo de aço em cima do sujeito. Outra vez, ela brigou com um ascensorista, porque o homem havia fechado o elevador antes de ela entrar.

Depois de publicar seu poema, Maura começou a escrever um conto chamado "No quadrado de Joana", sobre uma paciente catatônica. Sem máquina de escrever, ela entregava o manuscrito para a escritora Maria Alice Barroso datilografar. O texto saiu em 16 de novembro de 1958. Na capa do SDJB.

O primeiro entusiasta de Maura, Reynaldo Jardim, publicou, até 1964, dez textos da mineira no Suplemento. Alguns deles saíram enquanto ela estava internada no Engenho de Dentro. Apesar de se aproximar da turma do SDJB, um mistério permanecia: Maura era discreta ao falar do passado em Minas Gerais. Sabia-se apenas que vinha de família rica, com quem rompera, e havia aprendido a pilotar aviões. Também não imaginavam que aquela moça brilhante dali a alguns anos iria cometer um assassinato.

O pai "apaixonara-se" por ela e concedia-lhe todas as vontades, era muito "bonitinha" e todos tinham-na na conta de ser muito inteligente.

Processo n. 5136/1972

A fascinação de Maura pelos aviões surgiu na adolescência, época em que sentia um medo danado de despencar dos ares. Mas desafiava o temor. A bordo de um avião Paulistinha, máquina de dois lugares e motor de 65 cavalos, ela sobrevoava as fazendas de Minas Gerais. O pavor não era infundado: desde os sete anos, a menina sofria de epilepsia. E sabia que uma crise em pleno voo poderia ser fatal.

A garota, nona de onze filhos, nascera em 27 de janeiro de 1929, em São Gonçalo do Abaeté, cidade do Noroeste de Minas, a quase quatrocentos quilômetros de Belo Horizonte. Como o bebê veio com a saúde frágil, Affonsina Álvares da Silva, a dona Santa, sua mãe, prometeu a Deus: se Maura ficasse boa, só ia vestir a menina de branco e azul até os sete anos. E assim fez. No ano final da promessa, a criança teve a primeira crise epiléptica.

Se Maura podia pilotar aviões — e mais tarde ganharia um de presente —, era porque em sua árvore genealógica floresciam políticos importantes e grandes donos de terras. José Lopes Cançado, o pai, era um bem-sucedido fazendeiro da região — cujo sobrenome era influente na política mineira, com um primo que fez parte da Constituinte de 1946, pela União Democrática Nacional (UDN).

A família da mãe era igualmente tradicional e descendia de dona Joaquina do Pompéu, mulher poderosa dos séculos XVIII e XIX, que virou heroína da Independência ao enviar bois para d. Pedro I, em 1822. Reza a lenda que dona Joaquina chegou mesmo a enviar um cacho de bananas de ouro ao imperador.

Dona Joaquina tinha fama de terrível. Em 1764, depois de desafiar o pai, casou-se com um capitão de milícias, dono de sesmarias na região. Mas quem administrava as propriedades era ela própria, que chegou ao ápice de seu poder quando ficou viúva. Era cruel com os escravizados. Roubava gado e assassinava boiadeiros — depois enterrados debaixo de seu sobrado de 79 quartos, onde hoje passa uma rodovia.*

A família de Maura se mudou para uma fazenda em Patos de Minas logo depois do nascimento da filha, que mais tarde seria colocada em um internato. A menina tinha dificuldade de adaptar-se às escolas, por não saber lidar com a competição com as outras garotas. Aos sete anos, dizia às outras crianças ser filha de russos, ter uma irmã chamada Natacha e que seu tio nascera na China. Aos treze, encantada com a Segunda Guerra Mundial, quis estudar alemão para ser espiã nazista. No depoimento

---

* Ver Gilberto Cézar de Noronha, *Joaquina do Pompéu: Tramas de memórias e histórias nos sertões do São Francisco* (Uberlândia: EDUFU, 2007).

que deu à Justiça, após o crime que cometeria décadas depois, a escritora descreveu sua infância como "superangustiada".*

Não era para menos. Como relata em *Hospício é Deus* — e reafirma à Justiça —, a menina foi abusada sexualmente três vezes por empregados da família. A cada episódio desses, uma cena se repetia: Maura sentia-se culpada, pecadora e passava as noites chorando, com as luzes do quarto acesas.

Maura se deparou com resquícios de um passado colonial. Mais tarde, a moça diria que a fazenda vivia na "lei do revólver". Que viu seu pai espancar outras pessoas e atirar nelas. Que, certa vez, José Lopes Cançado matou um homem em legítima defesa. Que se lembrava dele sempre cercado por jagunços. Que, em outra ocasião, viu José bater em um homem — e este apanhava sem reagir, embora seu rosto sangrasse.

O medo da morte surgiu à noite, depois da visita de um fantasma. Maura já estava impressionadíssima com a morte de seu padrinho, Antônio, quando isso aconteceu. Para piorar, como o falecido não estivesse nem frio nem duro o suficiente, dona Santa vinha manifestando o medo de que ele houvesse sido enterrado vivo. Dias depois, Antônio surgiu no sonho de um irmão de Maura, dizendo-se bem, mas alertando que em breve viria buscar a afilhada. Dona Santa empenhou-se em rezas para apaziguar a alma de Antônio e proteger a filha. Mas Maura passou a sentir medo de ser enterrada viva e a todo tempo perguntava aos pais o que podia fazer para evitá-lo.

---

* *Hospício é Deus* e o depoimento à Justiça são as principais fontes sobre a infância de Maura. O processo judicial veio a público pela primeira vez, em partes, na tese de doutorado *Narrativas e sobreposições: Notas sobre Maura Lopes Cançado*, de Maria Luisa Scaramella, defendida na Unicamp em 2011. Depois disso, um erro no sistema do Tribunal de Justiça do Rio fez seu rastro desaparecer. Consegui acesso a ele pela Lei de Acesso à Informação, com a ajuda da equipe da Ouvidoria do TJ, a quem agradeço o esforço.

> Quando o pai da periciada soube dos acontecimentos, tomou-
> -se de desespero, opôs-se tenazmente ao casamento e, mesmo
> sabendo que a paciente não era mais virgem, não consentiu o
> matrimônio.
>
> Processo n. 5136/1972

Uma garota bonita que desafiava a morte em um aviãozinho amarelo. Essa imagem nunca saiu da memória de um menino que brincava no esqueleto de um velho Aeronca Champion e divertia-se ao observar os voos do aeroclube de Bom Despacho. O jornalista Pedro Rogério Moreira, mais tarde, transformaria a "princesa" em protagonista do romance *Bela noite para voar*,

José e Affonsina Lopes Cançado, pais de Maura, Maura (*entre eles*) e a irmã Selva (*ao lado da mãe*), anos 1940.

adaptado para o cinema por Zelito Viana, em 2009. E só adulto, por uma dessas coincidências, foi descobrir que a menina de sua infância era mãe de um amigo seu da fase adulta. No livro, ela inspira uma pilota de avião que salva o presidente JK de um desastre aéreo tramado por conspiradores.

"Todo mundo na cidade falava daquela menina que pilotava um avião. Ela era muito audaciosa, por isso as mulheres tinham inveja dela. Era vista como bonita, mas também como libertina", diz Pedro Rogério Moreira, neto do presidente do aeroclube.

A menina, claro, era Maura Lopes Cançado, que começou a ter aulas no aeroclube aos catorze anos. Lá, descobriu dividir a paixão pelos céus com um garoto mais velho, Jair Praxedes, filho de um importante coronel da região.

Os jovens queriam se casar, mas o pai da garota se opunha à união. Então, José Lopes Cançado chegou a um veredito, determinando que os dois podiam até se casar, desde que apenas no religioso. É possível que o pai de Maura já previsse que a filha desejaria se separar de Jair (o que de fato aconteceu) e, como o divórcio não era permitido no país, seria mais fácil para ela recomeçar a vida com um casamento civil, se quisesse. A separação ocorreu pouco depois de o filho do casal nascer — e Maura batizou-o de Cesarion, mesmo nome do filho de Cleópatra e Júlio César.

Do curto período em que esteve casada, Maura guardou na cabeça um "homem lindo, maravilhoso, alto, imponente e importante" — o coronel Praxedes, pai de seu marido. "Pensava sexualmente no meu sogro", diria Maura anos mais tarde. "Acho que casei com o meu sogro, e não com o meu marido." José faleceu pouco depois de ela se separar de Jair. Este, por sua vez, morreria dali a alguns anos — em um acidente aéreo, a caminho da fazenda em que estava seu filho Cesarion.

É ela quem procura o "hospício" em busca de proteção e refúgio; procura o hospital porque se achava muito só, incapaz de comunicar-se com os demais.

Processo n. 5136/1972

A queda livre de Maura começou no dia 20 de abril de 1949. Foi quando ela entrou por vontade própria na Casa de Saúde Santa Maria, em Belo Horizonte, onde foi diagnosticada com "mal comicial" (epilepsia) — o início de uma série de internações ao longo da vida, acompanhadas de remédios, sessões de eletrochoque e reclusão em quartos-fortes. Em seu diário, ela contaria que teve um caso com um médico dessa clínica. À Justiça, garantiria que teve um filho dele e entregou a criança para ser criada por uma amiga de Belo Horizonte.

Maura chegara à capital mineira decidida a tirar o brevê de piloto. A mãe lhe dera um avião Paulistinha, logo batizado de *Cesarion*, ao qual uma vez a aviadora amarraria um burrinho de madeira e, voando para a fazenda, levaria o mimo como presente de aniversário para o filho. Cesarion, feliz, deixou-se fotografar montado no brinquedo com um par de sandálias brancas.

Quando Maura partiu para a capital mineira, Cesarion tinha três anos. Ele não sabia disso na época, mas passaria a maior parte da vida distante da mãe.

O Paulistinha é aquele avião que, já nos anos 1960, ela diz ter derrubado de propósito. No diário e à Justiça, porém, a versão é outra: sim, o avião fez um pouso de emergência, enrolou-se nos fios do telégrafo e bateu em uma casa, quase matando os moradores. Mas quem o estava pilotando era um amigo de Maura.

Quando se internou na clínica de Belo Horizonte, a escritora já havia passado por tempos difíceis. Antes de se internar, ela se sentia "excessivamente deprimida" e emagreceu muito. Tentara morar em pensões e estudar de novo, mas era sempre expulsa

271

Maura e o filho Cesarion, anos 1940.

quando descobriam que era separada. Por isso, passou a viver em hotéis, gastando a herança do pai até o último centavo. Como escrevem os peritos designados pelo juiz para examiná-la, já nos anos 1970:

> Iniciou uma vida desregrada, boêmia, bebendo, fazendo "farras homéricas", frequentando boates, tendo um amante cada dia ou cada semana, "sempre insatisfeita" com tudo e todos, porque, na realidade, "ninguém gostava de mim". [...] Os homens dela aproximavam-se apenas com interesses subalternos e porque era "bacana ter uma amante naquela época", principalmente de família de projeção social.

> *A paciente chorava o dia inteiro, eis que o amante não tinha nível intelectual elevado (o que sempre buscava nas pessoas).*
>
> Processo n. 5136/1972

Os amigos do Suplemento Dominical do *Jornal do Brasil* sabiam que a vida de Maura, desde que chegou ao Rio de Janeiro, em 1953, tinha sido dura. Tanto que Carlos Heitor Cony presenteou a moça com uma Olivetti 22 portátil, para que ela pudesse escrever. Assis Brasil, um dos críticos literários mais respeitados da época, chegou a emprestar um apartamento em Copacabana para ela morar. *Hospício é Deus*, vale dizer, foi datilografado em folhas que Maura pegava em sua editora, a José Álvaro, por não ter mais dinheiro para comprá-las.

Na maior parte do tempo, dividia apartamentos com outras pessoas, morava em pensões e dormia em casas de amigos — quando não estava internada. A única época de mais luxo foi durante seu caso com Gilson Lobo, dono de uma empresa carioca de ônibus, um homem casado. O empresário financiou algumas das internações da namorada.

Gilson pagava um quarto para Maura morar no Hotel Glória — e foi nessa época, depois de uma internação, que ela trouxe Cesarion para uma temporada no Rio. O filho divertia-se na piscina do hotel de luxo e só não gostava da governanta alemã que a mãe contratou para cuidar dele.

Maura encarava esse como um dos períodos "mais doentes" da sua vida. Chorava por não achar Gilson inteligente e matriculava-se em mil cursos, que nunca terminava. Foi em 16 de setembro de 1954 que ela resolveu procurar o *Diário Carioca* para fazer uma denúncia: "Fui condenada à morte unicamente porque me neguei a aceitar o que me queriam impor: exilar-me definitivamente do Rio", diz a escritora ao jornal.

O caso com Gilson chegara ao fim e Maura acusava dois funcionários dele, João Vaz e Sinésio Silva, de obrigá-la a ir para São Paulo e querer matá-la. Ela conta que mandou Cesarion para Minas depois de o menino atender "telefonemas ameaçadores".

João Vaz respondeu na mesma moeda, também no *Diário Carioca*. Ele admitiu que o amigo teve um caso com Maura, mas afirmou que o fim do relacionamento foi culpa dela, que foi cobrar satisfações na porta do amante. Vaz revelou ao jornal que Maura fora internada numa clínica do Leblon, por ser "acostumada a embriagar-se". O homem dizia ainda que o romance com Gilson chegou ao fim por ela ser escandalosa e "de vícios". "Toda essa história de ameaça de morte e exílio não passa de fantasia de um cérebro doentio de uma mulher despeitada", afirmaria ele. O caso sumiu dos jornais sem que Maura fosse ouvida.

Maura diz à Justiça que, logo depois desse episódio, ela simulara uma amnésia, o que a fez ser levada à polícia e, como consequência, ter sua história publicada nos jornais.

Foi aqui que começou uma fase crítica de sua vida. Um ano depois, em 1955, ela trancou-se no banheiro de um amigo e tentou suicídio. Após ser socorrida, levaram-na à 2ª Delegacia de Polícia do Rio, onde disse não se lembrar de nada. Falou também que não tinha casa e que se sentia faminta e abandonada. Maura passou o Natal e o Ano-Novo de 1957 em sua primeira internação no Gustavo Riedel, no Engenho de Dentro, deixando o hospital pouco depois do Carnaval de 1958. É esse hospital que, mais tarde, vai parar nas páginas de *Hospício é Deus*.

> *Sentia-se muito sensual.*
> Processo n. 5316/1972

Maura costumava frequentar o Bar Amarelinho, na Cinelândia, reduto de intelectuais da cidade. O hoje novelista Aguinaldo Silva, na época subeditor de *O Globo*, era um que observava a voz meiga de Maura. "Ela dizia que era a melhor escritora da língua portuguesa! Mas se sentia perseguida pelas editoras", lembra Aguinaldo. "Preparo-me para me tornar um dos maiores escritores de língua portuguesa", diria ela à revista *Leitura*, em 1968.

Maura tinha talento para falar mal dos outros. Cony, inclusive, inspirou-se em um diálogo com a escritora para batizar a coluna "Da arte de falar mal", que manteve no *Correio da Manhã*. Um dia, ao dar carona para a autora em seu Hudson conversível, ela fez o jornalista parar na Urca e avisou: "Chamei você para falarmos mal de todo mundo. Falar mal é uma arte". Um dos prediletos para a maledicência daquele dia foi o poeta e crítico literário Mário Faustino — que tinha morrido dias antes, em um desastre aéreo no Peru. "Era impossível não amar o Mário Faustino, impossível! E ela falava mal dele", rememora Cony.

Em 1970, quando já havia publicado seus dois livros, a escritora continuava a viver em pensões. Naquele ano, estava morando na União das Operárias de Jesus, casa de ajuda a crianças carentes comandada por freiras na praia de Botafogo. Maura disse, no *Correio da Manhã*, que as religiosas maltratavam os órfãos e mencionou "um espetáculo sinistro de enterramento de comida pela madrugada".

Segundo a mineira — e uma testemunha que falou ao jornal —, as freiras enterravam o conteúdo de sacos de leite em pó e trigo que serviriam para alimentar as crianças. Maura foi expulsa do local, alegando: "Na minha função de escritora, não poderia deixar de denunciar, porque o escritor não é, nunca, um alienado".

E assim nos diz: "Não sei o caminho a seguir, minha inadaptação à vida é total, falta-me contato com as pessoas".

Processo n. 5316/1972

"Nada lhes devo literariamente, a não ser talvez o fato de terem adotado uma atitude humilde, reverente de meu talento. Tudo o que fiz devo a mim mesma." Disse Maura Lopes Cançado, no artigo na revista *Leitura*. "Detesto grupos e considero melancólica a decadência de quem não se sustenta sozinho".

Pelo menos literariamente, Maura estava no auge de sua glória (em 1961, foi trabalhar como escrevente datilógrafa do Ministério da Educação, onde ficou por oito anos, entre uma internação e outra, até ser aposentada por causa de sua doença mental).

Primeiro, a escritora lançou *Hospício é Deus*, em 1965. O diário, como já sabemos, era fruto de sua passagem pelo Hospital Gustavo Riedel, no Engenho de Dentro, entre o fim de 1959 e o começo de 1960 (onde, ao todo, a autora foi internada pelo menos doze vezes; sem contar outras clínicas). O livro, cujo incentivo para a escrita viera de Reynaldo Jardim, ganhou resenhas positivas, algumas enquanto ainda estava no prelo.

Uma declaração de Jardim, aliás, foi para o anúncio de uma edição do diário em 1991, publicada pelo Círculo do Livro: "Este é um livro perigoso, feito para comprometer irremediavelmente sua consciência. A tranquilidade dos que se julgam impunes e lúcidos, dos que ainda não sabem, porque ainda não olharam para dentro de si mesmos, que Deus também pode ser o Inferno, ou o Hospício". José Carlos Oliveira, o Carlinhos Oliveira, diria no *Jornal do Brasil* que a obra era um "livro desesperadamente honesto". Assis Brasil, por sua vez, via na linguagem de Maura uma arte espontânea, que de seu mundo particular retratava a condição humana.

Em 1968, era a vez de *O sofredor do ver*, igualmente elogiado, que reunia contos publicados no *JB* e textos inéditos. O tema da loucura continuava lá, como em "Introdução a Alda", sobre a paciente catatônica do Engenho de Dentro, mas Maura parecia tomar um novo caminho literariamente. Quem aponta a transição é Assis Brasil, no *Correio da Manhã*: "A segunda parte [do livro] traz uma espécie de libertação da escritora em relação às suas 'confissões'". Para o crítico, a passagem entre "confissão" e "criação" começa no conto "O sofredor do ver" — no qual o protagonista é um homem — e já está completa em textos como "São Gonçalo do Abaeté" e "Pavana".

"Sem dúvida, Maura Lopes Cançado já se conscientizou de seu compromisso com a literatura — a substituição do 'eu-confessor' por narrativas em terceira pessoa ou por uma poética em primeira pessoa que amplia o seu horizonte criativo e o escritor passa a não depender, exclusivamente, de sua imediata experiência de vida", escreve Assis Brasil.

Maura não baixou a crista. No mesmo artigo na *Leitura*,

ela esnoba os próprios livros. Diz que *Hospício é Deus* é uma fase superada: ela sentia-se como Deus diante da criação do Homem, tendo construído seu inferno sem poder se livrar dele. Mas parece ter prestado atenção em Assis Brasil, porque promete um romance para breve, dizendo-se cansada de confissões e "continhos".

A autora comenta ainda suas leituras da época. Estava interessada em zen-budismo, cabala, alquimia e a doutrina secreta de Madame Blavatsky, uma paranormal russa do século XIX.

Sobre sua agressividade eventual, manifestou outra frase autorreferente: "Todo mundo que tem medo é perigoso".

Processo n. 5316/1972

"Wilson, eu estou entrando em estado crepuscular." Era assim, segundo o jornalista Wilson Bueno, que Maura Lopes Cançado anunciava mais um surto psicótico. A diferença entre um surto e um porre, explicava ela, era que no surto dava para sentir a mudança de estado mental: "Quando você vai entrando em estado crepuscular, outra pessoa aparece e assume, aos poucos, a sua identidade, fazendo coisas que você mesmo não concordaria".*

Depois de brigar com as Operárias de Jesus, em 1970, Maura foi parar na mesma pensão de 85 quartos na rua Lauro Müller, onde Wilson morava: o lendário Solar da Fossa, recanto de cabeludos e artistas que depois se tornariam célebres. O lugar foi batizado pelo carnavalesco Fernando Pamplona, que se hospedou

---

* Esse diálogo é relatado por Toninho Vaz em seu livro *Solar da Fossa: Um território de liberdade, impertinências, ideais e ousadias* (São Paulo: Casa da Palavra, 2011). Wilson Bueno morreu em 2010.

ali para curtir a fossa do fim de um relacionamento. Pelo Solar, passaram Paulo Leminski, Gal Costa, Jards Macalé, Ruy Castro e muitos outros. Foi lá que Caetano compôs "Alegria, alegria" e Capinam, "Soy loco por ti, América". "O quarto da Maura era no corredor de cima; o meu, no de baixo. Lembro que havia um medo dela, mas a porta estava sempre aberta, como se ela quisesse puxar conversa e sair da solidão", lembraria o diretor teatral Aderbal Freire-Filho, ex-morador do Solar.

> *Não imaginais V. Excia. o que significa para mim ouvir do Fernando: — Sua necessidade de dar e receber foi e é tão grande, que você matou. Já que não podia conter durante mais tempo, dentro de você, tanto amor. Ele devia irromper-se de qualquer maneira. E o seu crime foi um gesto desesperado de amor, Maura.*

Maura em carta ao juiz, anexada ao Processo n. 5316/1972

Até agora, era como se a menina que um dia teve medo de despencar dos ares com seu avião Paulistinha tivesse apenas cambaleado, mas mantendo-se de pé. A queda mais funda de Maura, porém, aconteceria no dia 11 de abril de 1972.

Ocorreu às 23h40. Maura havia sido internada de manhã na Clínica de Saúde Dr. Eiras, em Botafogo, por Cesarion, que desde a segunda metade dos anos 1960 havia se mudado para o Rio, onde cuidava da mãe enquanto prosperava em uma carreira de jornalista. Naquela noite, a funcionária Malvina Calazones Alves preparava o lanche do médico de plantão, quando Maura se aproximou dela anunciando: havia matado uma mulher na enfermaria.

Malvina correu para lá, onde viu deitada em uma das nove camas a jovem de dezenove anos, grávida de quatro meses, que vestia um roupão de listras brancas e vermelhas. A moça se chamava Maria das Graças Queiroz e fora internada ali havia uma semana. Maria tinha os cabelos curtos e as sobrancelhas feitas. Seu par de havaianas brancas estava ao pé da cama. Também ao lado do leito estava a faixa de lençol que Maura usara para estrangulá-la.

"Se eu lembrar, fico doida", disse Maura um ano depois, ao conversar com os peritos designados pelo juiz para examiná-la. Ela apagou de sua memória a justificativa que deu ao médico Fernando Pires quando este chegou à cena do crime naquela noite: queria mudar de clínica e chegara à conclusão de que, matando alguém, com certeza iria para um manicômio judiciário. Sentia raiva da Dr. Eiras porque, em outra internação, havia sido submetida a eletrochoques que, nas palavras dela, "pioraram em muito" seu estado, fazendo-a falar durante "vinte e quatro horas seguidas".

A única cena que ficou na memória de Maura foi a de andar pela enfermaria e, então, ver uma pessoa com a cabeça sob o cobertor — e suspeitava ser essa a mulher que matou. Lembrava-se também de, ao acordar da medicação que lhe deram, perguntar se tinha matado Cesarion. Estava certa de ter matado o filho, mas o médico lhe explicou que não havia homens na enfermaria. Mais tarde, os peritos veriam nesse esquecimento a evidência de um surto psicótico.

Quem também testemunhou a amnésia de Maura foi a jovem jornalista Miriam Lage, então namorada — e mais tarde mulher — de Cesarion, que apareceu na clínica sem avisá-lo. Miriam levava uma sacola de frutas para a sogra. Encontrou a mãe do namorado agitada e confusa em uma solitária de azulejos brancos. "Miriam, o que os meus amigos estão achando disso?", perguntou Maura à jovem. "Eu não sabia quem eram os amigos por quem ela perguntava. Nunca vi amigos em torno dela, só o Assis Brasil e o José Louzeiro", comenta Miriam. Cesarion, depois da tragédia, mandou uma carta ao delegado, contando a situação da mãe. E passou os seis dias seguintes reunindo dados de internação para enviar à polícia.

Apesar de uma associação estranha no teste de Rorschach ("Um homem estranhíssimo, o próprio Deus"), apresentou adequado contato com a realidade e boa lucidez durante todo o exame psicológico.

Processo n. 5316/1972

Ninguém visita a interna do cubículo 2. É a essa conclusão que chega Margarida Autran, de O *Globo*, ao procurar Maura Lopes Cançado na Penitenciária Lemos Brito. Repórter de cultura, Margarida recebera a missão de verificar as condições em que vivia a escritora, que agora se encontrava na rua Frei Caneca, no centro da cidade. A jornalista escreveu, no subtítulo de sua matéria: "A escritora Maura Lopes Cançado está cega e desesperada".

Não dá para saber o que há de relato objetivo e fantasia no que Maura conta à repórter, mas, de todo modo, o cenário que Margarida encontra é terrível. O segurança diz que a autora não recebe visita há meses e ironiza o fato de Maura demorar se arrumando. Ratos passam pelo pátio. O cubículo 2 está cheio de lixo, com pontas de cigarro por toda parte. E, de acordo com a matéria, a escritora, com salto plataforma e a tintura do cabelo envelhecida, fuma, chora, afirma que seu único contato com o mundo exterior é um radinho de pilha. Sente-se ainda perseguida pelos funcionários da penitenciária: "Não como mais a comida daqui. Outro dia me trouxeram uma comida podre, cheia de bichos e fedorenta. Não posso mais comer. Tenho medo. Senti gosto de amoníaco no café".

Quando Maura e Margarida se encontram, a autora está com a visão comprometida por uma catarata avançada no olho esquerdo. "Uma noite tive uma dor de cabeça horrível e, de manhã, não enxergava mais com esta vista. Aqui não tem oftalmologista e não posso sair para ir ao médico", afirma Maura. "Você não sabe o que é ficar cega, o medo que a gente tem. Não tomo mais banho com medo de pegar o sabão e ser um bicho. Não consigo dormir com medo que joguem um rato pela janela." Mais tarde, a escritora deixaria de enxergar também com o olho direito. Por muitos anos, circularia a versão de que era uma cegueira de origem psicológica — mas ela depois foi operada e voltou a enxergar.

A reportagem tem dois efeitos práticos: primeiro, cria uma crise institucional, que faz outros veículos de imprensa quererem falar de Maura. Depois, mobiliza o Sindicato dos Escritores, presidido por Antônio Houaiss, a fazer uma campanha para arrecadar dinheiro e mandar a autora para uma clínica melhor, em Jacarepaguá — o que ocorre já no ano seguinte.

Entre a noite em que estrangulou uma mulher, em 1972, e o encontro com Margarida na Lemos Brito, em 1977, Maura passou por diversos presídios e clínicas. A Justiça determinou que fosse mandada para um manicômio judiciário — mas, na época, não havia ala feminina em nenhuma instituição psiquiátrica. Maura ficou indo e vindo, na impossibilidade de a Justiça decidir o que deveria ser feito com ela.

Para ser considerada doente aos olhos do juiz, a escritora passou por exames psicológicos. O exame de sanidade mental, anexado ao Processo n. 5316/1972, arquivado no Tribunal de Justiça do Rio, é um dos documentos mais eloquentes sobre a biografia de Maura — não só por trazer um relato dela própria, mas por mostrar o caráter opressivo do sistema judicial e psiquiátrico no qual ela se viu enredada. A escritora conta toda a sua vida aos peritos — que veem em sua história "núcleos psicóticos profundos". A conclusão a que eles chegam é devastadora:

Estas desordens da personalidade da periciada estão muito bem caracterizadas [...] na conduta assumida ao longo de sua vida, onde se encontram as mais variadas formas de reação psicopática e onde destacam-se a irresponsabilidade; a mentira e a insinceridade; a ausência de remorso ou de vergonha; o comportamento antissocial sem constrangimento aparente; o senso crítico falho e a deficiência de aprender pela experiência; o egocentrismo patológico e incapacidade de amar; [...] o comportamento extravagante e desagradável; as ameaças e tentativas de suicídio raramente levadas a efeito; [...] a sexualidade precoce e as perversões sexuais.

E prosseguem:

Incapaz de julgar sua própria conduta, e mesmo quando inadequada ou hostil ao meio social, está satisfeita com ela [...]. A atuação da paciente, ao longo da sua curva de vida, é tão defeituosa, que impediu uma adaptação psicossocial adequada, indo das extravagâncias de comportamento ao crime.

A sentença de Maura sai em 1974, quando, diante do exame de sanidade, o juiz decide que ela era inimputável. Naquele mesmo ano, ela andou pensando em escrever um volume de contos chamado *Cartas a um juiz*, no qual cada capítulo seria uma missiva. Ela menciona a ideia no dia 15 de agosto, quando escreve ao magistrado que cuida do seu caso:

Quero, antes de qualquer coisa, agradecer a V. Excia. pelo muito que me tem feito. Sobretudo por me haverdes livrado da ideia infantil de que um Juiz não era exatamente um ser humano, mas qualquer coisa que se me escapava, algo acima de minha compreensão, do meu alcance — e principalmente do meu afeto. Ao constatar vossa humanidade, admiti também que como ser humano eu vos podia amar. No sentido em que os seres, verdadeiramente humanos, são amáveis. E V. Excia. o sois, sei-o, e sinto-me muito feliz com isso porque assim não vos temo, quero-vos bem, muito bem — ainda vossa lembrança deixa-me comovida. Creio associá-lo ao "Grande Pai", o Adam Kadmon dos cabalistas, Aquele que me pode dar minha própria e exata medida. Isto é muito bonito.

No fim da carta ela pede autorização para fazer um curso sobre tragédia grega.

No conteúdo do pensamento, muito embora não se encontrem ideias delirantes sistematizadas, organizadas sob a forma de delírio típico, sua temática está marcada pela fantasia, pela fabulação e pela tendência à autorreferência.

Processo n. 5316/1972

Livros, já sabemos que Maura Lopes Cançado não escreveu mais. Não é que não tenha tentado. Ganhou a liberdade vigiada, em 1980, e passou a viver à custa de Cesarion, morto em 2003.

"O Cesarion fez milhares de tentativas para que ela voltasse a escrever. Ele comprava tudo que ela precisava, aí ela aparecia reclamando que as crianças da escola ao lado estavam fazendo muito barulho. Nunca deu certo. Tinha muito vento contra", diz Miriam Lage. "Ele queria reeditar os livros dela. Uma vez, bancou uma impressão do próprio bolso de *Hospício é Deus*."

Cesarion pagava o aluguel da mãe, além de outras despesas. Ela dizia, por exemplo, que carregar sacola não era coisa para moça refinada como ela — e o filho precisava contratar a mulher do porteiro para acompanhá-la ao supermercado.

Mas Maura nunca mais passou quatro, cinco meses sem ter crises. A agora ex-escritora implicava com os porteiros, cismava com os vizinhos. "Precisei trocar ela de apartamento umas dez vezes em quatro anos", afirma Jarbas, corretor de imóveis. Ele foi "nomeado" por Cesarion como uma espécie de "embaixador da paz" junto à mãe, ficando encarregado de prover quantias eventuais de dinheiro e fazer as frequentes trocas de apartamentos, necessárias diante do difícil relacionamento de Maura com vizinhos. "A Maura era uma pessoa difícil de lidar. Nunca tivemos uma convivência normal. Sempre que a encontrávamos, ela estava com um mau humor terrível."

Miriam Lage se lembra de a família ter enfrentado alguns períodos bem difíceis. "Às vezes, Maura sumia. Aparecia em hotéis do Rio ou de Belo Horizonte. Ficava para trás o apartamento alugado, quase sempre maltratado, quase vazio", lembra Miriam. Um dia, a mãe convenceu Cesarion a incluí-la como dependente de um cartão de crédito. Dessa vez, Maura passou a andar vestida como as atrizes de cinema que admirava, toda elegante. "Mas para ela, qualquer roupa chique logo não tinha mais graça, ela não se apegava", afirma Miriam.

Também não mostrava apego à numerosa família que deixou em Minas Gerais. Maura dizia conversar com a irmã mais velha, Judite, por telefone. Mas somente a irmã mais jovem, Selva, ia de Belo Horizonte para o Rio fazer visitas, acompanhar Maura pelo tempo possível. Selva, sempre atenciosa com a irmã, alongava sua permanência no Rio como hóspede do sobrinho Cesarion.

Os problemas respiratórios que sempre teve — em 1972,

depois do crime, um exame acusara um enfisema —, aliados ao fumo, a levaram à morte. Maura morreu na Clínica Renauld Lambert, em Jacarepaguá. Uma das últimas memórias que se têm dela é um presente ao neto, César, com quem pouco conviveu: um livro fotográfico sobre os aviões que no passado tanto amara.

Esta história termina com um mistério. *Hospício é Deus* tem *Diário I* como subtítulo. Ninguém sabe qual foi o destino do segundo volume. Uma das lendas mais famosas, espalhada por décadas, conta que José Álvaro, seu editor, esqueceu os originais em um táxi.

Em 1968, na imprensa, Maura ameaçava que o segundo tomo do livro "daria nome aos bois" e acusava José Álvaro de ter medo de publicá-lo sem cortes. As pessoas que entrevistei para este breve perfil lembram-se do disse me disse sobre a continuação do livro, comentam saber que Maura "citaria nomes", mas nenhuma admite tê-lo lido. Em 1973, José Álvaro elogiaria os originais na *Tribuna da Imprensa*, revelando que na obra Maura acusava Maria Alice Barroso — a mesma amiga que datilografara seu primeiro conto para o *Jornal do Brasil* — de plágio.

Em 1977, ao denunciar sua situação a Margarida Autran, de *O Globo*, ela afirma que seus originais desapareceram na Penitenciária Lemos Brito. Quando o diretor do presídio rebate as acusações da reportagem, negando a própria existência do livro, Margarida responde dizendo que a obra foi inclusive lida por intelectuais. A acusação implícita da reportagem é só uma: o livro sumiu porque incomodava.

Mas, existindo ou não o segundo volume, *Hospício é Deus*, que ficou por tanto tempo fora de catálogo, é suficiente para provar que Maura Lopes Cançado é uma de nossas grandes autoras. E seu destino não é o esquecimento.

ESTA OBRA FOI COMPOSTA PELA SPRESS EM ELECTRA E IMPRESSA
EM OFSETE PELA GRÁFICA HROSA SOBRE PAPEL PÓLEN NATURAL DA SUZANO S.A.
PARA A EDITORA SCHWARCZ EM AGOSTO DE 2024.

A marca FSC® é a garantia de que a madeira utilizada na fabricação do papel deste livro provém de florestas que foram gerenciadas de maneira ambientalmente correta, socialmente justa e economicamente viável, além de outras fontes de origem controlada.